LENGUA CASTELLANA 2 ESO

FRANCISCA EZQUERRA
JOAQUÍN MINDÁN
NÚRIA ALCOLEA

Programa
Concepción Arenal

BARCANOVA INNOVA

» ÍNDICE

» PRESENTACIÓN Y ESTRUCTURA

Este proyecto consta de 9 unidades, de 28 páginas cada una. Cada unidad se estructura en los siguientes apartados: Club de lectura; Lengua y sociedad; Toma la palabra; Literatura; Gramática; Léxico; Ortografía; Dilo por escrito.

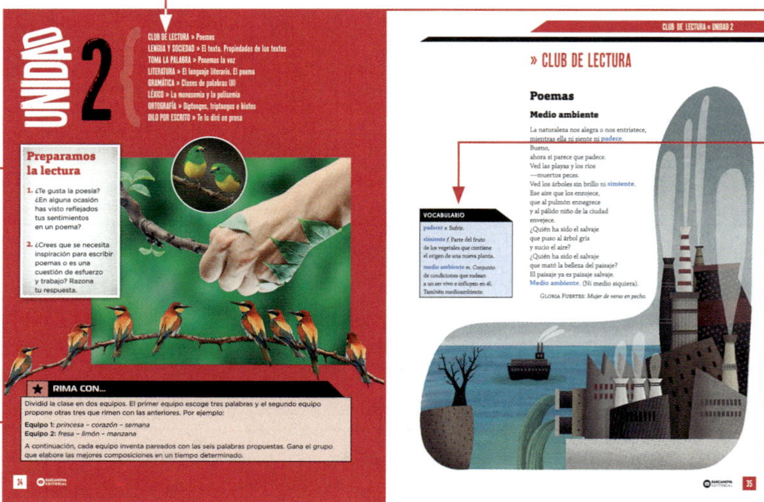

Índice de los apartados en que se divide la unidad.

Vocabulario con las definiciones de las palabras y expresiones más complicadas para facilitar la lectura del texto.

Se plantean unas preguntas previas, **Preparamos la lectura**, así como un **juego** de lengua para trabajar en grupo la comunicación oral.

Cada **lectura** finaliza con un cuadro que incluye alguna información curiosa. Asimismo, **Busca en el texto** plantea una pregunta de comprensión literal.

Con el icono 🖥 se indica que para resolver la actividad es necesario el uso del ordenador o acceder al espacio personal de la web *www.barcanova.cat*.

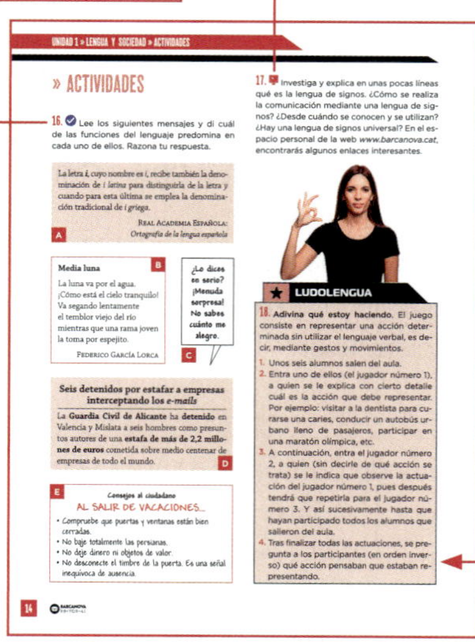

Este símbolo ✔ indica que es una actividad para evaluar por competencias y dimensiones.

Para dar presencia a la gamificación, se incluyen actividades lúdicas: **Ludolengua**.

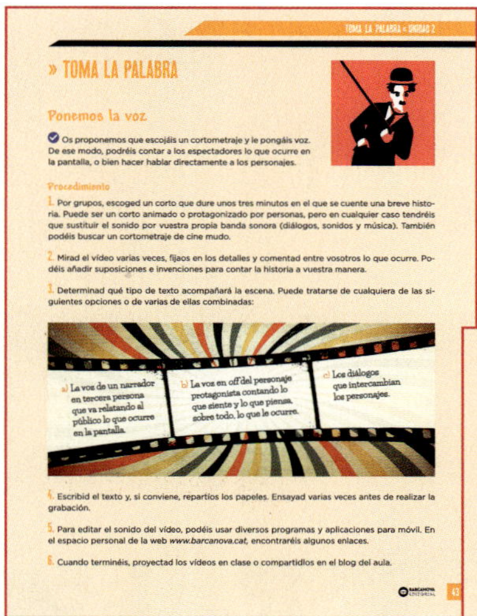

Con la finalidad de trabajar las dimensiones comunicación oral y expresión escrita se han creado dos apartados específicos en cada unidad: **Toma la palabra** y **Dilo por escrito** respectivamente.

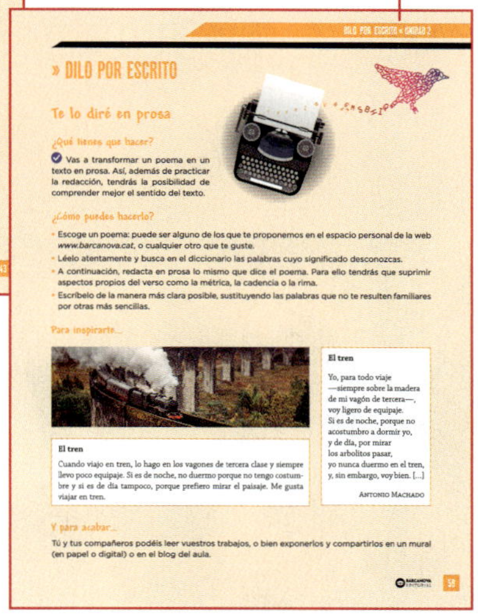

Las actividades de gramática tienen en cuenta el **nivel de dificultad**.

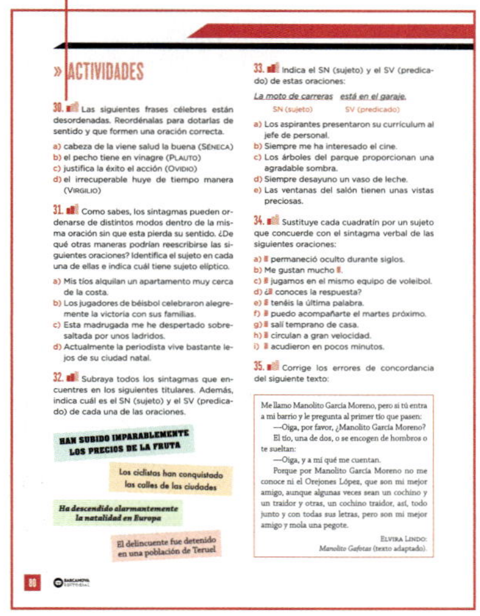

En **Ponte a prueba** se propone una evaluación final de la unidad para conocer si se han asimilado de forma adecuada los contenidos.

El símbolo señala que el apartado está relacionado con uno de los 17 objetivos de desarrollo sostenible (ODS) establecidos por Naciones Unidas.

Al final de cada trimestre, se propone un **Proyecto** para trabajar en grupo. Se pueden realizar en varias sesiones seguidas o bien, ir preparándolos a lo largo del curso.

UNIDAD 1

Preparamos la lectura

1. En la siguiente lectura, aparece más de un personaje sobrenatural. ¿Te gustan las historias de fantasmas? ¿Has leído algún relato o has visto alguna película sobre este asunto?

2. Un castillo no sería un castillo sin un alma en pena o un espectro que lo habite. ¿Te atreverías a convivir con uno?

LETRAS EN JUEGO

Dividid la clase en cuatro grupos y elegid un número del 1 al 4. En dos minutos debéis escribir un texto en el que cada palabra empiece con cada una de las siguientes letras, sin cambiar el orden y sin añadir ninguna.

Grupo 1: E U L D L M D C N N Q A
Grupo 2: E U A E E S V U H
Grupo 3: E U C D D I Y L C D N C
Grupo 4: O U C G C L P Y L M

Puede que algún equipo dé con el principio de una novela muy conocida...

» CLUB DE LECTURA

Se necesita fantasma

Yo siempre había querido vivir en un castillo. Así que cuando leí en un anuncio que se había puesto un castillo a la venta, no me pude resistir. Era una mansión llamada Goresthorpe Grange.

Tenía casi de todo: aberturas por donde disparar flechas, artefactos para verter plomo derretido sobre las cabezas de los visitantes... Hasta un foso. Eran detalles encantadores, desde luego; pero faltaba algo. Carecía de fantasma.

Yo soy de los que creen firmemente en lo sobrenatural; así que di por supuesto que mi viejo castillo tendría al menos uno. Desgraciadamente me equivoqué. Durante mucho tiempo esperé inútilmente.

Finalmente, no pude aguantar más. Me decidí a traer un fantasma a Goresthorpe Grange. Pero ¿cómo? Yo había leído que la mayoría de los fantasmas son consecuencia de un crimen. Le pregunté a mi mayordomo si le importaba darse muerte él, o asesinar a alguien, a fin de conseguir el ansiado fantasma. Pero mi proposición no le hizo ninguna gracia.

—Ya sé lo que vamos a hacer —dijo un día Matilde, mi mujer—: pediremos que nos manden un fantasma de Londres.

Una tarde se detuvo un coche ante la puerta. Bajé corriendo a recibir al señor Abrahams. Casi esperaba descubrirle en el interior del coche en compañía de un surtido de fantasmas.

Abrahams era un individuo fuerte, bajo, rechoncho, de ojos chispeantes y sonrisa ancha y alegre. Todo lo que traía consigo era un maletín de cuero. Nos saludó:

—Así que quiere un fantasma, ¿eh? —preguntó—. Pues no ha podido encontrar persona más indicada para el caso que yo. Yo y mi maletín.

—¡No irá a decirme que lleva los fantasmas en el maletín! —comenté.

—Tenga paciencia —dijo—. Usted proporcióneme el lugar y la hora más convenientes, que con esta esencia de *Lucoptolycus* que llevo aquí podrá elegir el fantasma que quiera.

Entonces se sacó un frasquito de un bolsillo del chaleco, que contenía un líquido **incoloro**.

—Vamos a empezar a la una menos diez de la madrugada —prosiguió—. Hay quien prefiere las doce; pero la mejor hora para escoger espíritus es la una menos diez.

El señor Abrahams se puso en pie.

—Y ahora, sugiero que efectuemos el recorrido de la casa, y me permita escoger la habitación más indicada para llevar a cabo el **sortilegio**.

VOCABULARIO

incoloro, ra *adj.* Que no tiene color.

sortilegio *m.* Hechizo, encantamiento.

El hombrecillo inspeccionó cuidadosamente todas las estancias y corredores. Finalmente se detuvo en la sala de banquetes.

—¡Este es el sitio ideal! —dijo, danzando alrededor de la mesa como un duendecillo—. Aquí hay espacio de sobra para que circulen los fantasmas. Déjeme solo para preparar la habitación.

A las doce y media subí a ver a mi visitante. No había el menor indicio de que hubiesen movido mueble alguno.

—Tiene usted que beberse la esencia de *Lucoptolycus* —dijo el señor Abrahams—. Vea lo que vea, no debe hablar ni moverse; de lo contrario se romperá el sortilegio.

Me senté donde me decía. El señor Abrahams cogió un trozo de tiza y trazó un círculo a nuestro alrededor, en el suelo.

A lo largo del círculo dibujó figuras misteriosas. Luego pronunció una larga **retahíla** de palabras extrañas, sacó el frasquito de *Lucoptolycus* y me lo tendió para que bebiera. El líquido tenía un olor ligeramente dulce. Hice una pausa antes de beber, pero a continuación lo apuré de un trago. No tenía mal sabor. No experimenté ningún cambio en mí. Me recosté en mi butaca y esperé.

Justo cuando estaba a punto de dormirme, se abrió la puerta del otro extremo de la sala. Yo me incorporé en mi butaca, agarrándome a sus brazos. Me quedé mirando el oscuro pasillo con ojos horrorizados. Se acercaba algo borroso y confuso. Lo vi **transponer** el umbral en silencio. Un soplo de aire gélido barrió la sala y me heló el corazón. Una voz que sonó como el viento dijo:

—Yo soy la presencia invisible. Estoy aquí y no estoy. Yo provoco escalofríos y exhalo suspiros. Llevo la muerte a los perros. Elígeme.

Fui a hablar, pero las palabras se me ahogaron en la garganta. La figura cruzó la estancia y se desvaneció en la oscuridad. Volví otra vez la mirada hacia la puerta. Ante mi asombro, entró una viejecilla **cojitranca** y se agachó junto al círculo de tiza. Tenía una cara horrenda.

—¡Ah! ¡Ah! —chilló, levantando unas manos que más parecían garras—. Yo soy la vieja malvada. Mis ropas son repugnantes. Yo maldigo a la gente. El mundo me odia. Mortal, ¿quieres ser mi dueño?

No bien negué con la cabeza, se volvió hacia mí con su muleta y desapareció con un grito.

Al instante entró un hombre alto de noble aspecto. Tenía la cara mortalmente pálida, aunque enmarcada con abundante cabello negro que le caía **ensortijado** hacia la espalda. Iba vestido de **raso** amarillo, y llevaba ceñida una espada al costado. Cruzó la estancia con paso majestuoso.

—Yo soy el caballero —dijo con voz agradable—. **Ensarto** y me ensartan. Hago sonar el acero de mi espada. Esta mancha es de sangre.

Saludó con una inclinación y se esfumó. Apenas hubo desaparecido, un intenso horror se apoderó de mí. Y es que un ser invisible pero espantoso

VOCABULARIO

retahíla *f.* En este caso, se refiere a una serie de palabras.

transponer *v.* Traspasar.

cojitranco, ca *adj.* Que cojea de forma llamativa.

ensortijado, da *adj.* Rizado.

raso *m.* Tela brillante de seda.

ensartar *v.* Aquí se refiere a que atraviesa o traspasa con la espada.

llenó la estancia con su presencia, y se puso a decir con voz temblorosa que emitía como si se tratara de ráfagas de viento:

—Yo vago por los corredores. Yo soy el que deja huellas de pisadas y salpicaduras de sangre. Hago ruidos extraños y desagradables. También lanzo risotadas horripilantes. ¿Quieres oír una ahora?

Antes de que yo pudiese decir nada, lanzó un horrísono bramido que hizo retemblar la estancia. Y a continuación desapareció.

Un débil **frufrú** de vestidos me anunció la llegada de otro fantasma. Alcé los ojos. Entró flotando una hermosa joven. Vestía en un estilo anticuado. En su rostro había huellas de pasión y sufrimiento. Avanzó con leve ruido y, volviendo sus ojos bellos y tristes hacia mí, dijo:

—Yo soy la hermosa lastimada. He sido engañada y olvidada. Yo recorro los pasillos gritando por las noches. Tengo muy buen gusto. ¿No prefieres escogerme a mí?

Su voz encantadora se apagó y sonrió al mismo tiempo que se desvanecía ante mis ojos. Esta sonrisa resolvió la cuestión.

—¡Ella puede servir! —exclamé—. ¡Elijo este fantasma! Al dar un paso en su dirección, crucé el círculo mágico del suelo.

—¡Nos han robado! Estas palabras cruzaron varias veces por mi cerebro, antes de que llegara a comprenderlas. Sonaron como una nana: «Nos han robado, robado, robado…». Una violenta sacudida me hizo volver en mí. Me descubrí tendido en el suelo, boca arriba, con un frasquito de cristal en la mano.

—¡Nos han robado! —repitió Matilde, sacudiéndome de nuevo.

A través de la niebla de mi cerebro, empecé a recordar lo ocurrido: la puerta por la que habían entrado los fantasmales visitantes. El círculo de tiza con los signos mágicos. Pero ¿dónde estaba el señor Abrahams? ¿Y qué significaba esa ventana abierta con una cuerda colgando hacia afuera? ¿Y dónde estaban mi bandeja y mis **candeleros** de plata?

No he vuelto a ver más mis objetos de valor ni al señor Abrahams. Según la policía, el señor Abrahams no era otro que Jemmy Wilson, un famoso ladrón. Mi médico me explicó la razón de los fantasmales visitantes que vi: analizó las gotas que quedaban de la «esencia de *Lucoptolycus*». Determinó que la poción era un fuerte sedante que ocasionaba visiones. Dado que yo había esperado ver fantasmas, mis sueños habían sido enteramente fantasmales. No hace falta decir que he perdido por completo mi pasión por los fantasmas.

Arthur Conan Doyle: «Se necesita fantasma», en *Relatos de fantasmas* (texto adaptado).

VOCABULARIO

frufrú *m.* Palabra que imita el ruido de la tela al rozarse una parte con otra.

candelero *m.* Utensilio que sirve para mantener derecha una vela.

¿SABÍAS QUE…?

El autor del relato que acabas de leer es Arthur Conan Doyle (1859-1930), conocido por su célebre detective inglés Sherlock Holmes. Este escritor británico, que también fue médico, estaba muy interesado por los médiums y el espiritismo, la fuente de inspiración de este relato. Entre sus obras más famosas destacan *Estudio en escarlata*, que escribió para compensar sus exiguos ingresos ante la falta de pacientes en su consulta.

BuScA eN eL tExTo…

¿Cuál de las siguientes palabras no aparece en la lectura?

ruido, lamento, gemido, chirrido, suspiros, grito, risotada, bramido, rugido, frufrú

» ACTIVIDADES

Comprensión de la lectura

1. ¿Por qué el nuevo dueño de Goresthorpe Grange quiere tener un fantasma en su castillo? Señala los motivos que te parezcan más adecuados de entre los siguientes:

a) Porque a su mujer le gustan los fantasmas.
b) Porque su vecino tiene uno.
c) Porque cree firmemente en lo sobrenatural.
d) Porque quiere complacer a su mayordomo.
e) Porque deseaba oír los lamentos y los gemidos de algún alma en pena.
f) Porque cree que todos los castillos deben tener un fantasma.
g) Porque el hecho de tener un fantasma aumenta el valor del castillo.

2. ¿Qué idea se le ocurre en primer lugar para conseguir un fantasma para su castillo?

3. El señor Abrahams escoge la sala de banquetes para hacer el sortilegio. ¿Por qué prefiere esa habitación? ¿Qué crees que hace mientras se queda a solas?

4. Después de beber la esencia de *Lucoptolycus*, el propietario del castillo verá desfilar a varios fantasmas ante él. Completa un cuadro como el siguiente con las características de cada uno de ellos.

¿Con qué nombre se presenta?	¿Qué aspecto tiene?	¿Cómo asusta a las personas?

5. El protagonista se despierta tendido en el suelo y con un frasco en la mano. ¿Qué contenía el frasco y cuáles eran sus efectos?

6. ¿Cómo termina el relato? ¿Qué había ocurrido en realidad? ¿Crees que el protagonista se merece este final? ¿Por qué?

Expresión personal

7. De entre las tres opciones siguientes, señala cuál describe mejor al tipo de narrador que aparece en la lectura. Razona la respuesta.

a) El narrador cuenta una historia que conoce, pero no forma parte de ella. Utiliza verbos en tercera persona.
b) El narrador cuenta una historia en la que participa como protagonista. Utiliza verbos en primera persona.
c) El narrador cuenta una historia en la que participa como personaje secundario. Utiliza verbos en primera persona.

8. Lee las siguientes frases y numéralas según el orden en que aparecen en la lectura:

a) ¡Nos han robado!
b) ¿No prefieres escogerme a mí?
c) Déjeme solo para preparar la habitación.
d) Era una mansión llamada Goresthorpe Grange.
e) He perdido por completo mi pasión por los fantasmas.
f) No tenía mal sabor.
g) Pediremos que nos manden un fantasma de Londres.
h) Pues no ha podido encontrar persona más indicada para el caso que yo.
i) Se abrió la puerta del otro extremo de la sala.

9. Redacta con otras palabras las siguientes frases del texto:

a) Casi esperaba descubrirle en el interior del coche en compañía de un surtido de fantasmas.
b) No había el menor indicio de que hubiesen movido mueble alguno.
c) Hice una pausa antes de beber, pero a continuación lo apuré de un trago.
d) Estas palabras cruzaron varias veces por mi cerebro antes de comprenderlas.

10. La mayoría de los espectros aparecen acompañados de ruidos extraños y tienen voces particulares. Relaciona cada término con su significado.

a) voz inaudible	1. Ronca, áspera.
b) voz lúgubre	2. Digna de compasión.
c) voz cavernosa	3. Que no se oye apenas.
d) voz entrecortada	4. Con tono de queja.
e) voz estridente	5. Muy triste.
f) voz lastimera	6. Aguda y desapacible.
g) voz quejumbrosa	7. Que se emite con intermitencias.

11. ¿Te parece que esta historia produce miedo o resulta más bien cómica? Indica algunas situaciones propias de los relatos de fantasmas que aquí se hayan tratado de una manera humorística.

12. En la lectura se usa la palabra *fantasma* con el significado de 'aparición' o 'espectro'. Indica cuál es el significado de este mismo término en las siguientes oraciones. Si lo necesitas, puedes consultar el diccionario.

a) La mitad de lo que nos ha contado es mentira: ¡es un fantasma!
b) El fantasma de la sequía amenazaba las cosechas de ese año.
c) Fue un timo porque se trataba de una venta fantasma.
d) Las calles estaban vacías, parecía un pueblo fantasma.

13. Piensa en un fantasma que a ti te resulte verdaderamente terrorífico e incorpóralo al desfile de fantasmas de la lectura. Para ello, tienes que redactar un texto (unos dos párrafos) en el que el propio fantasma se presente y explique cuáles son sus "habilidades". Si lo deseas, puedes acompañar el escrito con un dibujo. La imagen inferior puede servirte de inspiración.

14. Transforma el relato de la lectura en un cómic de, al menos, seis viñetas. Haz primero un guion indicando qué vas a representar en cada viñeta. Puedes utilizar el ordenador.

15. Te recomendamos que leas el famosísimo relato *El fantasma de Canterville*, del escritor Oscar Wilde. También puedes ver alguna adaptación al cine o a la televisión de esta misma obra. En el espacio personal de la página web *www.barcanova.cat*, encontrarás información sobre esta y otras historias de fantasmas.

» LENGUA Y SOCIEDAD

1. El lenguaje

El **lenguaje** es la capacidad de comunicarnos que tenemos los seres humanos. Las personas manifestamos nuestros pensamientos e ideas mediante el lenguaje, que es el instrumento que nos permite intercambiar información con los demás.

Sin embargo, la comunicación con nuestros semejantes no se produce exclusivamente mediante la palabra (oral o escrita), sino que también utilizamos gestos, sonidos, imágenes, gráficos, etc.

Los emojis, que suelen acompañar muchos mensajes verbales, constituyen una forma sencilla y simbólica de comunicarse.

1.1. El lenguaje verbal y el lenguaje no verbal

El medio de comunicación más importante que utilizan las personas para comunicarse es el **lenguaje verbal** (mediante **palabras**). Este medio está constituido por códigos lingüísticos o lenguas y es el más perfecto de todos.

Ahora bien, la comunicación también se produce mediante el **lenguaje no verbal** (**no usamos las palabras**). Así, por ejemplo, nos comunicamos con otro tipo de signos cuando oímos la sirena de una ambulancia, cuando vemos un semáforo en rojo o cuando utilizamos **emojis** para representar diferentes objetos, acciones o emociones.

RECUERDA

En un **acto de comunicación** intervienen los siguientes elementos:

Emisor. Es quien emite el mensaje.
Receptor. Es quien recibe el mensaje.
Mensaje. Es la información que se transmite.
Código. Es el conjunto de signos y reglas de combinación de esos signos que nos permiten crear un mensaje.
Canal. Es el medio a través del cual se transmite el mensaje.
Contexto o situación. Son todas las circunstancias en que se produce el acto comunicativo y que permiten interpretarlo correctamente.

?

Los gestos y las expresiones también aportan una información muy valiosa. ¿Crees que entre los interlocutores de la imagen **existe complicidad**? ¿Por qué?

1.2. Las funciones del lenguaje

Las funciones del lenguaje son las distintas **finalidades** o **intenciones** para las que lo utilizamos.

Funciones del lenguaje:

Referencial
Expresiva
Apelativa
Poética
Metalingüística
Fática

Según la finalidad con la que emitimos un mensaje (informar de algo, convencer a alguien, expresar un sentimiento, dar una orden, etc.), el lenguaje puede desempeñar las funciones que resumimos en la siguiente tabla:

FUNCIÓN	FINALIDAD	RASGOS LINGÜÍSTICOS	EJEMPLO
REFERENCIAL O REPRESENTATIVA	Informar objetivamente.	• Verbos en tercera persona • Modo indicativo • Léxico objetivo	*Pablo Picasso pintó* El abrazo *en el año 1900, en París.*
EXPRESIVA O EMOTIVA	Mostrar los sentimientos y emociones del emisor.	• Exclamaciones, interrogaciones • Verbos en primera persona • Léxico subjetivo	*¡Hoy ha sido mi día! ¡Hemos tenido mucha suerte!*
APELATIVA O CONATIVA	Pedir u ordenar algo al receptor.	• Exclamaciones e interrogaciones • Verbos en segunda persona • Alusiones al receptor	*¡No dejéis tanto espacio! ¿Quieres hacer el favor de guardar silencio?*
POÉTICA	Poner la atención en el propio mensaje.	• Figuras literarias • Ritmo y rima • Léxico seleccionado	*Disparó un cañonazo que aniquiló al cancerbero. Tiene sed de conocimientos.*
METALINGÜÍSTICA	Hablar sobre el propio código.	• Oraciones enunciativas • Léxico objetivo	Fútbol *es una palabra tomada del inglés.*
FÁTICA	Comprobar y asegurar el funcionamiento de la comunicación.	• Fórmulas de cortesía • Frases hechas • Interrupciones	*¿Me oís? ¡Eh! ¿Qué dices? ¡Vale!*

» ACTIVIDADES

16. Lee los siguientes mensajes y di cuál de las funciones del lenguaje predomina en cada uno de ellos. Razona tu respuesta.

La letra ***i***, cuyo nombre es *i*, recibe también la denominación de *i latina* para distinguirla de la letra *y* cuando para esta última se emplea la denominación tradicional de *i griega*.

REAL ACADEMIA ESPAÑOLA:
Ortografía de la lengua española

A

Media luna

La luna va por el agua.
¡Cómo está el cielo tranquilo!
Va segando lentamente
el temblor viejo del río
mientras que una rama joven
la toma por espejito.

FEDERICO GARCÍA LORCA

B

¿Lo dices en serio? ¡Menuda sorpresa! No sabes cuánto me alegro.

C

Seis detenidos por estafar a empresas interceptando los *e-mails*

La **Guardia Civil de Alicante** ha **detenido** en Valencia y Mislata a seis hombres como presuntos autores de una **estafa de más de 2,2 millones de euros** cometida sobre medio centenar de empresas de todo el mundo.

D

E

Consejos al ciudadano

AL SALIR DE VACACIONES...

- Compruebe que puertas y ventanas están bien cerradas.
- No baje totalmente las persianas.
- No deje dinero ni objetos de valor.
- No desconecte el timbre de la puerta. Es una señal inequívoca de ausencia.

17. Investiga y explica en unas pocas líneas qué es la lengua de signos. ¿Cómo se realiza la comunicación mediante una lengua de signos? ¿Desde cuándo se conocen y se utilizan? ¿Hay una lengua de signos universal? En el espacio personal de la web *www.barcanova.cat*, encontrarás algunos enlaces interesantes.

LUDOLENGUA

18. Adivina qué estoy haciendo. El juego consiste en representar una acción determinada sin utilizar el lenguaje verbal, es decir, mediante gestos y movimientos.

1. Unos seis alumnos salen del aula.
2. Entra uno de ellos (el jugador número 1), a quien se le explica con cierto detalle cuál es la acción que debe representar. Por ejemplo: visitar a la dentista para curarse una caries, conducir un autobús urbano lleno de pasajeros, participar en una maratón olímpica, etc.
3. A continuación, entra el jugador número 2, a quien (sin decirle de qué acción se trata) se le indica que observe la actuación del jugador número 1, pues después tendrá que repetirla para el jugador número 3. Y así sucesivamente hasta que hayan participado todos los alumnos que salieron del aula.
4. Tras finalizar todas las actuaciones, se pregunta a los participantes (en orden inverso) qué acción pensaban que estaban representando.

» TOMA LA PALABRA

¿Qué has hecho este verano?

Te proponemos una actividad de exposición oral para que expliques cómo has pasado tus vacaciones o una parte de ellas.

Procedimiento

1. Toma nota de todo lo que has hecho a lo largo del verano. Te damos algunas ideas...

¿Qué? ¿Cuándo? ¿Cuánto tiempo? ¿Con quién? ¿Cómo? ¿Dónde?

He estado con... He aprendido a... He echado de menos a... He conocido a... He visitado... He probado la comida tradicional de... He visto...

2. Dibuja o pega en el centro de una hoja la imagen más representativa de tu verano y alrededor de ella sitúa fotografías, palabras o cifras que representen todo lo demás. También puedes realizar esta actividad en el ordenador y, de este modo, crear una representación gráfica (infografía) que apoye lo que vais a explicar.

RECUERDA

Ordenar la exposición
En primer lugar
Antes de nada
Para empezar
Por un lado, por otro lado
Además, también
En cambio, sin embargo
Primero, después, luego
Para finalizar, en resumen...

3. Planifica tu exposición para que tenga una estructura y puedas explicar ordenadamente todo lo que quieres decir. Ensaya la presentación: ten en cuenta la entonación y recuerda hacer pausas al hablar, mantener una postura correcta y dirigirte con educación a quienes te escuchan.

4. Por turnos, realizad la presentación oral mientras mostráis vuestro trabajo a la clase. También podéis publicarlos en el blog del aula o elaborar un mural con todos ellos.

» LITERATURA

1. La literatura y los géneros literarios

1.1. ¿Qué es la literatura?

La **literatura** es un arte que emplea como medio de expresión la palabra, ya sea oral o escrita.

La literatura forma, junto con la pintura, la escultura, la danza, la música, el cine, etc., las denominadas *artes*, que son todas aquellas obras o actividades mediante las cuales los seres humanos expresamos con palabras, sonidos o materiales diversos nuestras vivencias, lo que sentimos y lo que imaginamos.

Las obras literarias tienen unos rasgos comunes que nos permiten ordenarlas en **géneros**. Los **géneros literarios** son los distintos grupos en que clasificamos las obras literarias según sus características formales y temáticas.

Los géneros literarios se dividen en **lírica** o **poesía**, **narrativa** o **épica**, y **dramática** o **teatro**.

La lírica o poesía

La **lírica** o **poesía** constituye la expresión de las experiencias humanas desde un punto de vista íntimo y personal.

La **lírica** agrupa todos aquellos textos literarios en los que se manifiesta el mundo interior del autor o la autora (emociones, sentimientos e ideas) y que comúnmente llamamos *poemas*.

Normalmente, la lírica suele emplear la forma del **verso** (aunque no siempre es así), por lo que identificamos la lírica con la **poesía**. Dentro del género lírico encontramos una gran variedad de subgéneros como la oda, la égloga, la elegía, la canción, la sátira, etc.

VOCABULARIO

trémulo, la *adj.* Que tiembla.
erguirse *v.* Alzarse, levantarse.

La rama

Canta en la punta del pino
un pájaro detenido,
trémulo, sobre su trino.

Se yergue, flecha, en la rama,
se desvanece entre alas
y en música se derrama.

El pájaro es una astilla
que canta y se quema viva
en una nota amarilla.

Alzo los ojos: no hay nada.
Silencio sobre la rama,
sobre la rama quebrada.

OCTAVIO PAZ

RECUERDA

Puede haber dos tipos de narrador:

- **Narrador interno.** Cuenta una historia en la que participa como protagonista o como testigo. Utiliza verbos en primera persona.
- **Narrador externo.** Cuenta una historia que conoce, pero no forma parte de ella. Utiliza verbos en tercera persona.

La épica o narrativa

La **épica** o **narrativa** comprende las obras que cuentan una historia protagonizada por unos personajes en un tiempo y un espacio determinados. En todas las narraciones hay un **narrador**, que es la voz que relata los sucesos.

En general, las obras narrativas se escriben en prosa, pero hay algunas como la **epopeya** o el **cantar de gesta** que se escribían en verso.

Podemos distinguir una gran variedad de subgéneros narrativos: la **novela**, el **cuento**, el **mito**, la **leyenda**, la **fábula**, etc. A continuación, puedes leer un cuento del escritor uruguayo Mario Benedetti:

San Petersburgo

El marciano llegó en una nave reducida, casi portátil, algo así como un Volkswagen del espacio. Además de su propia lengua, solo hablaba inglés, pero no el de la BBC sino el de Shakespeare, o sea que a cada rato decía *thou* en vez de *you*.

Cuando la cápsula de bolsillo aterrizó en Piccadilly Circus, fue inmediatamente rodeada por 20 curiosos y 130 periodistas. El viajero abrió la ventanilla de la minúscula nave y asomó su cabeza, que para asombro de los presentes no tenía antenas sino una boina casi vasca.

Entonces señaló a uno de los periodistas (Bob Peterson, del *Manchester Guardian*) y le dijo a quemarropa: Vengo con poco, poquísimo tiempo. Busco cierto juguete antiguo, de unas dos pulgadas de largo, un carrito de bomberos con un letrerito que dice Birmingham Fire Brigade, y, que según un catálogo de Miller's Antiques Price Guide, estaba en venta en una sucursal de San Petersburgo. Es urgente, muy urgente. ¿Queda muy lejos San Petersburgo?

Unos 75 años, dijo el periodista, sin perder su flema. Muchas, muchas gracias, dijo el marciano. Cerró rápidamente (realmente, estaba apurado) la ventanilla, y de inmediato la cápsula empezó a elevarse y en pocos segundos se borró en la niebla londinense.

MARIO BENEDETTI: «San Petersburgo», en *Despistes y franquezas*.

La dramática o teatro

El **género dramático** está constituido por todas aquellas obras donde solo hablan los personajes. Se trata de textos construidos mediante **diálogos** y concebidos para ser **representados**.

Los principales géneros dramáticos son la **tragedia**, la **comedia** y el **drama**. También existen otros como el entremés, el sainete, el auto sacramental, u otros más actuales, como el musical o el monólogo cómico.

El siguiente texto pertenece a la obra *Romeo y Julieta*, de William Shakespeare:

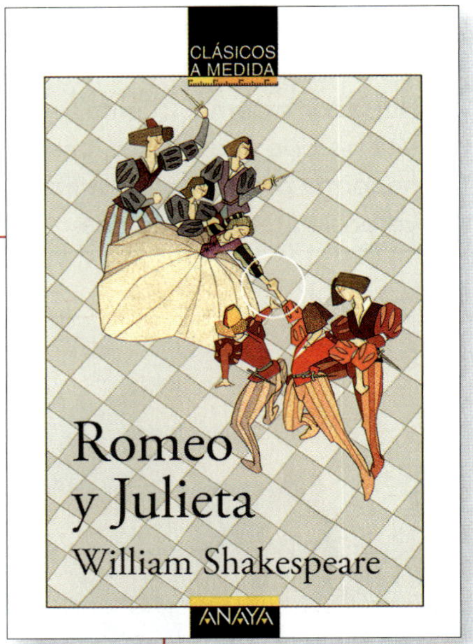

BENVOLIO: Buenos días, primo.
ROMEO: ¿Ya es de día?
BENVOLIO: Apenas son las nueve.
ROMEO: ¡Ay de mí! Las horas tristes parecen tan largas.
BENVOLIO: Dime: ¿qué tristeza alarga tus horas, Romeo?
ROMEO: El no tener lo que si lo tuviera las haría cortas.
BENVOLIO: ¿Estás enamorado?
ROMEO: Sin...
BENVOLIO: ¿Sin amor?
ROMEO: Sin el amor de la que yo amo.
BENVOLIO: ¿Por qué será el amor tan dulce a simple vista y tan duro y amargo cuando se prueba?
ROMEO: ¡Ay, el amor! ¿Por qué si es ciego puede encontrar sin ojos el camino que se le antoja? ¡Oh, amor pendenciero! ¡Oh, amoroso odio! ¡Oh, pluma de plomo, brillante humo que sale de los suspiros, helado fuego, gustosa enfermedad, sueño estando despierto, mar nutrido por las lágrimas de los amantes! Este es el amor que siento. ¿No te ríes?
BENVOLIO: No, primo, más bien lloro por el dolor que oprime tu corazón.
ROMEO: ¡Yo mismo me he perdido y no me encuentro! ¡Este no es Romeo; es otro el que está aquí!
BENVOLIO: Dime en serio, ¿a quién amas?
ROMEO: En serio, primo, amo a una mujer a la que no podrán herir las flechas del amor, pues se ha protegido con la armadura de la castidad; no la convencerán las palabras de amor, ni los ojos seductores, ni el oro que compra a los santos.
BENVOLIO: Sigue mi consejo, olvídala; no pienses más en ella. Dales a tus ojos libertad y mira a otras damas.
ROMEO: El compararla con otras haría que su belleza resultara todavía más exquisita. El que ha quedado ciego no puede olvidar lo que significa ver. Adiós, puesto que no me enseñas a olvidar.
BENVOLIO: Te enseñaré esa lección o estaré en deuda contigo hasta la muerte.
Salen.

WILLIAM SHAKESPEARE: *Romeo y Julieta*.

» ACTIVIDADES

19. Consulta el cuadro de géneros y subgéneros literarios del apéndice y completa las siguientes definiciones escogiendo en cada caso la opción adecuada:

La **elegía** es una composición lírica que...	A	manifiesta el dolor por la muerte de un ser querido.
	B	critica vicios o defectos individuales o colectivos.
	C	enaltece a una persona, un objeto o una acción.
El **cantar de gesta** es una composición épica que...	A	tiene un carácter fantasioso e irreal.
	B	trata temas históricos.
	C	cuenta la vida y las hazañas de un gran guerrero.
La **leyenda** es una narración...	A	que tiene como protagonistas a dioses o a héroes.
	B	que se refiere a lugares, a personajes o a hechos históricos a los que se han añadido elementos sobrenaturales o misteriosos.
	C	corta, de argumento sencillo, que suele narrar lo que acontece a unos pocos personajes en un breve período de tiempo.
La **tragedia** es una obra dramática...	A	que presenta terribles conflictos entre personajes impulsados por grandes pasiones hacia un final desgraciado.
	B	que presenta de forma humorística situaciones cotidianas que suelen acabar felizmente.
	C	de carácter religioso, en verso, de un solo acto.

20. Por parejas, averiguad en qué obra literaria aparece cada uno de los siguientes personajes. Indicad el autor, el título y el género literario.

Julieta Capuleto • Sancho Panza • Ulises • Capitán Ahab • Peter Pan • Matilda • Don Juan Tenorio
El Principito • Gandalf • Rodrigo Díaz de Vivar • Frankenstein • Aladino

21. Lee el siguiente texto y contesta a las preguntas que figuran a continuación:

Las dos alforjas

Prometeo, al modelar a los hombres, les colgó dos **alforjas**, una de defectos ajenos, otra de los propios.

La de los ajenos la puso delante, pero la otra la colgó detrás.

Desde entonces les ocurre a los hombres que de lejos ven los defectos ajenos, pero no miran los suyos propios.

Esta fábula podría utilizarse para el varón entrometido que, ciego en sus propias cosas, se ocupa de las que no le conciernen.

ESOPO

VOCABULARIO

Prometeo *n. propio.* En la mitología griega, el protector y benefactor de los seres humanos.

alforja *f.* Especie de bolsa alargada, abierta por el centro y cerrada en sus extremos donde, repartiendo el peso para mayor comodidad, se colocan las cosas que han de llevarse de una parte a otra.

a) Explica con tus palabras el contenido de este breve relato. ¿Contiene alguna enseñanza? ¿Cuál?

b) ¿A qué género literario pertenece el texto? Justifica tu respuesta.

22. Por parejas, leed de forma expresiva el siguiente texto y responded a las preguntas que encontraréis en la página siguiente:

(Se abre el telón y vemos a Andrés y a su tía Carolina, cada uno sentado a una mesa, ocupado en sus tareas, o no.)

CAROLINA: *(Mientras escribe, sin mirarle.)* Andrés, ¿estás estudiando?
ANDRÉS: Sí, tía.

(Andrés está aburrido, haciendo que estudia. De repente se le ocurre una idea brillante, empieza a jugar a que es piloto de Fórmula Uno. Sujeta el volante, toma curvas y derrapa, todo en silencio.)

CAROLINA: *(Le mira desconfiada.)* Andrés, ¿qué haces?

(Andrés recupera rápidamente la posición de estudio.)

ANDRÉS: Estoy estudiando, tía.
CAROLINA: Mira que tienes los exámenes encima.
ANDRÉS: *(Mirando al techo.)* Sí, tía.
CAROLINA: ¡Andrés!
ANDRÉS: Sí, tía.

(Andrés recupera la posición de estudio, la tía Carolina sigue escribiendo. Andrés vuelve a coger el volante de su bólido imaginario, se va emocionando y sin darse cuenta comienza a hacer sonidos de derrapes y frenazos a la vez que dice:)

ANDRÉS: Y aquí vemos de nuevo a Andresito, el piloto más rapidito... atención a la curva... y... ¡pasa a Rodolfo, el piloto más golfo! Se ha puesto a la cabeza de la carrera, entra en la recta final... *(Todo esto ante la mirada de sorpresa y gestos de impaciencia de su tía)*... Lo va a conseguir, se acerca a la línea de meta y...
CAROLINA: *(Levantándose de golpe.)* ¡Andrés!
ANDRÉS: *(Del susto se cae de la silla con gran batacazo.)* Pero tía, iba a ganar la carrera.
CAROLINA: Tú estás *gilorito*, niño. Vete a tu habitación, a ver si allí te concentras más. Después te preguntaré la lección.

ISABEL TAPIADOR: *Miedo al atardecer.*

a) ¿Quiénes dialogan en el texto? ¿Qué ocurre?
b) Señala las indicaciones que da la autora acerca de cómo deben actuar y moverse.
c) ¿A qué género literario pertenece este texto? Justifica tu respuesta.

23. El siguiente texto es la letra de una canción del grupo Sidonie. En el espacio personal de la web *www.barcanova.cat*, podrás escucharla. Después, contesta a las preguntas.

El giraluna

Escuchadme girasoles, habla vuestro rey.
Conocéis perfectamente nuestra antigua ley:
por la noche hay que bajar la cabeza sin hablar.

Cortaré el maldito tallo al audaz traidor
que alzó su flor a oscuras antes del **albor**.
Pronto lo descubriré, he citado al comité.

El giraluna dormía de día huyendo del Sol.
El giraluna giraba y miraba de frente a la Luna.
El giraluna con pétalos blancos un día escapó.

La más alta recompensa, palabra de honor,
al que encuentre sus semillas negras de impostor.
Una nota nos dejó: «Acabaréis en un jarrón».

El giraluna con pétalos blancos un día escapó...

Bellos y sin vida son, girasoles de Van Gogh.

El giraluna dormía de día huyendo del Sol.
El giraluna giraba y miraba de frente a la Luna.
El giraluna con pétalos blancos un día escapó.

VOCABULARIO

albor *m.* Amanecer.

a) ¿Quién habla en el primer verso? ¿A quién se dirige?
b) ¿Cuál es la antigua ley de los girasoles?
c) ¿Qué le ocurrirá a quien no cumpla esa ley?
d) ¿Cómo se comporta el giraluna?
e) En tu opinión, ¿por qué el giraluna no acata la ley de los girasoles?
f) Transforma esta canción en un cuento relatando la historia del giraluna.

24. En esta primera unidad, te proponemos un test para que valores tus conocimientos sobre literatura española. Marca la opción correcta en cada caso.

a) ¿Cuál es el nombre del héroe castellano protagonista del *Cantar de Mio Cid*?
   1 Don Ramiro Díaz de Vivar.
   2 Don Rodrigo Díaz de Vivar.
   3 Don Alfonso Díaz de Vivar.
b) ¿Quién escribió los versos: «Nuestras vidas son los ríos / que van a dar en el mar...»?
   1 Fernando Manrique.
   2 Diego Manrique.
   3 Jorge Manrique.
c) ¿Cómo se llama la amada de don Quijote?
   1 Dulcinea de la Mancha.
   2 Dulcinea del Toboso.
   3 Dulcinea de la Triste Figura.
d) Al verso de Francisco de Quevedo: «Érase un hombre a una nariz pegado...», le sigue:
   1 Érase una nariz superlativa.
   2 Érase una nariz definitiva.
   3 Érase una nariz provocativa.
e) ¿Cómo continúa el verso de Bécquer que dice: «Volverán las oscuras golondrinas...»?
   1 En tu balcón sus nidos a colgar.
   2 Y en tu ventana sus patas posarán.
   3 Y con sus negras alas te irán a saludar.

f) El autor del *Romancero gitano* es:
   1 Gerardo Diego.
   2 Federico García Lorca.
   3 Juan Ramón Jiménez.
g) Miguel Delibes es el autor de:
   1 *El camino*.
   2 *La carretera*.
   3 *El sendero*.

» GRAMÁTICA

1. La lengua y su organización. Las unidades lingüísticas

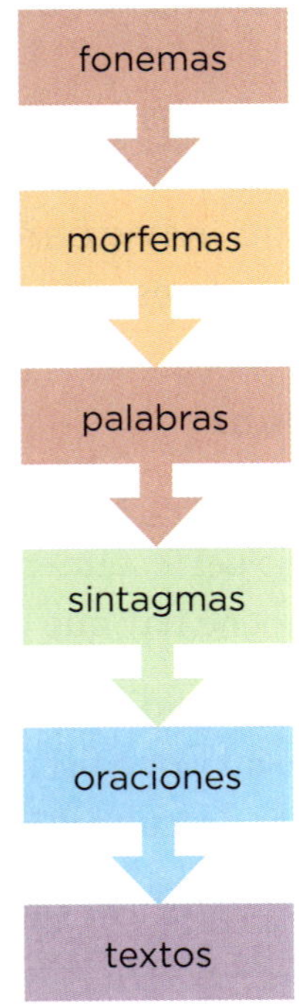

La **lengua** es un sistema porque está constituida por unidades que dependen unas de otras. Estas unidades se combinan entre sí para formar unidades superiores: fonemas, morfemas, palabras, sintagmas, oraciones, etc.

1.1. El fonema

El **fonema** es la unidad mínima de la lengua. En español hay **veinticuatro** fonemas, cinco vocálicos y diecinueve consonánticos. Los fonemas no tienen significado, pero si se cambia un fonema por otro en una palabra, esta cambia su significado. Comprueba qué sucede, por ejemplo, si en una palabra sustituimos una vocal por otra:

A

LANA

O

LONA

U

LUNA

1.2. El morfema

El **morfema** es la unidad mínima de la lengua con significado. Hay dos tipos de morfemas: la **raíz** (aporta el significado léxico) y el **afijo** (se añade a la raíz y tiene significado léxico o gramatical).

<table>
<tr><td rowspan="5">MORFEMA</td><td colspan="3">Raíz. Aporta el significado léxico: cant-ar; bell-eza</td></tr>
<tr><td rowspan="4">Afijo. Se añade a la raíz y tiene significado léxico o gramatical.</td><td colspan="2">Flexivo. Expresa propiedades gramaticales: género, número, persona, tiempo, modo, aspecto: gat-o-s; rápid-a-s; camin-ábamos</td></tr>
<tr><td rowspan="3">Derivativo. Se une a una raíz y expresa algún significado léxico.</td><td>Prefijo. Va delante de la raíz: in-útil</td></tr>
<tr><td>Sufijo. Va detrás de la raíz: rapid-ez</td></tr>
<tr><td>Interfijo. Va entre la raíz y el sufijo: polv-ar-eda</td></tr>
</table>

2. Clases de palabras (I)

La **palabra** es una unidad con independencia sintáctica que tiene un significado léxico o gramatical.

2.1. El nombre o sustantivo

El **nombre o sustantivo** es una clase de palabras que designa o nombra realidades, admite morfemas de género y de número, y es núcleo del sintagma nominal. Hay diferentes tipos:

COMUNES	Designan seres de una misma especie: *gato, mesa, bosque...*
PROPIOS	Identifican a una persona, un animal o un lugar entre los demás: *Raúl, Ávila...*
CONCRETOS	Designan realidades perceptibles: *coche, camisa...*
ABSTRACTOS	Designan entidades no perceptibles por los sentidos: *hambre, dolor...*
CONTABLES	Se pueden enumerar: *moneda, botella, lápiz...*
NO CONTABLES	No se pueden contar: *sangre, harina, sed, humildad...*
INDIVIDUALES	Designan un solo ser: *soldado, toro...*
COLECTIVOS	En singular, designan un conjunto: *ejército, manada...*
ANIMADOS	Designan personas y animales: *Eugenio, ratón, vecina, águila...*
NO ANIMADOS	Designan plantas y seres sin vida: *naranjo, yeso...*

2.2. El adjetivo

El **adjetivo** designa cualidades, propiedades y relaciones referidas a un nombre. Presenta morfemas de género y número y, además, puede expresar grado (*tan grande como, grandísimo...*). Es el núcleo del sintagma adjetival. Ej.: *caro, precioso...*

Los adjetivos pueden ser:

- **Adjetivos especificativos**: suelen ir detrás del nombre e indican una cualidad de este que lo diferencia de otros (*bolso* ***negro***, *árbol* ***frutal***, *viento* ***fuerte***).
- **Adjetivos explicativos**: pueden ir delante o detrás del nombre e indican una cualidad no necesaria para comprender el mensaje: ***gran*** *actuación*; ***acertada*** *decisión*. El epíteto es un adjetivo que indica una cualidad que se presupone en el nombre al que acompaña: *el* ***frío*** *invierno*, *la* ***ancha*** *avenida*.

2.3. El verbo

El **verbo** es una palabra con significado léxico. Está constituido por una raíz y por morfemas flexivos de persona, número, tiempo, modo y aspecto. Es el núcleo del sintagma verbal.

La **conjugación verbal** es el conjunto de todas las formas que presenta un verbo. Los verbos de la primera conjugación acaban en *-ar*: *ayudar*, *nadar*; los de la segunda, en *-er*: *tender*, *coser*; y los de la tercera, en *-ir*: *permitir*, *sentir*.

» ACTIVIDADES

25. Di si son verdaderas o falsas las siguientes afirmaciones:

a) Los fonemas tienen significado léxico.
b) Si cambiamos un fonema por otro en una palabra, esta cambia de significado.
c) En español hay veinticuatro fonemas consonánticos.
d) Los morfemas tienen significado.
e) El sustantivo solo admite morfemas de género.
f) El prefijo va detrás de la raíz.

26. Forma al menos cinco palabras diferentes cambiando la primera letra de la palabra ***cama***:

	A	M	A		A	M	A		A	M	A		A	M	A		A	M	A

27. Di cuántos fonemas diferentes contienen las siguientes palabras. Fíjate en el ejemplo:

mariposa • adelante • bota • teléfono • pastel • amigo

mariposa: /m/, /a/, /r/, /i/, /p/, /o/, /s/ (7 fonemas diferentes)

28. En las siguientes palabras, distingue la raíz y los morfemas flexivos, según el modelo:

Palabra	Raíz	Morfema(s) flexivo(s)	Expresa(n)
limones	*limon-*	*-es*	*plural*
hermanas			
cantaremos			
cuñados			
dormiríais			
extrañas			

29. Localiza los sustantivos del siguiente texto:

Ante el fuego, en la casa de Bejarano, discurren los amigos del cura sobre las ventajas de la vida que llevan pastores y labradores. Da gozo copiar estos párrafos escritos en tan castiza y sabrosa parla castellana. El tío Cacharro, labrador, dice que los pastores se llevan mejor vida que los labriegos.

AZORÍN: *Un pueblecito. Riofrío de Ávila.*

30. Señala la raíz y los afijos de las siguientes palabras, según el modelo:

Palabra	Raíz	Afijo	Tipo
perezoso	*perez-*	*-oso*	*sufijo*
interminable			
autonómico			
camioncito			
arboleda			
inutilidad			

31. Indica de qué tipo son cada uno de los siguientes sustantivos:

hermandad • zapato • yegua • piara
rosaleda • aire

32. Localiza los adjetivos del siguiente texto y cópialos en tu cuaderno:

> Catalina, en vez de ser oscura y cerril como su hermano Carlos, era pizpireta, sonriente, alegre y muy bonita. Cuando iba a la escuela, con su carita sonrosada, su traje gris y una boina roja en la cabeza rubia, todas las mujeres del pueblo la acariciaban; las demás chicas querían siempre andar con ella, y decían que, a pesar de su posición privilegiada, no era nada orgullosa.
>
> PÍO BAROJA: *Zalacaín el aventurero.*

33. Di si los adjetivos destacados son especificativos o explicativos:

a) En la **pequeña** habitación de invitados había una cama **destartalada** y un armario **viejo**.
b) Sus **pálidas** manos acariciaron la **descompuesta** cara de su **anciano** abuelo.
c) El **viejo** caserón de la familia lo ha comprado una empresa **extranjera**.
d) La estantería **metálica** está repleta de **valiosas** figuras **antiguas**.
e) Dimos un **agradable** paseo por la **hermosa** ribera entre **altos** álamos **blancos**.
f) Mi **buen** amigo ya se ha repuesto de su **grave** accidente.
g) En mi colegio hay alumnos **franceses**, **italianos** y **alemanes**.
h) Los **buenos** modales siempre acompañan a las personas **educadas**.

34. Di si los adjetivos destacados están expresados en grado positivo (*chico **alto***), comparativo (el *chico es **más alto que** Juan*) o superlativo (*chico **altísimo***):

a) Acabo de comprar una impresora **nueva**.
b) Este cuadro me parece muy **sugerente**.
c) Los nuevos vecinos son tan **bulliciosos** como los anteriores.
d) Mi autor favorito acaba de publicar una novela **interesantísima**.
e) Hay muchos coches **inteligentes** que circulan sin conductor.
f) Estas deportivas no son tan **grandes** como las que te has probado.

35. Localiza los verbos del siguiente texto y di a qué conjugación pertenecen:

> A la noche siguiente, Grip estaba inquieto. Se movía de un lado a otro del estante y hacía amagos de emprender el vuelo, como si esperase salir otra vez de paseo. Los cuervos no son aves nocturnas, pero él era especial en muchas cosas.
>
> VICENTE MUÑOZ PUELLES: *La fábrica de betún (El joven Dickens).*

» LÉXICO

1. El diccionario

El **diccionario** es una obra en la que se recogen, por orden alfabético, las palabras de una lengua y sus definiciones.

Entrada. Palabra cuyo significado o significados se exponen a continuación. Suele estar escrita en negrita.

Categoría gramatical. Indica qué tipo de palabra es (sustantivo, adjetivo, verbo, etc.). Se expresa con una abreviatura y en letra cursiva.

mesa Del lat. *mensa.* **1** *f.* Mueble formado por una superficie plana sostenida por una o varias patas, y que tiene distintos usos. *La mesa de la cocina es de madera.*
2 *f.* Conjunto de personas que dirigen una asamblea o corporación. *La mesa está formada por el presidente, el secretario y dos vocales.*
3 *f. cult.* Comida que se sirve en la mesa. *Se considera un amante de la buena mesa.*
a mesa puesta *loc. adv.* Sin preocuparse de preparar la comida. *Si te gusta comer a mesa puesta, vete a un restaurante.*
poner la mesa *loc. v.* Preparar la mesa con todo lo necesario para comer en ella. *Por favor, poned la mesa*

Ejemplos. Son oraciones que muestran el uso de la palabra en diferentes contextos.

Locuciones. Son las frases hechas de uso habitual construidas a partir de la palabra que figura en la entrada.

Acepciones. Son los distintos significados que puede tener un mismo término. Aparecen numerados.

Algunos diccionarios pueden incluir también:

- **Sinónimos y antónimos**. Palabras de significado similar y de significado contrario al de la palabra definida, respectivamente.
- **Derivados**. Se trata de palabras que se han formado a partir de la palabra que aparece en la entrada.
- **Etimología**. Indica el origen de esa palabra.
- **Significado figurado**. Algunos diccionarios recogen, entre sus acepciones, los significados figurados (metafóricos o de «doble sentido» de la palabra definida). En este caso, aparecen precedidos de la abreviatura *fig.* o del grupo de abreviaturas *U. t. en sent. fig.* (*Utilizado también en sentido figurado*).

» ACTIVIDADES

36. Son muchas las utilidades que ofrece un diccionario. De entre las que te proponemos, destaca las que consideres más importantes y argumenta por qué. Entre todos, comentadlas en clase. (Podéis añadir otros usos).

a) Amplía el vocabulario y la cultura.
b) Facilita la comprensión de textos, especialmente los complejos.
c) Ayuda a aprender una lengua nueva.
d) Abre las puertas a otras culturas.
e) Impide que palabras y expresiones antiguas o en desuso pasen al olvido.
f) Permite conocer los distintos significados de un mismo término.

37. Lee la información que te ofrece el siguiente cuadro y contesta a las preguntas que se plantean a continuación:

> **pico** Del celta *beccus*. **1** *s. m.* Parte saliente de la cabeza de las aves, compuesta de dos piezas córneas, una superior y otra inferior, que terminan generalmente en punta y les sirven para tomar el alimento. **2** *s. m.* Parte puntiaguda que sobresale en la superficie o en el límite de alguna cosa. **SIN** *punta*. **3** *s. m.* Herramienta con dos puntas opuestas, unidas a un mango largo de madera, que sirve para desbastar la piedra. **4** *s. m.* Parte superior de una montaña. **SIN** *cumbre*. **5** *s. m.* Cantidad indeterminada de dinero: *Me costó doscientos euros y pico.* **DER** *picar, picadura, repicar.* • **abrir el pico**. Intentar hablar o replicar. • **cerrar el pico**. Callar o disimular que se sabe algo.

a) ¿De qué lengua procede la palabra *pico*?
b) ¿Cuál es su categoría gramatical? ¿Cómo se expresa en la entrada?
c) ¿Cuántas acepciones tiene? Indica si es una palabra monosémica o polisémica.
d) ¿Qué sinónimos de la entrada se encuentran en la definición? ¿De qué abreviatura aparecen precedidos?
e) ¿Se incluyen locuciones del término? Si es así, anótalas.
f) ¿Qué palabras derivadas de *pico* propone el texto? ¿Podrías añadir alguna otra?
g) ¿Qué ejemplos de uso de la palabra aparecen? Escribe uno con el significado de la primera acepción.

38. Relaciona las siguientes abreviaturas, que comúnmente aparecen en las entradas del diccionario, con el significado que les corresponde. ¿Qué información nos dan sobre la palabra definida?

s. •	• adjetivo
adj. •	• adverbio
v. •	• sustantivo
prep. •	• verbo
adv. •	• preposición

39. Escribe la palabra que falta en cada una de las siguientes series. A continuación, busca en el diccionario las expresiones cuyo significado desconozcas.

a)
■ neto
cobrar un ■
■ mínimo interprofesional
congelar el ■
subir el ■
bajar el ■
■ bruto

b)
regata de ■
izar la ■
arriar la ■
navegación a ■
cambiar la ■

c)
el peso de la ■
entrar en vigor una ■
■ vigente
contravenir una ■
al amparo de la ■

d)
pista de ■
efectuar un ■
■ de emergencia
■ forzoso
tren de ■
■ peligroso

40. Averigua cómo entra una palabra en el diccionario y explícalo en unas diez líneas. Cita tres palabras que hayan entrado recientemente en el *Diccionario de la Lengua Española*, elaborado por la RAE.

» ORTOGRAFÍA

1. La sílaba

La **sílaba** es el sonido o grupo de sonidos que se pronuncian en cada golpe de voz.

Todas las palabras tienen una sílaba que se pronuncia con mayor intensidad. La sílaba sobre la que recae esta fuerza de voz es la sílaba **tónica**. El resto de las sílabas de la palabra son sílabas **átonas**.

Según la posición de la sílaba tónica, las palabras se clasifican en agudas, llanas, esdrújulas y sobresdrújulas.

Agudas La sílaba tónica es la última.				■	*reloj, almohadón, felicidad*
Llanas La sílaba tónica es la penúltima.			■		*perro, antena, pelo*
Esdrújulas La sílaba tónica es la antepenúltima.		■			*teléfono, árbitro, cúspide*
Sobresdrújulas La sílaba tónica es anterior a la antepenúltima.	■				*químicamente, regálaselo, pídemela*

2. Reglas generales de acentuación

Se llama **acento ortográfico** o **tilde** la marca gráfica que ponemos sobre la vocal de la sílaba tónica de algunas palabras. Pondremos acento o tilde según las siguientes reglas:

TIPOS DE PALABRAS	SE ACENTÚAN...	EJEMPLOS
AGUDAS	• Cuando acaban en vocal, *-n* o *-s*.	*puré, melón, irlandés*
LLANAS	• Cuando **no** acaban en vocal, *-n* o *-s*.	*árbol, lápiz, fósil*
ESDRÚJULAS Y SOBRESDRÚJULAS	• Siempre.	*física, clavícula, corrígemelo*

¿SABÍAS QUE...?

Las consonantes dobles *ch*, *ll* y *rr* representan un solo sonido y forman parte de la misma sílaba.

» ACTIVIDADES

41. Separa las sílabas de las siguientes palabras e indica cuántas tiene cada una:

a) maravilla
b) juguete
c) coche
d) sol
e) incredulidad
f) abollado
g) corredor
h) conseguir
i) esquelético
j) castillos
k) flor
l) yate
m) atasco
n) llamarada
ñ) caballo
o) arrojar
p) rojo
q) horrible
r) objeto
s) vez
t) atlántico
u) abrazándose

42. Lee atentamente el mensaje de la nota y haz lo que indica:

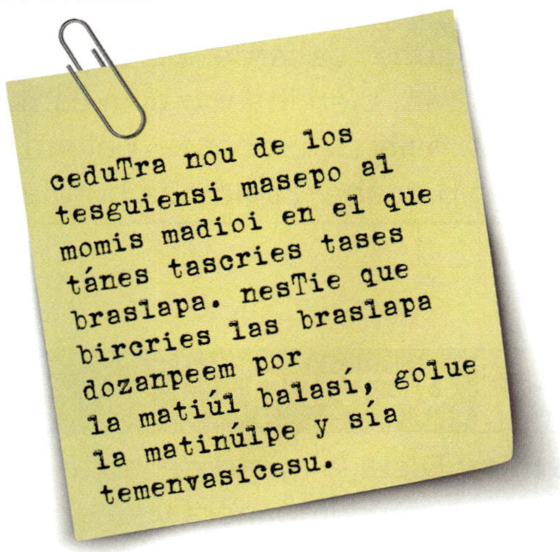

En la orillita del mar
suspiraba una ballena
y en sus suspiros decía:
quien tiene amor tiene pena.

Copla popular

Las horas que tiene el día
las he repartido así:
nueve soñando contigo
y quince pensando en ti.

Copla popular

43. Copia las siguientes palabras escribiendo con mayúscula la sílaba tónica. A continuación, indica si se trata de una palabra aguda, llana o esdrújula.

a) patinaje
b) nadador
c) jabalina
d) hípica
e) remo
f) vela
g) ciclismo
h) esquí
i) alpinista
j) entrenar
k) motorismo
l) culturista
m) carrera
n) clasificado
ñ) competir
o) pértiga

44. Clasifica las siguientes palabras en una tabla como la siguiente. Fíjate en el ejemplo:

arroz • médico • mañana • luces • vagabundo
espectador • acompañaré • fotográfico
capitán • relámpagos

Palabra	Número de sílabas	Sílaba tónica
arroz	*bisílaba (2)*	*la última*

45. Acentúa las siguientes palabras agudas cuando sea necesario:

a) favor
b) compas
c) melocoton
d) horror
e) sofa
f) bambu
g) amistad
h) sarten
i) final
j) reves
k) caracol
l) anis
m) melon
n) veintidos
ñ) almidon
o) servil

46. Subraya la palabra de cada serie que debe llevar acento y escríbela correctamente:

a) dolor, parecer, lugar, seguir, salon
b) amanecer, mantel, aqui, cristal, beber
c) cartel, cruzar, mercantil, ciudad, detras
d) musical, comun, sabor, feliz, amor
e) recuperacion, participar, desliz, terror, sutil
f) cartel, vision, yogur, animal, familiar

47. Acentúa, cuando sea necesario, las palabras agudas de las siguientes oraciones:

a) Tomara un cafe y una galleta de anis, y luego se ira a dar un paseo.
b) Alli, al fondo del almacen, esta el sillon de cuadros que buscas.
c) Jugaron con el balon por el jardin y rompieron un rosal.
d) Si te gusta, preparare un plato de melon con jamon.

48. De la siguiente relación de palabras llanas, acentúa las que lo requieran:

angel • alma • ballena • barco • dado • dolar
lapiz • lento • mastil • pirata • pregunta • tenis
tristeza • tunel • ventana • coche

49. Acentúa las palabras llanas de las siguientes oraciones cuando sea necesario:

a) En un partido de futbol, el cesped debe estar en perfectas condiciones.
b) El datil es un fruto que contiene bastante azucar.
c) No fue facil acceder al crater del volcán.
d) El hamster es un animal que tiene un caracter docil y confiado.

50. Copia y ordena alfabéticamente las siguientes palabras esdrújulas; acentúalas según corresponda:

quimico • agricola • numero • lagrima • basico
microfono • deposito • matematicas • calido
telefono • grafico • clavicula

51. Se han destacado en negrita algunas formas verbales que llevan pronombres enclíticos, acentúalas según corresponda:

a) **Callate** y **bebetelo** ya, te sentará bien.
b) El título **recogedmelo** vosotros, por favor.
c) **Dimelo** a la cara si te atreves.
d) **Sentemonos** aquí a descansar un momento.
e) No puedes quedarte con él; **daselo** ya.

52. Acentúa las palabras que lo necesiten:

a) En el sotano guardaron algunos documentos de gran valor historico.
b) En el arte islamico son caracteristicos los dibujos geometricos.
c) Este maletin de fibra de vidrio y plastico es practico, util y ligero.
d) Un sombrerero ingles invento con exito el sombrero de copa.
e) El suelo y las escalinatas del vestibulo son de marmol blanco.
f) No he cogido el movil porque he decidido practicar un dia de desconexion digital.

LUDOLENGUA

53. ¿Podrías agrupar correctamente y escribir las palabras que hay a continuación?

cobar deobe decerde beresbene ficioso traba jartam bién ibanbo cina esta balabor labiores balarsa biobasea bajoab solu to compro barcabe zaglo boa bundante

DICTADO

Premisa: Dicta la mitad del texto a un compañero o una compañera y luego intercambiad los papeles. Corregid juntos el texto.

Una niña conoció a un ángel, un ángel normal, rubio y con dos alas, una de ellas bonita e intacta, la otra bastante averiada. Sin embargo, volaba sin esfuerzo por todo el mundo. Cuando la niña fue a Creta en avión con su familia, él fue volando con ellos y aterrizó con un breve retraso en el aeropuerto de Heraklión. Así es que puede ir a todas partes; lo único que, al parecer, le queda demasiado lejos es el cielo.

JÜRG SCHUBIGER:
Cuando el mundo era joven todavía.

» DILO POR ESCRITO

Las normas de la clase

¿Qué tienes que hacer?

Vais a redactar algunas normas de convivencia para vuestra clase. Estas pautas de comportamiento deberían reflejar cómo os gustaría compartir el aula y determinar qué está permitido y qué no.

¿Cómo puedes hacerlo?

- Individualmente o por parejas, escribid al menos cinco normas relacionadas con las formas de comportarse y actuar en el aula: el respeto a los compañeros, el cuidado del material, la puntualidad, etc. Redactad la norma junto con una breve explicación que la justifique.

RECUERDA

Para ayudaros, podéis usar verbos en imperativo (*trabaja*, *respeta*, *limpia*) y algunas de las siguientes expresiones:

Se puede
Está permitido
Está prohibido
Se recomienda
Se debe
Hay que
Se tiene que
Es obligatorio
Es preferible

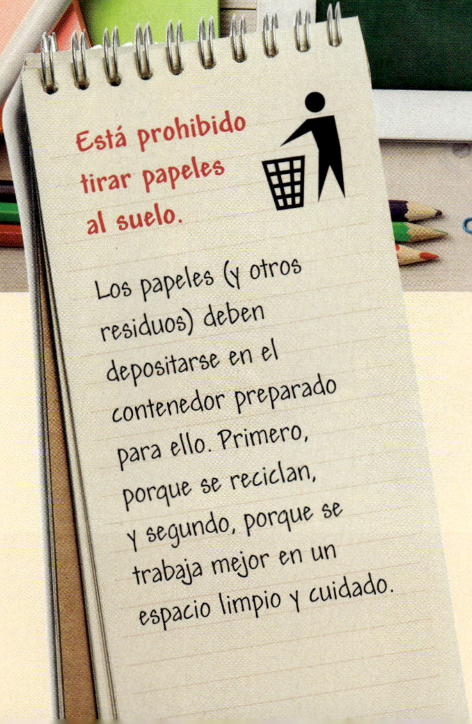

- A continuación, comentad vuestras normas con toda la clase. Podéis votar las diez más importantes. Finalmente, elaborad un mural para recordarlas y mostrar vuestro compromiso. Podéis usar el ordenador para crear un mural colaborativo. No olvidéis poner un título.

» PONTE A PRUEBA

Lee y comprueba si lo has comprendido

1. ¿Qué es el Día Europeo de las Lenguas?

2. El Día Europeo de las Lenguas...

a) se celebró el 26 de septiembre de 2001.
b) se celebra cada año el 26 de septiembre.

3. ¿Cuál es la intención del texto? Indica la mejor respuesta.

a) Informar del número de lenguas que se hablan en Europa.
b) Promocionar la celebración del Día Europeo de las Lenguas (DEL).
c) Enumerar, exponer, detallar cuáles son los actos conmemorativos del DEL.
d) Informar de la fecha exacta en que se celebra el DEL.

4. Indica si los siguientes enunciados son verdaderos (V) o falsos (F):

a) En el mundo existen unas 225 lenguas.
b) En Asia y África se hablan menos lenguas que en Europa.
c) Al menos la mitad de la población mundial habla o comprende dos o más lenguas.
d) El bilingüismo facilita el aprendizaje de otras lenguas.

5. En concreto, el Día Europeo de las Lenguas va dirigido a...

a) alumnos, estudiantes y profesores.
b) universidades, escuelas y centros culturales.
c) asociaciones.
d) cualquier persona o institución que quiera celebrar la diversidad lingüística de Europa.

6. ¿Qué función del lenguaje predomina en el texto anterior?

a) Expresiva.
b) Apelativa.
c) Referencial.
d) Fática.
e) Metalingüística.
f) Poética.

7. Subraya los sustantivos de la siguiente oración:

Celebramos el Día Europeo de las Lenguas para dar a conocer la riqueza lingüística y la diversidad cultural de Europa.

8. Ordena alfabéticamente las palabras del eslogan: «Celebra con nosotros el Día Europeo de las Lenguas».

9. Busca en el texto:

a) Una palabra de cinco sílabas.
b) Una palabra aguda sin tilde.
c) Una palabra aguda con tilde.
d) Una palabra esdrújula.

10. Escribe el nombre de cinco lenguas europeas e indica el país o la región en que se hablan.

Juega

Encontrarás el enlace a la página creada para la celebración del Día Europeo de las Lenguas en el espacio personal de la web *www.barcanova.cat*. En ella, puedes participar en los diferentes juegos lingüísticos que se proponen. Encontrarás destacados tres que hemos considerado muy interesantes.

Comparte

Preparad un diálogo en clase. Para desarrollarlo, podéis apoyaros en las siguientes preguntas: ¿Por qué crees que es importante conocer diferentes idiomas? ¿Crees que no saber más de uno puede limitarnos? ¿Consideras que todas las personas tienen las mismas oportunidades a la hora de estudiar idiomas? ¿Se podría solucionar esta desigualdad? ¿Cómo?

UNIDAD 2

Preparamos la lectura

1. ¿Te gusta la poesía? ¿En alguna ocasión has visto reflejados tus sentimientos en un poema?

2. ¿Crees que se necesita inspiración para escribir poemas o es una cuestión de esfuerzo y trabajo? Razona tu respuesta.

RIMA CON...

Dividid la clase en dos equipos. El primer equipo escoge tres palabras y el segundo equipo propone otras tres que rimen con las anteriores. Por ejemplo:

Equipo 1: *princesa – corazón – semana*
Equipo 2: *fresa – limón – manzana*

A continuación, cada equipo inventa pareados con las seis palabras propuestas. Gana el grupo que elabore las mejores composiciones en un tiempo determinado.

» CLUB DE LECTURA

Poemas

Medio ambiente

La naturaleza nos alegra o nos entristece,
mientras ella ni siente ni **padece**.
Bueno,
ahora sí parece que padece.
Ved las playas y los ríos
—muertos peces.
Ved los árboles sin brillo ni **simiente**.
Ese aire que los enrojece,
que al pulmón ennegrece
y al pálido niño de la ciudad
envejece.
¿Quién ha sido el salvaje
que puso al árbol gris
y sucio el aire?
¿Quién ha sido el salvaje
que mató la belleza del paisaje?
El paisaje ya es paisaje salvaje.
Medio ambiente. (Ni medio siquiera).

GLORIA FUERTES: *Mujer de verso en pecho.*

VOCABULARIO

padecer *v.* Sufrir.

simiente *f.* Parte del fruto de los vegetales que contiene el origen de una nueva planta.

medio ambiente *m.* Conjunto de condiciones que rodean a un ser vivo e influyen en él. También medioambiente.

Letanía / Carta a la Luna

Luna **paliducha**
hija de la noche
candil de desvelados
flor de luz.

A tu tallo regamos
los nocturnos llorantes
desamados constantes
los hijos de la luz.

¡Oh, diosa odiosa
para los nerviosos,
adorable **camelia**
para nos.

Yo tenía una deuda
contigo luna hermana,
jamás te escribí un verso
nunca reparé en ti,
(tenemos otras cosas
que cantar los poetas)
así en la tierra
como en el **añil**.

Pero tú puedes luna
(porque tienes poderes)
lánzanos tu energía
tus rayos de **alcanfor**,
sé para los sufrientes
pastilla de **amoníaco**
hechiza a los insomnes
lunáticos de amor.

GLORIA FUERTES:
Historia de Gloria
(amor, humor y desamor).

VOCABULARIO

paliducho, cha *adj.* Pálido, descolorido.

candil *m.* Objeto que sirve para dar luz formado por un recipiente que contiene aceite y una mecha introducida en él.

camelia *f.* Flor grande de color blanco, rosa o rosado.

añil *m.* Color azul oscuro con un tono violeta.

alcanfor *m.* Sustancia blanca de olor muy fuerte, que se usa en medicina y en la industria.

amoníaco *m.* Líquido de olor muy fuerte que se utiliza para limpiar.

lunático, ca *adj.* Loco.

VOCABULARIO

letanía *f.* Oración que recita una persona y que es repetida o contestada por los demás.

combatiente *m.* Soldado que forma parte de un ejército.

frente *m.* Zona en la que luchan los soldados en una guerra.

¿SABÍAS QUE...?

Gloria Fuertes García (Madrid, 1919-1998) ya escribía y dibujaba cuentos a los cinco años. Trabajó como contable y secretaria y, a la vez, componía poemas. Escribió poesía, teatro y cuentos infantiles (*Canciones para niños*, *Cangura para todo*, *La pájara pinta*...), y colaboró en revistas y programas infantiles de televisión. De su obra para adultos destacan: *Isla ignorada*, *Poeta de guardia*, *Antología poética*, *Obras incompletas*... Los temas más destacados de sus libros son el amor, el desamor, la injusticia, el humor, el pacifismo, los derechos de la mujer, la igualdad, el medio ambiente, etc. Por el contenido y por la forma de sus poesías, supo conectar con el público como ningún otro poeta de su tiempo.

Letanía

Que todos los enemigos se hagan amigos
que todos los enemigos se hagan amigos.

Que todos los desunidos se hagan unidos
que todos los desunidos se hagan unidos.

Que todos los hombres tristes se hagan alegres
que todos los hombres tristes se hagan alegres.

Que todos los hombres pobres tengan un coche
que todos los hombres pobres tengan un coche.

Que todos los **combatientes** vuelvan del **frente**
que todos los combatientes vuelvan del frente.

¡Ni un muerto más!

Que todo el que nos escucha no quiera lucha
que todo el que nos escucha no quiera lucha.

¡Ni un muerto más!

Que todo el que nos escucha abra sus brazos
que todo el que nos escucha abra sus brazos
para abrazar la paz
para abrazar la paz.

¡Ni un muerto más!
¡Ni un muerto más!

GLORIA FUERTES: *Mujer de verso en pecho.*

BuScA eN eL tExTo...

¿Cuántos versos suman en total los poemas que acabas de leer?

Entre 60 y 70. **Entre 70 y 80.** **Entre 80 y 90.** **Entre 90 y 100.**

» ACTIVIDADES

«Medio ambiente»

Comprensión de la lectura

1. ¿A quién se dirige Gloria Fuertes a lo largo de todo el poema?

2. Según la autora, ¿por qué padece la naturaleza?

3. ¿Por qué hay peces muertos en las playas y en los ríos? ¿Qué les ha ocurrido a los árboles? ¿Qué efecto produce el aire en los árboles, en los pulmones y en los niños?

Expresión personal

4. Al final del poema, la autora se pregunta quién ha sido el culpable de ese efecto nocivo del aire en las personas y en la naturaleza. ¿Por qué las preguntas quedan sin respuesta?

5. ¿Qué quiere expresar la poeta cuando dice que el medio ambiente no es *ni medio siquiera*?

6. Según el número de sílabas, ¿cómo son los versos del poema? ¿Presentan rima? ¿De qué tipo es la rima?

7. Señala la figura literaria que se da en los siguientes versos:

La naturaleza nos alegra o nos entristece,
mientras ella ni siente ni padece.

8. La paronomasia es la semejanza fonética entre dos o más palabras. Localiza un ejemplo de paronomasia en el texto.

«Carta a la Luna»

Comprensión de la lectura

9. ¿A quién se dirige Gloria Fuertes a lo largo de todo el poema?

10. ¿A quién se refiere con la expresión «hijos de la luz»?

11. ¿Por qué le dice a la Luna que tiene una deuda con ella?

12. ¿Qué le pide la autora a la Luna?

Expresión personal

13. ¿De qué tipo son los versos que forman este poema?

14. ¿El poema tiene rima? Justifica tu respuesta.

15. ¿Por qué van en modo imperativo las formas verbales *lánzanos*, *sé* y *hechiza*?

16. Fíjate en estas expresiones que emplea la autora para referirse a la Luna:

¿Qué nombre recibe la figura literaria que emplea en las expresiones anteriores? Explica en qué consiste.

17. En el espacio personal de la página web *www.barcanova.cat*, encontrarás musicado el poema «Carta a la Luna»; escúchalo e intenta memorizarlo.

18. Explica con tus palabras el contenido de los ocho últimos versos del poema.

«Letanía»

Comprensión de la lectura

19. ¿Qué desea la autora en los siguientes versos del poema?

- Que todos los enemigos...
- Que todos los desunidos...
- Que todos los hombres pobres...
- Que todos los combatientes...

20. ¿Qué quiere decir la autora con el verso *que todo el que nos escucha no quiere lucha*?

21. ¿Qué significa el verso *que todo el que nos escucha abra sus brazos*?

22. ¿Cuál es el verso que más se repite? ¿Por qué crees que la autora lo utiliza cuatro veces?

Expresión personal

23. ¿Qué destaca en la forma del poema? ¿Cómo son los versos que lo conforman?

24. ¿Podemos afirmar que el poema tiene rima? ¿Por qué?

25. ¿A qué hacen referencia las palabras y expresiones *combatientes*, *frente*, *lucha*, *ni un muerto más*?

26. ¿Qué figura literaria se da en los siguientes versos? Elige la opción correcta de las cuatro que te presentamos en la columna inferior.

a) Que todos los enemigos se hagan amigos
b) Que todos los desunidos se hagan unidos
c) Que todos los hombres tristes se hagan alegres
d) Que todos los hombres pobres tengan un coche
e) Que todos los combatientes vuelvan del frente

1. personificación
2. anáfora
3. antítesis
4. paralelismo

27. ¿A qué palabra del texto se oponen *combatientes*, *frente* y *lucha*?

28. Escribe un texto breve, de entre cinco y diez líneas, en el que expreses con tus palabras el contenido del poema.

» LENGUA Y SOCIEDAD

1. El texto

El **texto** es una unidad comunicativa que un hablante emite intencionadamente en una situación concreta. De extensión variable, puede ser **oral** o **escrito**, ha de tener un sentido total y debe ser autónomo desde el punto de vista lingüístico.

Los textos pueden ser: narrativos, descriptivos, dialogados, expositivos, argumentativos, instructivos, predictivos, etc.

Cuando escribes un diario personal, **¿qué tipo de texto estás utilizando?** Podéis comentarlo en clase.

1.1. Propiedades de los textos

Los textos deben ajustarse a las llamadas **propiedades textuales**: la adecuación, la coherencia y la cohesión.

La adecuación

La **adecuación** es la propiedad por la que un texto se adapta a la situación comunicativa. El registro utilizado debe tener en cuenta la intención del emisor, el contenido del mensaje, el destinatario, el canal, la situación, etc.

La coherencia

La **coherencia** es la propiedad que debe tener un texto para dar una información ordenada con un sentido global. El texto coherente cuenta con un **tema** (idea general) y una **estructura** clara que organice toda la información.

Para que un texto sea coherente ha de cumplir las llamadas **reglas de coherencia**:

- Deben repetirse elementos relacionados con el tema.
- El texto tiene que ir aportando información nueva, relacionada con el tema.
- Los elementos del texto no deben contradecirse.
- Los hechos que se refieren deben tener relación con el mundo real o imaginario.

La cohesión

La **cohesión** es la propiedad por la que las unidades de un texto se relacionan entre sí. Un texto está cohesionado cuando muestra una relación lógica entre las ideas que expresa. Para dar cohesión a un texto, se utilizan procedimientos de referencia, de sustitución léxico-semántica y de conexión.

MECANISMOS DE REFERENCIA

DEIXIS	Uso de palabras que se refieren a elementos extralingüísticos: *aquí*, *entonces*, *ella*, *hoy*, etc.
ANÁFORA	Uso de palabras (pronombres, adverbios, determinantes) que reproducen elementos ya mencionados: *Ayer vi a **Javier** y me dijo que **él** no sabía nada.*
CATÁFORA	Uso de palabras para referirse a un elemento que aparecerá después: *Te **lo** dije: «**Ten cuidado con esa persona**».*
ELIPSIS	Supresión de elementos lingüísticos porque se sobrentienden: *Pedro participó en dos carreras; su hermano* [participó], *en cinco.*

MECANISMOS DE SUSTITUCIÓN LÉXICO-SEMÁNTICA

SINÓNIMOS/ANTÓNIMOS	*primo/pariente; arriba/abajo…*
HIPERÓNIMOS/HIPÓNIMOS	*Fruta: manzana, pera, naranja, melocotón…*
PERÍFRASIS	Expresión de una idea mediante un rodeo: *El autor de este libro* [por Gabriel García Márquez]…
METÁFORA	Identificación de un elemento real con otro figurado: *Los caracoles siempre viajan en **caravana*** [concha].
METONIMIA	Se designa un concepto con el nombre de otro con el que guarda alguna relación: *La piloto destrozó las **gomas*** [neumáticos] *de su bólido.*

MECANISMOS DE CONEXIÓN

CONECTORES O MARCADORES DISCURSIVOS	*porque, pues, es decir, además, sin embargo, incluso, en primer lugar, luego, entonces, por ejemplo, en absoluto, por último, según dijimos, o sea, finalmente, en resumen, así pues, en caso de que, a fin de que, incluso, por ejemplo, al contrario, bueno, desde luego*, etc.

EJEMPLO

Una veintena de flamencos se ha visto en las últimas semanas en las marismas recuperadas de la Pletera, en L'Estartit (Baix Empordà). «Están redescubriendo este espacio varias especies de aves», indica Boris Weizmann, biólogo colaborador del Parque Natural del Montgrí, Illes Medes i Baix Ter.

Entre ellas algunas que, o no se habían detectado o lo habían hecho poco en este sistema de lagunas recuperado gracias al proyecto Life Pletera.

El País, sección Cataluña.
17 de mayo de 2020

El texto es **adecuado** porque se adapta a la situación comunicativa: un texto periodístico de finalidad divulgativa y escrito en un castellano estándar. El texto es **coherente** porque todos sus elementos están relacionados: a la información sobre la presencia de flamencos se añaden otras complementarias sobre el mismo tema. El texto está **cohesionado** mediante el uso de elementos de conexión (hiperónimo: *aves* por *flamencos*; anáfora: *ellas* por *especies de aves*; sinónimos; etc.).

» ACTIVIDADES

29. Justifica por qué el siguiente texto es adecuado y coherente:

> Las ballenas pueden tener un atractivo especial para la imaginación humana. Tal vez sea su tamaño, y que la ballena azul es con mucho el animal más grande que jamás haya vivido en el planeta. Tal vez sea su reputada inteligencia o el sobrecogedor canto de la ballena jorobada o quizá se deba a que las ballenas son mamíferos que regresaron a los mares de donde había surgido originariamente la vida.
>
> G. Lean y D. Hinrichsen: *Atlas del medio ambiente.*

30. ¿Crees que el siguiente texto es coherente? Justifica tu respuesta.

> Este verano pasaremos las vacaciones en las Islas Canarias. Allí se cultivan plátanos de gran calidad. El plátano contiene vitamina C y ácido fólico. Las naranjas también contienen abundante vitamina C. En España, la naranja se cultiva, sobre todo, en la Comunidad Valenciana.

31. Indica qué elementos de conexión, o conectores, cohesionan el siguiente texto:

> Un día, cuando tenía nueve años, el maestro me dijo que quería hablar conmigo al salir de clase. Al principio me asusté, porque pensé que quizá había hecho algo mal; sin embargo, no se me ocurría nada. Después, supuse que tal vez me felicitaría por alguno de mis trabajos; pero tampoco eran tan brillantes como para eso. Finalmente, descubrí de qué se trataba: mi padre había ido al colegio para decir que le habían trasladado y, por lo tanto, el curso próximo iría a otro colegio en otra ciudad. Solo quería decirme que sentía mucho mi partida.

32. Lee el siguiente texto y, a continuación, completa una tabla como la que te mostramos más abajo:

> Cuando Alma tocaba el chelo, una gran paz interior **le** hacía recordar su tierra, **su** lago, **sus** montañas y Adrian Troadec. Entonces, Alma lloraba. Fue en aquella época cuando comenzó a escribir**le** cartas a **su** amigo Adrian. Adrian Troadec.
> Las primeras cartas fueron alegres, desenfadadas, pletóricas de alegría por **su** nueva vida, orillando siempre referencias a **su** amistad con **él**, pero mostrándo**la** en cada párrafo, en cada confidencia.
>
> José Carlos Carmona: *Sabor a chocolate.*

Elementos de cohesión de referencia

Elemento	Nombre	Se refiere a...
le	anáfora	Alma
su (*tierra*)		Alma
su (*lago*)	anáfora	
sus		Alma
escribir**le**	anáfora	
su (*amigo*)	anáfora	
su (*nueva vida*)		Alma
su (*amistad*)	anáfora	
él	anáfora	
mostrándo**la**	anáfora	

» TOMA LA PALABRA

Ponemos la voz

Os proponemos que escojáis un cortometraje y le pongáis voz. De ese modo, podréis contar a los espectadores lo que ocurre en la pantalla, o bien hacer hablar directamente a los personajes.

Procedimiento

1. Por grupos, escoged un corto que dure unos tres minutos en el que se cuente una breve historia. Puede ser un corto animado o protagonizado por personas, pero en cualquier caso tendréis que sustituir el sonido por vuestra propia banda sonora (diálogos, sonidos y música). También podéis buscar un cortometraje de cine mudo.

2. Mirad el vídeo varias veces, fijaos en los detalles y comentad entre vosotros lo que ocurre. Podéis añadir suposiciones e invenciones para contar la historia a vuestra manera.

3. Determinad qué tipo de texto acompañará la escena. Puede tratarse de cualquiera de las siguientes opciones o de varias de ellas combinadas:

a) La voz de un narrador en tercera persona que va relatando al público lo que ocurre en la pantalla.

b) La voz en *off* del personaje protagonista contando lo que siente y lo que piensa, sobre todo, lo que le ocurre.

c) Los diálogos que intercambian los personajes.

4. Escribid el texto y, si conviene, repartíos los papeles. Ensayad varias veces antes de realizar la grabación.

5. Para editar el sonido del vídeo, podéis usar diversos programas y aplicaciones para móvil. En el espacio personal de la web *www.barcanova.cat,* encontraréis algunos enlaces.

6. Cuando terminéis, proyectad los vídeos en clase o compartidlos en el blog del aula.

» LITERATURA

1. El lenguaje literario

El **lenguaje literario** es el lenguaje artístico que se utiliza en la literatura. En un texto literario predomina la **función poética o estética** del lenguaje, según la cual se presta atención a la forma del mensaje intentando que este sea sugestivo y original, llamativo para el lector. En el lenguaje literario es importante lo que dice el autor y especialmente cómo lo dice.

El lenguaje literario tiene las siguientes características:

- La **selección léxica**: se escogen cuidadosamente las palabras hasta encontrar la expresión más singular o sugerente. Este procedimiento incluye también las combinaciones inesperadas de palabras, la invención de palabras nuevas, etc.
- El uso de **connotaciones** en palabras que evocan significados figurados o «dobles sentidos».
- La **alteración del ritmo habitual del lenguaje** al ordenar las palabras de una manera diferente en la prosa o mediante el verso en la poesía.
- El **uso de recursos expresivos o literarios (figuras retóricas)** para embellecer la expresión.

Fíjate en los siguientes textos. La definición de *colibrí* extraída de la Wikipedia tiene una **finalidad práctica** e informativa. En cambio, en el poema, el autor **expresa sus propias emociones** y crea un texto bello.

Colibrí (ave)

Colibri es un género de aves apodiformes. El género agrupa a cinco especies con una distribución principalmente neotropical.

Descripción

Las especies que forman el género ***Colibri*** tienen un tamaño que oscila entre 11 y 15 cm y un peso de 6 a 8,5 g. Tienen la cola amplia y redondeada, y el pico negro y delgado, relativamente corto. El plumaje es principalmente verde.

A pesar de que muchos mueren durante su primer año de vida, aquellos que sobreviven viven una media de entre 3 y 4 años.

WIKIPEDIA (texto adaptado).

El colibrí

Brillante
colibrí
colibrillante,
cuyo
brillo
un
instante
comprendí.
Un
día
me
cantaste
en
guaraní
tu
canción
de
diamante,
en
la
orilla
del
río
Llavarí.
Hoy
la
cantas
aquí.

JAIME FERRÁN

VOCABULARIO

guaraní *m.* Lengua que se habla en Paraguay y en regiones limítrofes, sobre todo en la provincia argentina de Corrientes.

Llavarí *m.* Afluente del río Amazonas.

2. El poema

Cuando pensamos y hablamos, lo hacemos en prosa, que es la forma natural del lenguaje. Sin embargo, si queremos componer un **poema**, utilizamos preferentemente el **verso**, cuyas características principales son la **medida** y la **rima**. Los versos, a su vez, pueden agruparse en **estrofas**.

2.1. La medida de los versos

La medida de un verso es el **número de sílabas** que lo forman. Fíjate en estos versos de Ángel González:

Las horas pasan, pesan lentamente
vacías de ti, llenas de tu memoria.

Las ho-ras pa-san, pe-san len-ta-men-te **11 sílabas**
1 2 3 4 5 6 7 8 9 10 11

RECUERDA

Para **contar las sílabas** de un verso, es conveniente hacerlo **en voz alta** (o mentalmente), al mismo tiempo que se marca cada golpe de voz tamborileando con los dedos. De esta manera, se reconocen mejor las sinalefas y otros fenómenos rítmicos.

La posición del acento

Para contar las sílabas de un verso, hay que tener en cuenta la posición del acento en la última palabra.

- Si el verso acaba en palabra **aguda**: se **suma** una sílaba.
- Si el verso acaba en palabra **llana**: la medida queda igual.
- Si el verso acaba en sílaba **esdrújula**: se **resta** una sílaba.

Según la medida, hay **dos clases de versos**:

- Versos de **arte menor**: tienen 8 sílabas o menos.
- Versos de **arte mayor**: tienen más de 8 sílabas.

Según su número de **sílabas**, los versos reciben diferentes nombres. Los de dos sílabas, por ejemplo, se llaman bisílabos. Fíjate:

VERSOS DE ARTE MENOR	
3	trisílabo
4	tetrasílabo
5	pentasílabo
6	hexasílabo
7	heptasílabo
8	octosílabo

VERSOS DE ARTE MAYOR	
9	eneasílabo
10	decasílabo
11	endecasílabo
12	dodecasílabo
13	tridecasílabo
14	alejandrino

CÓMO CONTAR SÍLABAS

Capitán Nemo

Era un capitán	6 (5 + 1)
muy serio y atípico,	6 (7 - 1)
un señor genial,	6 (5 + 1)
y todo un científico	6 (7 - 1)
que montó en secreto	6
un gran submarino.	6

ANTONIO A. GÓMEZ YEBRA

Las licencias métricas

El cómputo silábico también tiene en cuenta los siguientes fenómenos fónicos:

- La **sinalefa**: consiste en pronunciar en una sola sílaba la vocal final de una palabra y la inicial de la siguiente.

El o-li-**vo es** la fir-me-za	8
de la fuer-za **y el** tra-ba-jo	8
FEDERICO GARCÍA LORCA	

- La **diéresis**: consiste en pronunciar en sílabas distintas las vocales de un diptongo.

Des-piér-ten-me las a-ves	7
con su can-tar **sü-a**-ve no a-pren-di-do.	11
FRAY LUIS DE LEÓN	

- La **sinéresis**: consiste en pronunciar en una sola sílaba las vocales de un hiato.

Y en tan-to **cae** la nie-ve del cie-lo de Pa-rís	14 (13 + 1)
RUBÉN DARÍO	

¡Viejos olivos sedientos
bajo el claro sol del día,
olivares polvorientos
del campo de Andalucía!

ANTONIO MACHADO

2.2. La rima

La **rima** es la **repetición de sonidos** al final de dos o más versos.

Si se repiten todos los sonidos (vocales y consonantes) a partir de la última vocal tónica del verso, la rima es **consonante**.

Si a partir de la última vocal tónica del verso se repiten únicamente las vocales, la rima es **asonante**.

Para señalar la rima se utilizan letras en orden alfabético (minúsculas en los versos de arte menor y mayúsculas en los de arte mayor). Cuando dos versos riman, se les asigna la misma letra. Si un verso no rima con ningún otro, se indica mediante una raya.

Tendida en la madrug**ada**	a
la firme guitarra esp**era**:	b
voz de profunda mad**era**	b
desesper**ada**.	a
NICOLÁS GUILLÉN	

En mi cielo al crepúsculo eres como una n**ube**	A
y tu color y forma son como yo los qui**ero**.	B
Eres mía, eres mía, mujer de labios d**ul**c**e**s	A
y viven en tu vida mis infinitos su**e**ñ**o**s.	B
PABLO NERUDA	

2.3. Las estrofas

Los versos pueden agruparse en **estrofas**, que son combinaciones de dos o más versos cuya rima se distribuye de una manera fija. En la siguiente tabla encontrarás una relación de las estrofas más frecuentes.

TIPOS DE ESTROFAS

NÚMERO DE VERSOS	NOMBRE DE LA ESTROFA	ESQUEMA MÉTRICO	TIPO DE RIMA
2 versos	**pareado**	AA / aa / Aa / aA	consonante o asonante
3 versos	**terceto**	11A, 11B, 11A	consonante
	soleá	a-a	asonante
4 versos	**cuarteto**	11A, 11B, 11B, 11A	consonante
	redondilla	8a, 8b, 8b, 8a	consonante
	serventesio	11A, 11B, 11A, 11B	consonante
	cuarteta	8a, 8b, 8a, 8b	consonante
	copla	-a-a	asonante
	cuaderna vía	14A, 14A, 14A, 14A (alejandrinos)	consonante
5 versos	**quinteto**	ABBAB / ABAAB / ABABA (endecasílabos) (No puede haber más de dos versos seguidos con la misma rima, ni quedar ningún verso suelto; los dos últimos no pueden formar un pareado).	consonante
	lira	7a, 11B, 7a, 7b, 11B	consonante
6 versos	**copla de pie quebrado (sextilla manriqueña)**	8a, 8b, 4c, 8a, 8b, 4c	consonante
8 versos	**octava real**	11A, 11B, 11A, 11B, 11A, 11B, 11C, 11C	consonante
10 versos	**décima o espinela**	8a, 8b, 8b, 8a, 8a, 8c, 8c, 8d, 8d, 8c (Dos redondillas unidas por dos versos de enlace).	consonante
14 versos	**soneto**	ABBA ABBA CDC DCD (endecasílabos) (Dos cuartetos con la misma rima y dos tercetos, cuyos versos pueden rimar con distintas combinaciones).	consonante
serie (número indefinido de versos)	**romance**	8-, 8a, 8-, 8a...	asonante
	villancico (letrilla: villancico de tema satírico)	estribillo (dos, tres o cuatro versos) + estrofa (variable) con un verso de vuelta + estribillo	consonante o asonante
	zéjel	aa bbba aa estribillo + estrofa de tres versos con un verso de vuelta + estribillo	consonante o asonante

» ACTIVIDADES

33. Lee los siguientes textos y responde las preguntas que encontrarás a continuación:

El río Miño (en portugués, *rio Minho*) es el río más largo de Galicia, y el más caudaloso una vez que recibe al río Sil, su principal afluente. Tiene una longitud de 310 km y drena una amplia cuenca de 12.486 km^2.

El niño miraba el agua

Miño del atardecer
con dos hileras de pinos,
¡ay, qué dulcísimo río!
Hondo entre piedras guardado
con un silencioso **sino**
deslizándose al encuentro
de otro río delgadísimo,
¡ay qué dulcísimo río!
Que salta como una **corza**
que se entrega a su destino,
¡ay qué dulcísimo río!

CARMEN CONDE

VOCABULARIO

sino *m.* Destino, suerte.

corza *f.* Hembra del corzo. Mamífero emparentado con el ciervo, pero de menor tamaño.

a) Menciona al menos dos diferencias que hayas apreciado entre ambos textos.
b) ¿Con qué finalidad se ha escrito cada uno de los dos textos?
c) Explica el significado de estos versos del segundo texto:
- *Miño del atardecer*
- *Hondo entre piedras guardado*
- *Que salta como una corza*
- *que se entrega a su destino*

34. Relaciona los términos reales de la columna superior con los términos figurados de la columna inferior. Explica por qué crees que los autores han relacionado ambos términos.

1. las nubes
2. las canas
3. la muerte
4. los dientes
5. el limón
6. la juventud

a) *los blancos algodones del cielo*
b) *la primavera de la vida*
c) *la nieve de sus cabellos*
d) *las perlas de tu boca*
e) *el sueño eterno*
f) *el rayo de luz que se hizo fruta*

35. Identifica qué recursos expresivos aparecen en los textos que figuran a continuación. Justifica tu respuesta en cada caso.

a) paralelismo / metáfora / antítesis

Te quiero.
Te lo he dicho con el viento [...]
Te lo he dicho con el sol [...]
Te lo he dicho con las nubes [...]

LUIS CERNUDA

b) metáfora / comparación / enumeración

La noche, reina negra, desciende hasta sus mares.
Para el baño la ornaron sus doncellas.

ENRIQUE DÍEZ CANEDO

c) anáfora / comparación / hipérbaton

El niño busca su voz.
(La tenía el rey de los grillos.)
En una gota de agua
buscaba su voz al niño.

FEDERICO GARCÍA LORCA

36. Completa los huecos de los siguientes versos con la palabra adecuada, de las que te ofrecemos entre paréntesis, para que tengan la medida y la rima indicadas y, además, den sentido al poema:

A

El porqué me abandonaste 8-
yo no acierto a ■. 8a
(saberlo, comprenderlo, entenderlo)
Siempre ha de ser para mí 8-
impenetrable ■. 8a
(imperio, misterio, remedio)

GERARDO DIEGO

B

En preguntar lo que ■ 8-
(debes, conoces, sabes)
el tiempo no has de perder... 8a
Y a preguntas sin respuesta 8-
¿quién te podrá ■? 8a
(responder, contestar, decir)

ANTONIO MACHADO

C

Jugabas con un lápiz, 7-
callada y ■, 7a
(pensativa, preocupada, pasiva)
sobre la virgen hoja 7-
donde nada ■. 7a
(garabateabas, dibujabas, escribías)

NICOLÁS GUILLÉN

D

Gira, asciende, enloquece, pensamiento. 11A
Hoy da el otoño suelta a sus manadas. 11B
¿No sientes a lo lejos sus ■? 11B
(sonidos, pisadas, caminatas)
Pasan, dejando el campo ■. 11A
(amarillo, dorado, amarillento)

JOSÉ HIERRO

37. Lee atentamente el siguiente poema de Federico García Lorca. A continuación, haz un análisis métrico: medida de los versos y rima. Por último, averigua a qué tipo de estrofa o serie corresponde.

Romance de la luna, luna

La luna vino a la **fragua**
con su **polisón** de nardos.
El niño la mira, mira.
El niño la está mirando.
En el aire conmovido
mueve la luna sus brazos
y enseña, **lúbrica** y pura,
sus senos de duro estaño.
—Huye luna, luna, luna.
Si vinieran los gitanos,
harían con tu corazón
collares y anillos blancos.
—Niño, déjame que baile.
Cuando vengan los gitanos,
te encontrarán sobre el yunque
con los ojillos cerrados.
—Huye luna, luna, luna,
que ya siento sus caballos.
—Niño, déjame, no pises
mi blancor almidonado.
El jinete se acercaba
tocando el tambor del llano.
Dentro de la fragua el niño
tiene los ojos cerrados.
Por el olivar venían,
bronce y sueño, los gitanos.
Las cabezas levantadas
y los ojos entornados.
Cómo canta la **zumaya**,
¡ay, cómo canta en el árbol!
Por el cielo va la luna
con un niño de la mano.
Dentro de la fragua lloran,
dando gritos, los gitanos.
El aire la vela, vela.
El aire la está velando.

FEDERICO GARCÍA LORCA

VOCABULARIO

fragua *f.* Taller donde se forjan los metales.

polisón *m.* Armazón que, atado a la cintura, se ponían las mujeres para que abultasen los vestidos por detrás.

lúbrico, ca *adj.* Libidinoso, lascivo.

zumaya *f.* Ave rapaz nocturna, parecida a la lechuza.

» GRAMÁTICA

1. Clases de palabras (II)

1.1. Los determinantes

Los **determinantes** son palabras que van delante del nombre o sustantivo, y lo concretan, lo determinan o delimitan su extensión. Hay diferentes tipos de determinantes, cada uno con sus características propias:

El artículo

El **artículo** es un determinante que precede al nombre, con el que concuerda en género y número.

El artículo puede ser **determinado** (*el*, *la*, *los*, *las*), **indeterminado** (*un*, *una*, *unos*, *unas*) y **neutro** (*lo*, solo delante de un adjetivo). Ejemplo: ***el** ascensor*; ***una** avenida*; ***lo** importante*.

El demostrativo

El **demostrativo** señala algo o a alguien en función de la distancia que lo separa del hablante. Por ejemplo: *Me gusta **ese** cuadro*.

Los **demostrativos** son: *este, esta, estos, estas; ese, esa, esos, esas; aquel, aquella, aquellos, aquellas.*

A veces se suprime el sustantivo porque se sobrentiende. Por ejemplo: ***Este** cuadro es más grande.* → *En cambio, **aquel** Ø es más pequeño.*

Cuando el demostrativo se pospone al nombre, funciona como adjetivo. Ejemplo: *No olvidaré el día **aquel*** (adjetivo).

El posesivo

El determinante **posesivo** indica posesión o pertenencia. Ejemplo: ***mis** gafas*, ***su** abuelo*, ***vuestras** ideas*, etc.

Son posesivos de primera persona: *mi*, *mis*; *mío*, *mía*, *míos*, *mías*; *nuestro*, *nuestra*, *nuestros*, *nuestras*. De segunda persona: *tu*, *tus*; *tuyo*, *tuya*, *tuyos*, *tuyas*; *vuestro*, *vuestra*, *vuestros*, *vuestras*. De tercera persona: *su*, *sus*; *suyo*, *suya*, *suyos*, *suyas*.

Los posesivos pueden ser **átonos** o **tónicos**.

- Los posesivos **átonos** van delante del nombre y son **determinantes**. Por ejemplo: ***mi** hermana*; ***nuestra** clase*.
- Los posesivos **tónicos** van detrás del nombre o en otras posiciones y funcionan como **adjetivos**. Por ejemplo: *esa amiga **tuya***; *La foto es **mía***; *Los pedidos son **nuestros**...*

BARCANOVA EDITORIAL

Los cuantificadores

Los **cuantificadores** expresan cantidad o número. Se clasifican en **numerale**s e **indefinidos**.

- Los **numerales** establecen una cantidad basada en los números naturales. Se subdividen en dos clases básicas:
  - **Cardinales**: *un*, *dos*, *tres*, *cuatro*, *cien*, etc. Expresan una cantidad precisa. Si van delante del nombre son determinantes (***tres** amigos*). En otras posiciones pueden interpretarse como pronombres o como determinantes con el nombre elidido: *Tú tienes una hermana; yo, **cuatro***.
  - **Ordinales**: *primera*, *segundo*, *tercero*, etc. Funcionan como adjetivos: *Vivo en el **primer** piso*; *Vivo en el piso **primero**.*
- Los **indefinidos** expresan cantidad mediante otros procedimientos. Son indefinidos *algún*, *cualquiera*, *muchos*, *bastantes*, *sendos*, etc.

Los **numerales fraccionarios** indican fracciones de una unidad: *medio*, *tercio*, *doceavo*, *centésimo*, etc.
Los **numerales multiplicativos** expresan el resultado de multiplicar una cantidad por un número natural: *doble*, *triple*, *cuádruple*, etc.

- La mayoría de los **indefinidos** pueden ser pronombres (***Muchos** aplaudieron*), determinantes (***Muchos** asistentes aplaudieron*) y adverbios (*Voy **mucho** al cine*).

Los relativos

Los **relativos** (*cuyo*, *cuya*, *cuyos*, *cuyas*) son palabras que aluden a otra unidad que ya ha aparecido antes, el *antecedente*. Ejemplo: *Juan, **cuyos** padres son aragoneses, nació aquí.*

Los interrogativos y los exclamativos

Los determinantes **interrogativos** su usan para preguntar y los **exclamativos** para expresar emociones, estados de ánimo, etc. Ejemplos: *¿**Qué** película prefieres? ¡**Qué** calor hace hoy!*

1.2. Los pronombres

El **pronombre** es una palabra que sustituye a un sintagma nominal o a una oración subordinada. En la oración: *Perdí mi carpeta y un joven **la** encontró*, el pronombre *la* sustituye a *mi carpeta.*

Los pronombres personales

Los pronombres **personales** señalan a las personas gramaticales que intervienen en una conversación. Pueden funcionar como **sujeto** (***Yo** la he visto*) o como **complemento** (*Juan vendrá **conmigo***).

Los **pronombres personales tónicos** son: *yo*, *mí*, *conmigo*; *tú*, *usted*, *ti*, *contigo*; *él*, *ella*, *sí*, *consigo*; *nosotros*, *nosotras*; *vosotros*, *vosotras*, *ustedes*; *ellos*, *ellas*, *sí*, *consigo*.
Los **pronombres personales átonos** son: *me*, *te*, *se*, *el*, *la*, *lo*, *nos*, *os*, *se*, *los*, *las*, *les*.

Otros pronombres

DEMOSTRATIVOS	*esto, eso, aquello...*	**RELATIVOS**	*que, quien, el cual, el que, lo cual...*
NUMERALES	*uno, una, dos, tres, veinte...*	**INTERROGATIVOS**	*qué, quién, cuál, cuántos...*
INDEFINIDOS	*ninguno, muchos, bastantes, nadie...*	**EXCLAMATIVOS**	*qué, quién, cuánto...*

1.3. Las palabras invariables

El adverbio

El **adverbio** es una palabra invariable que puede complementar al verbo (*llegamos* ***pronto***), al adjetivo (*muy* ***importante***), a otro adverbio (***bastante*** *tarde*) o a una oración (***Probablemente****, lloverá*). Según su significado, los adverbios pueden indicar:

LUGAR	*aquí, ahí, allí; lejos, cerca; dentro, fuera; donde, dónde; arriba, abajo; encima, debajo...*
TIEMPO	*antes, ahora, después, luego, primero, entonces, ayer, hoy, mañana, siempre, cuando...*
MODO O MANERA	*así, bien, mal, mejor, peor, tal...*
CANTIDAD	*mucho, poco, bastante, más, menos, tanto, nada, algo, demasiado...*
DUDA	*quizá, acaso, probablemente...*
AFIRMACIÓN O NEGACIÓN	*sí, claro, ciertamente; no, nunca, jamás*

Una **locución adverbial** es un grupo fijo de palabras que **funciona como un adverbio**: *de vez en cuando* (tiempo), *a escondidas* (modo), *de ninguna manera* (negación), etc.

Muchos adverbios se forman añadiendo el morfema *-mente* a la raíz de un adjetivo en forma femenina: *rápida****mente***, *lenta****mente***, *fácil****mente***.

La preposición

La **preposición** es una palabra invariable que sirve para relacionar palabras o sintagmas. Cuando precede a un sintagma nominal, forma con este un sintagma preposicional. Ejemplos: *Iremos* ***a*** *la playa; Salió* ***por*** *la puerta de atrás; Se escondió* ***bajo*** *la mesa.*

En castellano, las **preposiciones** son: *a ante, bajo, con, contra, de, desde, durante, en, entre, hacia, hasta, mediante, para, por, según, sin, sobre, tras, versus, vía.*

La conjunción

La **conjunción** es una palabra invariable que sirve para relacionar palabras, sintagmas u oraciones. Algunas de las conjunciones más habituales son: *y*, *e*, *ni*, *que*, *o*, *aunque*, *pero*, *sino*, *si*, *luego*, *porque*, *pues*, *conque*, *como*, etc. Por ejemplo: *Carlos* ***y*** *María; Te llamé,* ***pero*** *no me oíste*; *Dijo que vendría,* ***aunque*** *tengo mis dudas*; etc.

La interjección

La **interjección** es una palabra que por sí misma forma enunciados. Comunica sentimientos, impresiones o induce a la acción. Hay interjecciones **propias** (*¡oh!*, *¡ay!*, *¡uf!*, *¡hala!*, *¡bah!*, *¡ojalá!*) e **impropias** (*¡Vamos! ¡Anda! ¡Bien! ¡Bravo! ¡Viva! ¡Salud!*, etc.).

» ACTIVIDADES

38. Di si las siguientes afirmaciones son verdaderas o falsas:

a) Los artículos van delante del nombre.
b) Todos los demostrativos son determinantes.
c) Los posesivos tónicos van delante del nombre, y los átonos, detrás.
d) Los números cardinales expresan una cantidad precisa.
e) Los indefinidos pueden ser determinantes, pronombres o adverbios.

39. Completa las siguientes oraciones con el artículo correspondiente:

a) ▮ frío glacial inundó ▮ sala de ▮ planta baja.
b) ▮ gorrión chocó contra el cristal y se rompió ▮ ala.
c) ▮ delantero fue zancadilleado en ▮ área pequeña.
d) En la oscuridad, se iluminó ▮ rostro del visitante desconocido.
e) ▮ barco de papel navegaba por ▮ río.
f) ▮ ratoncillo corrió por ▮ aula y se metió en ▮ cajón.
g) Ayer vimos ▮ águila en ▮ ladera de ▮ montaña.
h) ▮ padres de Juan fueron de visita a ▮ ciudad donde vive su hijo.

40. Indica de qué tipo son los determinantes destacados en el siguiente texto:

> Entre **las** tarjetas, de **todas** las profesiones y colores, encontré una de Carolina. **Algunos** lazos comenzaban a afianzarse sin que por ello se iluminara **el** túnel donde permanecía agazapado el asesino. Después de revisar **estos** papeles, ya no tenía nada que hacer, excepto quedarme despierto hasta que se me pasara el efecto de **la** pastilla.
>
> JUAN JOSÉ MILLÁS: *Papel mojado.*

41. Di si las palabras destacadas en estas oraciones son adjetivos o determinantes:

a) **Tus** compañeros de clase viven en **la** calle principal.
b) **Estos** modales **tuyos** te acarrearán **muchos** problemas.
c) **Aquella** biblioteca cuenta con **noventa** libros de ciencia ficción.
d) **Aquel** árbol **cuyas** ramas están secas es un pino.
e) ¡**Qué** cantidad de gente ha acudido al concierto de **este** grupo!
f) ¿**Cuántos** goles marcó **nuestro** equipo en **el** partido de ayer?

42. Identifica los pronombres del texto y di a quién hacen referencia:

> Afortunadamente, para recuperarme de todo eso, hoy he ido a casa de Kakuro a tomar té con unos pastelitos de coco muy ricos, y muy finos. Ha venido a casa para invitarme y le ha dicho a mi mamá: «Nos hemos conocido en el ascensor y hemos dejado a medias una conversación muy interesante». «¿En serio?», ha dicho mamá, sorprendida. «Pues qué suerte tiene usted, mi hija apenas habla con nosotros».
>
> MURIEL BARBERY: *La elegancia del erizo.*

43. Di de qué tipo son los numerales de las siguientes oraciones:

a) Había más de 80 personas delante de mí en la cola.
b) En la lista de clase yo soy la 13.ª.
c) Quedaban solo 4 pares de zapatos en la 2.ª tienda a la que fui.
d) Si dividimos la tarta en 12 trozos, a mí me corresponderá la 12.ª parte.
e) Abonarán el coste de la obra los vecinos de los 8 pisos, a razón de una 8.ª parte cada uno.
f) La 11.ª corredora en llegar a la meta fue mi amiga Lucía.

44. Di de qué tipo son los pronombres destacados en las siguientes oraciones:

a) **Eso** no me ha gustado nada.
b) No había **nadie** en aquel paraje solitario.
c) Por fin he resuelto el problema **que** me obsesionaba.
d) ¿**Quién** te dio la noticia de mi traslado?
e) **Muchos** piensan que ese actor es muy bueno.
f) ¿**Qué** me regalarás por mi cumpleaños?

45. Localiza las preposiciones que contiene el siguiente texto:

Nefarad lloraba la muerte de su abuelo, el viejo general favorito del faraón. La muerte había entrado en su oído con una flecha perdida en la batalla. Una flecha que había llegado hasta el cerebro y lo había anegado en su propia sangre. La madre de Nefarad le había dicho que no debía llorar, que el abuelo se iba al reino de los muertos y que acompañaría al dios Osiris cada noche junto al disco solar. También le dijo que no tenía que sufrir la ausencia, porque de lo contrario, el espíritu intentaría volver al reino de los vivos y no encontraría su camino.

ANA ALCOLEA: *El secreto de la esfinge*.

46. Identifica las interjecciones de las siguientes oraciones y, a continuación, di si son propias o impropias:

a) ¡Hala, ya has vuelto a equivocarte!
b) ¡Bien!, he aprobado el examen.
c) ¡Bah!, eso que dices no es importante.
d) ¡Ostras! Vaya sorpresa me has dado con tu venida.

47. Localiza los adverbios, las preposiciones y las conjunciones de estas oraciones:

a) Querían ir más lejos, pero se hizo tarde y regresaron a casa.
b) Los alpinistas ascendieron ágilmente por la pared vertical de la montaña.
c) Nunca me ha gustado el té con leche.
d) El niño lanzó mal el balón y rompió el cristal de una ventana.
e) Súbitamente, se apagó la luz y todos corrimos a abrazarnos.
f) Allí ya no quedaba nadie para ayudarnos, así que nos fuimos a casa.
g) No sabía si ir allí o a casa de Lucía.

48. Completa cada una de estas oraciones con una conjunción:

a) Raquel ▮ Inés traerán bocadillos ▮ quizás una tarta.
b) Llevaré un rato tu mochila ▮ estás cansado.
c) No fue un incendio fortuito ▮ intencionado ▮ encontraron varias pruebas.
d) Ya es tarde, ▮ vete preparando ▮ nosotros nos vamos.
e) La luz del salón de los vecinos está encendida, ▮ han regresado.
f) El equipo local jugó muy bien, ▮ no logró ganar el partido.

49. Di qué expresan las interjecciones de las siguientes oraciones:

a) ¡Ah!, ya recuerdo dónde guardé mi llavero favorito.
b) ¡Oh! Lo siento, no lo sabía. Por eso no te había dicho nada.
c) ¡Uf! Ya era hora de que llegáramos.
d) ¡Hala! ¿Qué has hecho? Verás cuando se enteren tus padres.
e) ¡Vamos! Sois los mejores; vais a ganar la carrera.
f) ¡Ay! Ten más cuidado: me has pisado el dedo que me duele.
g) ¡Bravo! Al final has conseguido tu propósito. ¡Enhorabuena!

» LÉXICO

Como se explica en esta página, la palabra *bolígrafo* es monosémica. **¿Crees que la palabra *hoja* también lo es?** Piensa los posibles significados que puede tener y, después, compruébalo con ayuda de un diccionario.

1. La monosemia

Las **palabras monosémicas** son las que tienen un único significado. Por lo tanto, cuando las buscas en el diccionario, figuran con una sola acepción. Fíjate en el ejemplo:

> **bolígrafo** *m.* **1.** Instrumento para escribir, que tiene en su interior un tubo de tinta y, en la punta, una bolita metálica que gira libremente.

En las oraciones siguientes, la palabra *bolígrafo* tiene el mismo significado. Se trata de una palabra monosémica.

*Sacó un **bolígrafo** plateado para firmar el recibo.*
*Dibujaba garabatos con el **bolígrafo** mientras me escuchaba.*

En el lenguaje corriente, realmente existen pocas palabras monosémicas (*tos*, *patinete*, *jueves*, etc.). Son más frecuentes en el **lenguaje técnico y científico**, en que es necesario expresarse con mayor precisión y exactitud (*cloro*, *logaritmo*, *otitis*...).

2. La polisemia

Las **palabras polisémicas** son las que tienen más de un significado. Por tanto, son aquellas que en el diccionario cuentan con más de una acepción. Puedes leer las cinco acepciones de la palabra *llave*.

En general, todos los significados distintos de una palabra polisémica tienen algo en común. Por ejemplo, *llave* comparte, en la mayoría de sus acepciones, el significado de 'instrumento que permite abrir, sea una cerradura o un misterio oculto'.

> **llave** *f.* **1.** Instrumento metálico para abrir o cerrar una cerradura. **2.** Herramienta para apretar y aflojar tuercas. **3.** Interruptor o dispositivo que permite el paso de un fluido. SIN. *válvula*. **4.** Medio con el que descubrir algo oculto o desconocido. SIN. *clave*. **5.** En ciertos deportes, maniobra que inmoviliza al adversario.

Comprueba que, en las oraciones siguientes, la palabra *llave* tiene un significado distinto:

*Sin una **llave** inglesa no podrás aflojar esas tuercas.*
*La **llave** para resolver el misterio está al final del libro.*

» ACTIVIDADES

50. Explica el significado de la palabra *cabeza* en cada una de las oraciones siguientes:

a) ¿Has perdido la **cabeza**? ¿Vas a salir a pasear con esta tormenta?
b) Se ha aprendido de **cabeza** todas reglas de ortografía.
c) Han detenido al **cabeza** de una organización criminal.
d) Ana sufre continuos dolores de **cabeza**.
e) ¡Qué tozudo! Es un **cabeza** cuadrada.

51. Relaciona cada acepción de la palabra *pendiente* con la oración que corresponda:

pendiente (del latín *pendens, -entis*). **1.** *adj.* Que está colgado. **2.** *adj.* Que está por resolverse o terminarse. **3.** *adj.* Sumamente atento, preocupado por algo que se espera. **4.** *m.* Arete con adorno colgante o sin él. **5.** *f.* Cuesta o declive de un terreno.

a) Estamos **pendientes** de su recuperación.
b) Hay un banderín **pendiente** de esa farola.
c) El niño se desliza por la **pendiente** con su monopatín.
d) ¡He terminado todas mis tareas **pendientes**!
e) Llevas unos **pendientes** muy originales.

52. Clasifica las siguientes palabras en monosémicas o polisémicas:

corazón • muñeca • calcio • bisturí • copa
pie • sinónimo • gato • televisor
microscopio • ala • hiena • conjuntivitis

53. Escribe los significados de estas palabras polisémicas:

diente • yema • pinza • gallo • sierra

LUDOLENGUA

54. Encuentra la palabra que corresponde a cada definición. Si quieres, puedes inventar definiciones para cada una de las letras del alfabeto que faltan y pedir a tu compañero que las resuelva:

1. Instrumento para darse aire. **A**...
2. Recipiente que sirve para contener líquidos. **B**...
3. Dividir o separar algo en partes con un instrumento afilado. **C**...
4. De color semejante al del oro, en femenino. **D**...
5. Trabajo u oficio remunerado. **E**...
6. Delgado o de poco grosor. **F**...
7. Introducción del balón o de la pelota en la portería. **G**...
8. Emitir palabras para hacerse entender. **H**...
9. Porción de tierra rodeada de agua por todas partes. **I**...

» ORTOGRAFÍA

1. Diptongos, triptongos e hiatos

- Un **diptongo** es la agrupación de dos vocales, una **abierta** y una **cerrada** (o **dos cerradas**) en una sola sílaba: ***ai**-re, tra-ge-**dia**, p**au**-sa, i-g**ua**-na, cam-b**io**, b**oi**-na, h**ie**-lo, r**ei**-no, c**ue**r-po, f**eu**-dal, c**ui**-da-do, c**iu**-dad, c**uo**-ta...*
- Un **triptongo** está formado por **tres vocales**, combinadas (**cerrada** + **abierta** + **cerrada**), que se agrupan en una sola sílaba: *des-con-f**iái**s, Pa-ra-g**uay**, cam-b**iéi**s...*
- Un **hiato** es la separación en sílabas distintas de dos vocales que están en contacto en una palabra. Puede ocurrir en los siguientes casos:
  - vocal **abierta** + vocal **abierta**: *ca-c**a**-**o**, hé-r**o**-**e**...*
  - vocal **abierta** + vocal **cerrada tónica** (o viceversa): *r**e**-**í**r, l**a**-**ú**d...*

RECUERDA

Las vocales **abiertas o fuertes** son ***a***, ***e***, ***o***, y las **cerradas o débiles** son ***i***, ***u***.

La **letra *h*** no impide formar un diptongo: *ahu-ma-do, prohi-bi-ción...*

Acentuación de diptongos, triptongos e hiatos

Estas reglas ortográficas te permitirán acentuar correctamente los diptongos, los triptongos y los hiatos:

1. Los **diptongos** y los **triptongos** se acentúan si les corresponde según las reglas generales de acentuación. El acento o tilde se escribe sobre la **vocal abierta**.
   - Palabras agudas acabadas en vocal, *-n* o *-s*: *copió, camión, sabéis.*
   - Palabras llanas que no acaban en vocal, *-n* o *-s*: *béisbol, huésped.*
   - Todas las palabras esdrújulas: *huérfano, biólogo.*
2. Si las dos vocales de un **diptongo** son **cerradas** (y la palabra debe llevar tilde según las reglas de acentuación), se acentúa la segunda vocal. Ejemplos: *cuídate, construí.*
3. Los **hiatos** formados por **dos vocales abiertas** (*a, e, o*) se acentúan siguiendo las reglas generales de acentuación. Ejemplos: *león, aéreo.*
4. Los **hiatos** formados por **vocal abierta** (*a, e, o*) + **vocal cerrada tónica** (*í, ú*), o viceversa, siempre llevan tilde (aunque no les corresponda según las reglas generales de acentuación). Se dice que esta tilde «rompe» el diptongo porque señala que la fuerza de la voz recae sobre la vocal cerrada. Ejemplos: *ferretería, baúl.*

» ACTIVIDADES

55. Separa las sílabas de las siguientes palabras y subraya la sílaba tónica:

ciempiés	diámetro	tráiler
canción	acuático	suéter
diálogo	adiós	también
aeronáutica	béisbol	dieciséis

56. Clasifica las palabras de la actividad anterior en un cuadro como el siguiente:

Agudas	Llanas	Esdrújulas

57. Separa las sílabas de estas palabras y pon tilde cuando sea necesario:

despues	diana	miercoles
nieve	solucion	cuarenta
viaje	salgais	calumnia
cuidate	rubio	huerfano
puerta	peine	comparacion
tentacion	nausea	archipielago

58. En cada una de las siguientes oraciones hay tres palabras que deben llevar tilde. Averigua cuáles son y acentúalas correctamente.

a) Si viajais a Canada en invierno, no olvideis llevar ropa de abrigo.

b) La Union Europea recibio ayer el Nobel de la Paz por su contribucion a la democracia.

c) Piensatelo antes de comprarlo: un bonsai autentico requiere muchos cuidados.

d) El Caucaso es una region de gran variedad etnica situada entre el mar Negro y el mar Caspio.

e) Si llegais a tiempo, podreis ver la actuacion desde el principio.

f) Mientras vosotros limpiais el polvo de esta habitacion, ellos pasaran el aspirador por la moqueta del recibidor.

59. Separa las sílabas de las siguientes palabras con hiato y acentúalas correctamente:

baul	escalofrio	cirugia	envio
cacatuas	geografia	oido	poesia
reir	panaderia	vehiculo	pais
fluor	transeuntes	increibles	vacio

60. La mitad de estas palabras con hiato deben llevar acento. Pónselo.

leer	aereo	faraonico	cohete
oceano	oasis	azotea	poetico
faena	Mediterraneo	canoa	cesarea

DICTADO

Premisa: Copia las palabras del dictado que lleven acento. Después, haz el dictado teniéndolas delante, así no te equivocarás.

Cuando faltó el abuelo, toda la casa se murió un poco. Ya nadie volvió a dar cuerda al viejo reloj del pasillo. Al viejo reloj le nacieron telarañas por dentro y, poco a poco, se le fueron cayendo los números, igual que al abuelo los dientes. Y cuando la esfera quedó vacía de números y sus tripas llenas de polvo y de telarañas, el viejo reloj del pasillo fue a parar a un rincón oscuro del desván.

JUAN JOSÉ LAGE FERNÁNDEZ:
Antología de cuentos y algunos poemas.

» DILO POR ESCRITO

Te lo diré en prosa

¿Qué tienes que hacer?

Vas a transformar un poema en un texto en prosa. Así, además de practicar la redacción, tendrás la posibilidad de comprender mejor el sentido del texto.

¿Cómo puedes hacerlo?

- Escoge un poema: puede ser alguno de los que te proponemos en el espacio personal de la web *www.barcanova.cat*, o cualquier otro que te guste.
- Léelo atentamente y busca en el diccionario las palabras cuyo significado desconozcas.
- A continuación, redacta en prosa lo mismo que dice el poema. Para ello tendrás que suprimir aspectos propios del verso como la métrica, la cadencia o la rima.
- Escríbelo de la manera más clara posible, sustituyendo las palabras que no te resulten familiares por otras más sencillas.

Para inspirarte...

El tren

Cuando viajo en tren, lo hago en los vagones de tercera clase y siempre llevo poco equipaje. Si es de noche, no duermo porque no tengo costumbre y si es de día tampoco, porque prefiero mirar el paisaje. Me gusta viajar en tren.

El tren

Yo, para todo viaje
—siempre sobre la madera
de mi vagón de tercera—,
voy ligero de equipaje.
Si es de noche, porque no
acostumbro a dormir yo,
y de día, por mirar
los arbolitos pasar,
yo nunca duermo en el tren,
y, sin embargo, voy bien. [...]

ANTONIO MACHADO

Y para acabar...

Tú y tus compañeros podéis leer vuestros trabajos, o bien exponerlos y compartirlos en un mural (en papel o digital) o en el blog del aula.

» PONTE A PRUEBA

Lee y comprueba si lo has comprendido

Objetivos de desarrollo sostenible

El 25 de septiembre de 2015, los líderes mundiales adoptaron diecisiete objetivos globales para erradicar la pobreza, proteger el planeta y asegurar la prosperidad para todas las personas como parte de una nueva agenda de desarrollo sostenible. Cada objetivo tiene metas específicas que deben alcanzarse en los próximos 15 años. Para alcanzar esas metas, todo el mundo tiene que hacer su parte: los Gobiernos, el sector privado, la sociedad civil y personas como tú.

Objetivo 15: Vida de ecosistemas terrestres

¿Cuál es el objetivo en este caso?
Gestionar sosteniblemente los bosques, luchar contra la desertificación, detener e invertir la degradación de las tierras y detener la pérdida de biodiversidad.

¿Por qué?
Los bosques cubren casi el 31 % de la superficie de nuestro planeta. Desde el aire que respiramos, el agua que bebemos y los alimentos que comemos, los bosques nos mantienen. Debemos pensar en ello. Alrededor de 1.600 millones de personas dependen de los bosques para su subsistencia.

¿Sabías que los bosques albergan más del 80 % de todas las especies terrestres de animales, plantas e insectos? ¿Y que de las 8.300 especies conocidas de animales, el 8 % se ha extinguido y el 22 % está en peligro de extinción?

La diversidad biológica favorece el equilibrio de los ecosistemas y es esencial para la vida en el planeta.

¿Qué podemos hacer?
Inevitablemente, cambiamos los ecosistemas de los que formamos parte solo con nuestra presencia, pero podemos tomar decisiones que contribuyan a conservar la diversidad o a devaluarla.

Entre algunas de las cosas que podemos hacer para ayudar, se encuentran el reciclaje, comer alimentos de proximidad y producidos de manera sostenible, consumir solamente lo que necesitamos y limitar el uso de energía mediante sistemas eficientes de calefacción y refrigeración.

También debemos ser respetuosos con la fauna y la flora silvestres, y participar solamente en actividades que se organicen con ética y responsabilidad para no perturbar la vida silvestre.

Las zonas protegidas bien gestionadas contribuyen a tener ecosistemas saludables, lo que a su vez redunda en la salud de las personas. Es esencial garantizar la participación de las comunidades locales en el desarrollo y la gestión de estas zonas protegidas.

Objetivos de desarrollo sostenible, publicado por las Naciones Unidas en *www.un.org* (texto adaptado).

1. ¿En qué consiste el número 15 de los 17 objetivos de desarrollo sostenible?

2. Un «ecosistema» es...

a) un sistema constituido por un medio físico y la comunidad de seres vivos que habitan en él.
b) un conjunto de seres de la misma especie que viven en grupo.

3. Indica si las siguientes afirmaciones son verdaderas (V) o falsas (F):

a) Los bosques cubren casi el 31% de la superficie de nuestro planeta.
b) Los bosques albergan las 8.300 especies conocidas de animales.
c) La presencia de los seres humanos altera los ecosistemas.

4. ¿En qué orden se menciona lo que podemos hacer para alcanzar el objetivo 15?

a) Comer alimentos de proximidad.
b) Consumir solamente lo que necesitamos.
c) Limitar el uso de energía.
d) No perturbar la vida silvestre.
e) Reciclar.
f) Respetar la fauna y la flora silvestres.

5. La intención del texto es...

a) explicar qué son los ecosistemas.
b) argumentar por qué debemos proteger los bosques, las tierras y la biodiversidad.
c) describir la actual situación de los bosques y los desiertos.
d) aportar datos sobre las especies en peligro de extinción.

6. El texto es coherente porque...

a) se adapta a la situación comunicativa.
b) se exponen ideas relacionadas entre sí y ordenadas lógicamente.
c) se han usado elementos de conexión.

7. ¿Cuáles son los pronombres que aparecen en este fragmento del texto? Elige la opción correcta.

> Desde el aire que respiramos, el agua que bebemos y los alimentos que comemos, los bosques nos mantienen. Debemos pensar en ello.

a) al, los, nos, ello
b) el, los, nos, ello
c) el, que, nos
d) que, nos, ello

8. ¿Cuál es la palabra intrusa en cada serie?

a) bosques, tierras, energía, comemos, alimentos
b) desde, inevitablemente, también, solamente, no
c) favorece, debemos, necesitamos, silvestre, está.
d) en, contra, pero, para, de

9. ¿Qué significa la palabra *sostenible*?

10. Indica cuáles de las siguientes palabras contienen un diptongo y cuáles contienen un hiato: *extinción*, *sabías*, *energía*, *desertificación*, *también*, *calefacción*.

Mira y reflexiona

¿Puedes imaginar nuestro planeta sin bosques? En el espacio personal de la web *www.barcanova.cat*, encontrarás un enlace muy interesante a este respecto.

Averigua

Algunas acciones para proteger la Tierra son la plantación de árboles, la creación de bancos de semillas, la protección de los manglares... Escoge una de ellas, infórmate y explica oralmente en qué consiste.

UNIDAD 3

Preparamos la lectura

1. ¿Qué sabes de los saltamontes? ¿Y de las luciérnagas o las hormigas? ¿Te gustan los documentales de animales?
2. ¿Has oído hablar de Charles Darwin?
3. ¿Te imaginas trabajando en un laboratorio en el futuro? Si es así, ¿en qué campo de la ciencia te gustaría investigar?

¡QUÉ DISPARATE!

Dobla por la mitad una hoja de papel. En la parte superior, escribe a lo que te gustaría dedicarte en el futuro. En la parte inferior, anota las razones por las que lo has escogido. Por ejemplo:

Quiero ser zoóloga/naturalista porque me gustan mucho los animales.	*Quiero ser actor porque me gusta actuar.*

Ahora cortad las hojas y poned la parte superior de todos los papeles en una bolsa y la mitad inferior en otra. A continuación, cada alumno o alumna sacará una mitad de cada bolsa y leerá el texto escrito en cada parte. Podréis leer resultados un tanto disparatados o quizás les encontréis el sentido...

VOCABULARIO

añil *adj.* Azul.

lámpara de keroseno Lámpara usada cuando no se disponía de luz eléctrica.

titilante *adj.* Centelleante, resplandeciente.

postigo *m.* Puerta pequeña que hay en las ventanas o contraventanas.

rendija *f.* Hendidura, abertura larga y estrecha.

zócalo *m.* Parte inferior de las paredes.

» CLUB DE LECTURA

La evolución de Calpurnia Tate

En 1899 ya habíamos aprendido a dominar la oscuridad, pero no el calor de Texas. Nos levantábamos de noche, horas antes del amanecer, cuando apenas había una mancha **añil** en el cielo oriental y el resto del horizonte seguía negro como el carbón. Encendíamos nuestras **lámparas de keroseno** y salíamos con ellas por delante, como si fueran nuestros propios solecitos **titilantes**. Nos esperaba mucho trabajo antes del mediodía, cuando el mortal calor nos devolvía a todos al interior de nuestra gran casa y nos tumbábamos en los cuartos sombríos de **postigos** cerrados y techos altos, como víctimas sudorosas. [...]

Hubo un aumento repentino de la actividad de los insectos, dentro y fuera de la casa. Los saltamontes salían en tropel de debajo de las pezuñas de los caballos. Las luciérnagas eran tantas que nadie recordaba un verano tan espectacular. [...] Las hormigas invadieron la cocina como nunca antes y se convirtieron en una tortura para Viola. Marchaban en formación militar por diminutas **rendijas** a lo largo de **zócalos** y ventanas, e iban directas al fregadero. Viola se alzó en armas contra ellas, pero fue en vano: estaban desesperadas por un poco de agua y nada las iba a detener. Nosotros considerábamos las luciérnagas un regalo y las hormigas una plaga, pero por primera vez se me ocurrió plantearme el porqué de esa distinción. Todas ellas eran criaturas que intentaban sobrevivir a la sequía, igual que nosotros. Pensé que Viola debía rendirse y dejarlas tranquilas de una vez, aunque lo reconsideré al descubrir que la pimienta negra en la ensalada de huevo no era precisamente pimienta.

Mientras que ciertos insectos nos invadían, otros pobladores habituales de nuestra propiedad, como las lombrices, desaparecieron. Mis hermanos se quejaban de la escasez de gusanos para pescar y de lo difícil que era encontrarlos cavando en la dura y reseca tierra. Quizás os preguntéis: ¿se puede adiestrar a las lombrices ? Ya os digo yo que sí. La solución me pareció obvia: los gusanos siempre salían con la lluvia, y no era muy complicado hacerles creer que llovía. Me fui con un cubo de agua a

una zona de sombra en las dos hectáreas de **maleza** y lo vertí en el suelo en el mismo sitio un par de veces al día. A los cinco días, solo tuve que presentarme allí con mi cubo y los gusanos, atraídos por mis pasos y la promesa de agua, se arrastraron a la superficie. Los recogí y se los vendí a Lamar a un centavo la docena. Él me dio la lata para que le dijera dónde los había encontrado, pero no lo hice. En cambio, a Harry sí le confesé mi método, pues era mi favorito y a él no le ocultaba nada —bueno, casi nada.

—Callie Vee —dijo—, tengo algo para ti. Fue a su escritorio y sacó un cuaderno tamaño bolsillo de piel de color rojo, con RECUERDO DE AUSTIN impreso en la cubierta. —Ya verás, no lo he usado nunca. Puedes usarlo tú para apuntar tus observaciones científicas. Eres toda una naturalista en ciernes.

¿Qué era exactamente una naturalista? No estaba segura, pero decidí dedicar el resto del verano a ello. Si lo único que había que hacer era escribir lo que uno viera a su alrededor, sabría hacerlo. Además, ahora que tenía mi propio espacio donde anotarlo todo, veía cosas que no había visto antes. [...]

Mis primeros apuntes fueron sobre perros. Debido al calor, se tumbaban tan quietos en el suelo que parecían estar muertos. Ni siquiera se molestaban en alzar la cabeza cuando mis hermanos los incordiaban con palos por puro aburrimiento.

Observé que la expresión facial de un perro se refleja sobre todo en el movimiento de sus cejas. Escribí: «¿Por qué tienen cejas los perros? ¿Para qué las necesitan?». Se lo pregunté a Harry, pero no lo sabía. Dijo:

—Pregúntale al abuelo. Él sabe estas cosas.

Pero no lo hice. El viejo tenía unas cejas **tupidas** como las de un dragón, y en conjunto su aspecto era demasiado imponente para que una niña lo pasara por alto. Nunca me había hablado directamente, que yo recordara, y no estaba convencida de que supiera mi nombre.

Lo siguiente que escribí en la libreta fue que aquel verano teníamos dos clases diferentes de saltamontes. Teníamos esos pequeños y rápidos

VOCABULARIO

maleza *f.* Espesura formada por multitud de arbustos.

tupido, da *adj.* Espeso.

de siempre, de color esmeralda con motitas negras. Y había otros enormes, amarillo brillante, el doble de grandes y aletargados, tan gordos que doblaban la hierba al aterrizar en ella. Nunca los había visto antes. Interrogué a todos los de la casa, excepto al abuelo, para averiguar de dónde salían esos ejemplares amarillos tan raros, pero nadie supo decírmelo. Tampoco les interesaba lo más mínimo.

Como último recurso, hice acopio de coraje y fui al laboratorio de mi abuelo. Aparté el trozo de **arpillera** que hacía de puerta y me quedé temblando en el umbral. Él, sorprendido, alzó la vista de la mesa en la que estaba vertiendo un líquido marrón de aspecto horrible en distintos **crisoles** y **probetas**. No me invitó a entrar. Yo tartamudeé mi enigma sobre los saltamontes mientras él me observaba como si le costara ubicarme.

—Oh —dijo **lacónico**— sospecho que una chica lista como tú lo sabrá resolver. Ven a contármelo cuando lo hayas hecho. [...]

A nadie le interesaban las preguntas que anotaba en mi cuaderno. A nadie le interesaba ayudarme a obtener las respuestas. El calor chupaba la energía a todos y a todo. Pensé en nuestra querida, gran y vieja casa, y en lo triste que estaba en medio de ese pasto amarillo y seco. La hierba solía ser suave, fresca y verde, y daba ganas de quitarse las botas, correr descalzo y tumbarse en el suelo, pero ahora era de un dorado brillante y chamuscado, y tan peligrosa para los pies como la paja o el **rastrojo**. La hierba amarilla hacía más complicado ver mi flamante especie de saltamontes: no los encontrabas hasta que prácticamente los estabas pisando. Entonces se alzaban silbando, volaban pesadamente unos metros mientras hacían tabletear las alas y desaparecían. Costaba atraparlos, aunque fueran gordos y lentos. En cambio a los de color esmeralda, más pequeños y veloces, estaba tirado cogerlos. Y es que eran demasiado fáciles de detectar. Los pájaros se los zampaban todo el tiempo, mientras los amarillos se escondían por ahí cerca y se burlaban de sus primos menos afortunados.

Entonces lo entendí: no había ninguna especie nueva, sino que todos eran el mismo tipo de saltamontes. Los que habían nacido algo más amarillos podían vivir mucho en tiempos de sequía, porque los pájaros no los veían en la hierba reseca. A los verdes los pillaban las aves y no duraban lo bastante como para crecer. Solo sobrevivían los amarillos porque estaban en mejores condiciones de sobrevivir al **tórrido** clima. El señor Darwin tenía razón, y la prueba estaba en mi propio jardín.

JACQUELINE KELLY: *La evolución de Calpurnia Tate.*

VOCABULARIO

arpillera *f.* Trozo de tela basta.

crisol *m.* Recipiente que se emplea en un laboratorio para fundir alguna materia a elevada temperatura.

probeta *f.* Tubo de cristal destinado a contener líquidos o gases.

lacónico, ca *adj.* Breve, conciso.

rastrojo *m.* Tallo de los cereales que queda en la tierra después de segar.

tórrido, da *adj.* Muy caluroso.

¿SABÍAS QUE...?

Existen unas 11.000 especies de saltamontes que se encuentran por todo el mundo. El saltamontes tiene dos antenas, su cuerpo está dividido en tres partes (cabeza, tórax y abdomen) y seis patas. Las patas traseras, más largas que las demás, están plegadas y tienen poderosos músculos que le permiten saltar veinte veces la longitud de su cuerpo.

BuScA eN eL tExTo...

¿Qué animales se mencionan en la lectura? Haz una lista.

» ACTIVIDADES

Comprensión de la lectura

1. ¿Dónde y cuándo transcurre la acción de este relato?

2. Calpurnia se queja de que Viola persiga a las hormigas en la cocina, aunque luego cambia de opinión. ¿Por qué?

3. ¿Con qué estrategia consigue atrapar a las lombrices?

4. Harry le regala un cuaderno para que apunte sus observaciones científicas. ¿Cuáles son sus primeras anotaciones?

5. ¿Qué diferencias presentan en cuanto a su aspecto y a su comportamiento los saltamontes verdes y los saltamontes amarillos? ¿Cómo deduce Calpurnia que se trata de una misma especie?

6. Completa la oración con la opción correcta.

Calpurnia ha descubierto que los saltamontes…

a) abundan en época de sequía.
b) pueden ser de distintos colores según la estación.
c) pueden vivir entre la hierba verde o entre la hierba reseca.
d) son un ejemplo de cómo las especies se adaptan al medio.
e) son muy resistentes al clima tórrido.

Expresión personal

7. Busca en internet un mapa de EE. UU. Localiza el lugar donde se encuentra Austin (Texas).

8. Anota, en una tabla como la siguiente, de qué manera la sequía y las altas temperaturas afectan a los animales que se mencionan en la lectura:

luciérnagas		
lombrices		
hormigas		
perros		
saltamontes	verdes	
	amarillos	

9. De acuerdo con la lectura anterior, indica si cada una de las siguientes oraciones es verdadera o falsa:

a) Desde mediodía hasta las tres de la tarde se encerraban en la casa para protegerse del calor.
b) Las hormigas que entraban en la cocina no buscaban alimento, sino agua.
c) Calpurnia encontró lombrices en una zona de maleza junto al río.
d) Harry regala a Calpurnia un enorme y valioso cuaderno.
e) El abuelo de la niña tiene las cejas tupidas como un dragón.
f) Calpurnia llama a la puerta antes de entrar en el laboratorio del abuelo.
g) Calpurnia había visto muchas veces a los saltamontes amarillos.
h) Los saltamontes verdes, pequeños y veloces, eran difíciles de atrapar.

10. Relaciona las frases extraídas de la lectura de la columna superior con su equivalente de la columna inferior:

a) los saltamontes salían en tropel
b) se alzó en armas contra ellas
c) una naturalista en ciernes
d) hice acopio de coraje
e) su aspecto era demasiado imponente
f) mientras hacían tabletear las alas

1. se propuso luchar contra ellas
2. su apariencia impresionaba
3. los saltamontes salían en gran número
4. una naturalista en formación
5. me armé de valor
6. mientras batían las alas

11. Algunas palabras compuestas como *saltamontes* se obtienen al combinar un verbo con un sustantivo. Forma palabras compuestas combinando las de los siguientes recuadros y escríbelas.

lava • rompe • abre • posa • cumple • pasa
guarda • porta • mata • salva • quita • saca

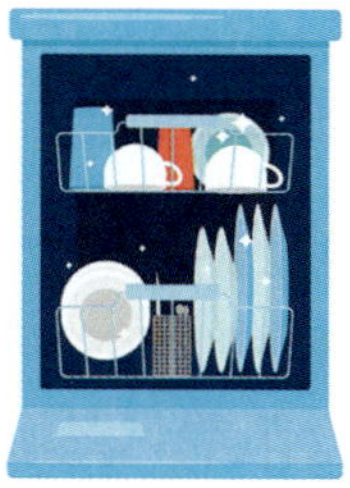

lavar + vajilla = lavavajillas

vajillas • corchos • espaldas • años • vasos
pantallas • latas • aviones • moscas
tiempos • nieves • cabezas

12. Busca en la lectura un ejemplo de cada una de las siguientes formas y copia la frase en que aparece:

a) *por qué* interrogativo
b) *porque* conjunción causal
c) *porqué* sustantivo = el motivo

13. Prepara una presentación con información sobre los saltamontes. Deben figurar los datos generales (nombre científico, morfología, hábitat, reproducción) y, además, algún aspecto particular que tú quieras destacar, etc. Encontrarás enlaces de interés en el espacio personal de la web *www.barcanova.cat*.

14. Las teorías darwinistas revolucionaron el estudio de las ciencias naturales. En el espacio personal de la web *www.barcanova.cat*, encontrarás el enlace a un vídeo que lo explica muy bien. Visualízalo y, luego, señala si los siguientes enunciados son verdaderos o falsos.

a) Hasta mediados del siglo XIX, la mayoría de los científicos occidentales pensaban que una fuerza divina había concebido a todas las criaturas del planeta.
b) Charles Darwin fue un naturalista francés que nació en 1809 y murió en 1882.
c) Fue el primero en formular la teoría de la evolución de las especies basada en la selección natural.
d) Charles Darwin estudió en la Universidad de Oxford.
e) Charles Darwin pasó toda su vida surcando los mares a bordo de un barco llamado Beagle.
f) Visitó las islas Galápagos, donde observó cómo las tortugas habían cambiado sus características físicas para adaptarse al medio natural.
g) En la naturaleza sobrevive el que mejor se adapta al medio.
h) Darwin propuso que todas las especies, incluida la humana, nacieron de un antepasado común.
i) Darwin nunca obtuvo reconocimiento por sus descubrimientos.
j) Hoy sabemos que el planeta continúa cambiando y nosotros cambiamos con él.

15. Explica cuál es el significado de la última frase del texto: *El señor Darwin tenía razón, y la prueba estaba en mi propio jardín.*

» LENGUA Y SOCIEDAD

1. La exposición y los tipos de textos expositivos

Una **exposición** es un texto —oral o escrito— en el que se presenta un tema con la finalidad de informarnos acerca de algo. Por ejemplo, son textos expositivos una conferencia, un informe médico, algún artículo de un periódico, etc.

Se pueden distinguir dos tipos de textos expositivos:

- Los textos **divulgativos**. Se dirigen a un público amplio y suelen tratar temas de interés general. Utilizan un lenguaje preciso y claro, para que la información se entienda bien.
- Los textos **especializados**. Se dirigen a un público que tiene conocimientos amplios del tema que se trata, por lo que emplean tecnicismos propios del área.

Partes de la exposición

Título
↓
Introducción
↓
Desarrollo
↓
Conclusión

1.1. Partes de la exposición

Fíjate en el siguiente ejemplo práctico:

1 **Título**. Palabra o frase breve que indica de qué trata el texto.

2 **Introducción**. Parte en la que se presenta brevemente el tema y se indica cómo se va a desarrollar. Su objetivo es situarnos ante el texto para que sepamos qué y cómo se va a explicar.

El ocaso del langur

El langur es uno de los primates en peligro crítico más amenazados del planeta.

La población de esta especie vietnamita del tamaño de un mapache ha pasado de unos 2.500 ejemplares en la década de 1960 a los 55 que quedan hoy, debido sobre todo a la caza furtiva. Los investigadores habían percibido el declive, pero no eran conscientes de la magnitud del problema hasta que se hizo un censo de esta población en 1999.

Sin embargo, es posible que la especie repunte. Para detener a los furtivos, el gobierno de Vietnam ha establecido una zona central de protección dentro de un parque natural.

Los biólogos del Proyecto de Conservación del Langur han desplazado dos hembras al área protegida con intención de que haya más nacimientos.

National Geographic España

3 **Desarrollo**. Parte más extensa de la exposición. En ella se exponen de manera ordenada las ideas que se han presentado previamente en la introducción.

4 **Conclusión.** Parte final del texto en que se resume todo lo expuesto anteriormente y, a veces, incluye alguna frase que cierra el tema tratado.

A la hora de hacer una exposición oral, es muy importante mantener el contacto visual con el público. ¿Qué otros consejos se te ocurren? Elaborad **el decálogo del buen orador** entre toda la clase.

1.2. Cómo preparar una exposición

¿Qué pasos debemos seguir para elaborar una exposición?

1.° Determinar el tema de la manera más precisa posible.
2.° Recopilar información sobre el tema y analizarla.
3.° Ordenar dicha información elaborando un guion.
4.° Redactar el texto utilizando un lenguaje claro y correcto.

El **guion** es un esquema con las ideas más importantes que se van a tratar en un texto; debe reflejar las partes de la exposición (título, introducción, desarrollo y conclusión). El guion nos sirve para ordenar de una manera lógica las ideas. Cada una de estas ideas se distribuye en **párrafos**.

También es necesario el uso de **conectores**, palabras o expresiones que usamos para unir oraciones —o párrafos— y dotarlas así de una cierta relación. En el siguiente recuadro tienes varios ejemplos:

CONECTORES MÁS HABITUALES PARA...	
INTRODUCIR EL TEMA	*el texto trata de, el propósito de este texto es...*
INDICAR EL ORDEN	*en primer lugar, en segundo lugar, para empezar, antes de nada, a continuación, además, luego, por una parte, por otra parte...*
INSISTIR EN UN TEMA	*es decir, en otras palabras, como se ha dicho, conviene destacar que, lo más importante es, como hemos visto...*
CONTINUAR CON EL MISMO TEMA	*además, a continuación, asimismo...*
INICIAR UN TEMA NUEVO	*por lo que se refiere a, en cuanto a, otro asunto es, en relación con, el siguiente aspecto es...*
INDICAR EL TIEMPO	*anteriormente, más adelante, a continuación, en el mismo momento, entonces, mientras...*
CONCLUIR EL TEMA	*para finalizar, en conclusión, en resumen, finalmente, por último, en definitiva...*

Cuando se trata de una **exposición oral**, debemos tener en cuenta una serie de aspectos que contribuirán a mantener el interés del auditorio. Son los siguientes:

- Cuidar el tono de voz (ni muy alto ni muy bajo).
- Hablar siguiendo un ritmo adecuado (haciendo pausas de vez en cuando).
- Mostrar una postura natural y dirigirse al público.
- Evitar las muletillas, es decir, palabras que se repiten constantemente al hablar (*entonces*, *pues*, *o sea*...).
- Utilizar elementos audiovisuales (esquemas, fotografías, mapas, etc.), pero sin abusar.

» ACTIVIDADES

16. Inventa un título para el siguiente texto expositivo que recoja la idea principal, procurando que sea creativo y original. Después, marca las diferentes partes que forman el texto.

La palabra *yoga* procede del sánscrito, la lengua sagrada de los hindúes, litúrgica en la India. Etimológicamente, procede de *yug*, 'yugo', y significa 'conexión y unión', la fusión del cuerpo, la mente y el espíritu.

Los *rishis*, santos y videntes indios del valle del Indo, observaban la naturaleza y desarrollaron posturas corporales y movimientos que permitían a las personas adquirir un equilibrio entre el cuerpo, el alma y el espíritu para, de ese modo, alcanzar la unidad personal.

El yoga ya se practicaba en la India hace más de 40.000 años. Hacia el 1200 a. C., los sufís, místicos librepensadores, lo difundieron por muchos países del lejano Oriente. En Occidente, el interés por el yoga se despertó a finales del siglo XIX.

Por tanto, al arte del yoga es el más antiguo de los sistemas integrales de ejercicios para relajar, revitalizar y energizar el cuerpo, el espíritu y el alma que se han conservado hasta nuestros días.

NAUMANN & GÖBEL: *Yoga para todos.*

17. En el texto expositivo de la siguiente columna faltan conectores que ayuden a dotarlo de una mayor cohesión. Vuelve a escribirlo y sustituye los cuadrados de color por los conectores más adecuados de entre los que te proponemos.

así pues • pero • aunque • además • ya que

Charles Chaplin, conocido en todo el mundo como *Charlot*, fue un cómico genial que hizo reír, ■ también hizo meditar a las multitudes.

Sus comienzos fueron difíciles, ■ nació en el seno de una familia muy pobre, y de niño su única distracción fue la ventana de alguna humilde habitación desde la que, junto a su hermano Sidney, contemplaba a la gente.

■ Charles tenía talento y era, ■, un trabajador incansable. ■, se buscó una cómica vestimenta (unos pantalones anchos, una chaqueta estrecha, unos zapatos enormes y un bastón) y se inventó un personaje: Charlot, con el que triunfaría en la gran pantalla cuando el cine todavía era mudo.

«Mejor que el verdadero» (texto adaptado), *El libro gordo de Petete (tomo azul).*

18. Ordena los siguientes párrafos para formar un texto expositivo lógico y coherente:

¿Por qué tienen rayas las cebras?

a) Sin embargo, un nuevo estudio revela que en realidad se protegen de los tábanos, cuyas hembras se alimentan de sangre.
b) Los tábanos se sienten atraídos por la luz polarizada (la que se propaga en un plano), puesto que es similar a la que se refleja en el agua, donde ponen sus huevos.
c) Según la sabiduría popular, gracias a sus rayas, las cebras se camuflan entre la hierba alta, como una forma de escapar de los leones, que no distinguen los colores.
d) Así, los científicos dieron por hecho que las rayas blancas y negras harían a las cebras menos atractivas para los insectos que los caballos negros.
e) En los caballos, por ejemplo, el pelaje negro refleja esta luz mejor que el marrón o el blanco, como ya demostraron en un estudio anterior la bióloga Susanne Åkesson y su equipo.

19. Redacta un texto expositivo, que tenga una extensión entre 10 y 15 líneas, sobre un tema que te interese especialmente.

» TOMA LA PALABRA

Animales en peligro de extinción

Vas a realizar una exposición oral de unos 5 o 10 minutos sobre un animal en peligro de extinción que te interese.

Procedimiento

1. Recopila información sobre el tema: ¿cuándo se considera que una especie está en peligro de extinción? ¿Cuáles son las causas de esa situación? ¿Cómo se podría evitar?, etc. En el espacio personal de la web *www.barcanova.cat*, encontrarás algunos enlaces interesantes. Una vez analizada la información, elabora el guion de tu presentación.
2. Redacta el texto expositivo utilizando un lenguaje claro y correcto. También puedes usar algún soporte audiovisual para acompañar tu explicación (un vídeo, un audio, una presentación, fotografías, etc.).
3. Sigue las pautas para hacer una buena exposición oral que has estudiado en la página 69. Esta actividad puede grabarse para ser valorada entre toda la clase.

Para inspirarte...

LA POBLACIÓN DE ORANGUTANES DE BORNEO HA PERDIDO MÁS DE 100.000 ANIMALES EN LOS ÚLTIMOS 16 AÑOS

Hay que actuar urgentemente para prevenir nuevas muertes: 45.000 orangutanes podrían desaparecer en los próximos 35 años únicamente por la pérdida de su hábitat

Desde 1999 hasta 2015, en 16 años, **el número total de orangutanes de Borneo se ha reducido en más de 100.000 animales**, según revela el Instituto Max Planck de Antropología Evolutiva en Leipzig, que ha liderado una investigación sobre esta especie nativa de la isla de Borneo, junto con el Centro Alemán de Investigación de la Biodiversidad Integrativa y la Universidad John Moores de Liverpool. El nuevo estudio, el más completo hasta la fecha, demuestra dos cosas: que **la población de orangutanes de Borneo era mayor de lo que se pensaba y que la especie está desapareciendo más rápido de lo previsto.** Unos 10.000 orangutanes, de los aproximadamente 54.000 que viven en estado salvaje, habitan en zonas forestales destinadas a la producción de aceite de palma. La mayoría de los orangutanes morirá si, finalmente, estas zonas se convierten en plantaciones de palma. La caza furtiva, la muerte de animales en situaciones de conflicto y el tráfico ilegal de sus crías para ser usadas como mascotas **han influido decisivamente en el dramático declive de la especie.**

ALEC FORSSMANN: *www.nationalgeographic.com.es* (texto adaptado).

» LITERATURA

1. La Edad Media

1.1. La sociedad medieval

La Edad Media abarca aproximadamente diez siglos, desde finales del siglo V hasta finales del XV. A lo largo de este período, la sociedad es de tipo estamental, con una estructura jerárquica muy rígida: el **pueblo llano**, que se dedica a trabajar la tierra y a cuidar animales; la **nobleza**, dedicada a la guerra, y el **clero**, encargado de rezar por la comunidad, a la vez que es el depositario y el difusor de la cultura. La mentalidad dominante es **teocéntrica**, es decir, Dios es el centro de todas las cosas y todo gira en torno a él.

A lo largo de toda la Edad Media convivieron, más o menos pacíficamente, tres culturas: la **cristiana**, la **musulmana** y la **judía**.

La historia de la península ibérica durante la Edad Media está llena de acontecimientos: la llegada de los llamados *pueblos bárbaros*, el dominio de los godos, la penetración de los árabes...

A mediados del siglo XI, se inicia el proceso de Reconquista de las tierras ocupadas por los árabes, que culminará en 1492 con la toma de Granada. A ello hay que añadir los grandes enfrentamientos entre los diferentes reinos peninsulares, los cuales no finalizaron hasta que se unieron dos coronas: la Corona de Castilla y la Corona de Aragón, con el matrimonio de Isabel I de Castilla y Fernando II de Aragón, los Reyes Católicos.

A partir del siglo XII, aparecen los primeros núcleos urbanos, llamados **burgos**, y se desarrolla una nueva clase social, la **burguesía**; se crean las primeras universidades, disminuye la actividad guerrera y los nobles abandonan los castillos para vivir en palacios situados en las ciudades.

1.2. La literatura medieval

A finales del siglo X y principios del XI empiezan a aparecer las primeras manifestaciones literarias en las lenguas **romances** o **románicas** (es decir, derivadas del latín): castellano, catalán, gallegoportugués y mozárabe.

Las primeras muestras literarias medievales son las **jarchas** y la última gran obra de la época es ***La Celestina***.

A continuación, te presentamos dos cuadros: el primero con las principales características de la literatura medieval y de los temas más tratados; el segundo, con los autores y las obras más representativas.

CARACTERÍSTICAS	TEMAS
• **Oral**: se transmite oralmente. • **Anónima**: se desconoce el nombre de muchos autores. • **Alegórica**: los personajes y lugares representan ideas abstractas (el bien, el mal, el pecado, la virtud, etc). • **Didáctica y moralizante**: pretende enseñar. • **Teocentrista**: presenta abundantes elementos religiosos.	• La **vida** • La **muerte** • La **fugacidad de la vida** • La **fortuna**

	S. XI	S. XII	S. XIII	S. XIV	S. XV
LÍRICA POPULAR	jarchas	jarchas **cancioncillas tradicionales**, transmitidas oralmente			**Lírica tradicional** **Romancero viejo**
LÍRICA Y NARRATIVA CULTA EN VERSO			**Cantigas de amigo, de amor y de escarnio**, en gallegoportugués **Mester de clerecía:** • **Gonzalo de Berceo**: *Milagros de Nuestra Señora* (s. XIII) • **Arcipreste de Hita**: *Libro de buen amor* (s. XIV)		**Arte real** **Arte mayor** **Jorge Manrique**: *Coplas a la muerte de su padre*
ÉPICA		**Mester de juglaría**. Cantares de gesta: *Cantar de Mio Cid* (ss. XII-XIII)			
TEATRO			*Representación de los Reyes Magos*		**Gómez Manrique**
PROSA: CIENTÍFICA, JURÍDICA, HISTÓRICA			**Alfonso X el Sabio**		
PROSA DIDÁCTICO-MORALIZANTE				**Don Juan Manuel**: *El conde Lucanor*	
COMEDIA HUMANÍSTICA					**Fernando de Rojas**: *La Celestina*

La lírica medieval

- Las **jarchas**. Son los primeros textos literarios escritos en lengua romance conservados en la península ibérica. Son cancioncillas breves en las que una joven se duele por la ausencia, la partida o la tardanza en llegar de su amado o amigo, a quien llama *habib* o *habibi*. La joven cuenta sus penas a su madre, a sus hermanas o a la naturaleza.

  Las jarchas están escritas en **mozárabe**, pero con grafía árabe, y se conservan al final de unos poemas escritos en árabe o hebreo culto, llamados **moaxajas**. Las jarchas más antiguas son de finales del siglo X o principios del XI. Veamos una de ellas:

¡Tanto amare, tanto amare, habib, tanto amare! Enfermeron olioš nidioš e dolen tan mal.	*¡Tanto amar, tanto amar, amigo, tanto amar! Enfermaron unos ojos brillantes y duelen tan mal.*

¿SABÍAS QUE...?

Los **mozárabes** eran los cristianos que vivían en tierras ocupadas por los árabes. Hablaban en mozárabe, lengua romance derivada del latín con abundantes rasgos del árabe.

- **La lírica gallegoportuguesa.** Desde finales del siglo XII hasta mediados del siglo XV, se cultivó en Galicia y en el norte de Portugal una poesía lírica de extraordinaria calidad. Las composiciones, escritas en gallegoportugués, se conocen con el nombre de **cantigas**, entre las que destacan las **cantigas de amigo**. En ellas, una joven enamorada expresa dolor por la ausencia de su amado, al que llama *amigo*. He aquí un ejemplo:

Ondas do mar de Vigo, se vistes meu amigo? *E, ai Deus, se verrá cedo?*	*Ondas del mar de Vigo, ¿habéis visto a mi amigo?* Ay, Dios, ¿vendrá pronto?
Ondas do mar levado, se vistes meu amado? *E, ai Deus, se verrá cedo?*	*Ondas del mar alzado, ¿habéis visto a mi amado?* Ay, Dios, ¿vendrá pronto?
Se vistes meu amigo, o por que eu sospiro? *E, ai Deus, se verrá cedo?*	*¿Habéis visto a mi amigo, por el que yo suspiro?* Ay, Dios, ¿vendrá pronto?
Se vistes meu amado, por que hei gran coidado? *E, ai Deus, se verrá cedo?*	*¿Habéis visto a mi amado, por quien siento un gran cuidado?* Ay, Dios, ¿vendrá pronto?

MARTÍN CÓDAX

- **La lírica tradicional castellana.** Está constituida por las cancioncillas anónimas que cantaba el pueblo a lo largo de la Edad Media. Se transmitían **oralmente** y no se recogieron por escrito hasta el siglo xv. Estas cancioncillas tenían las siguientes características formales:
  - Uso del verso corto, de **arte menor**.
  - Predominio de la estrofa llamada **villancico**: estribillo inicial, versos que lo desarrollan y estribillo.
  - Preferencia por la rima **asonante**, aunque también se da la consonante.

  En cuanto a los **temas**, se suelen expresar diferentes sentimientos, en general relacionados con acontecimientos, festividades, celebraciones, etc., que dan lugar a una variedad de canciones: de amor, de trabajo, de dolor, de fiesta...

TIPO	CONTENIDO
DE AMOR	Están puestas en boca de un hombre o de una mujer. El **alba** canta encuentros o separaciones de los enamorados al amanecer.
DE DOLOR (*LLANTOS O ENDECHAS*)	Expresan dolor por algún hecho desgraciado.
MAYAS	Exaltan el amor en la primavera, con la llegada del mes de mayo.
DE TRABAJO	Sirven para hacer menos penosas las faenas del campo.
DE VELA	Se cantan para mantenerse despierto.
OTRAS	Una joven no se quiere casar, no quiere ser monja porque está enamorada, está malcasada, etc.

Fíjate en las composiciones del final de esta página, en la cancioncilla del ejemplo A, una joven se duele por la muerte de su amado en la ciudad de Ávila. Observa que a su amado lo llama *amigo*, como en las jarchas y en las cantigas de amigo.

En la cancioncilla del ejemplo B, una joven le pide a su enamorado que se vaya, tras haber pasado la noche juntos, porque está amaneciendo y pueden descubrirlos. El canto del gallo coincide con el amanecer o el alba.

VOCABULARIO

catar *v.* Mirar.

A

En Ávila mis ojos,
dentro en Ávila.
En Ávila del Río
mataron a mi amigo,
dentro en Ávila.

B

Ya cantan los gallos,
amor mío y vete:
cata que amanece.
Vete, alma mía,
más tarde no esperes,
no descubra el día
los nuestros placeres.
Cata que los gallos,
según me parece,
dicen que amanece.

» ACTIVIDADES

20. ¿Cuándo empieza y cuándo acaba la Edad Media?

21. ¿A qué se dedicaban los nobles en la Edad Media?

22. ¿Qué estamento social se dedicaba a la transmisión de la cultura durante la Edad Media? ¿Cómo era la mentalidad dominante?

23. Di si las siguientes afirmaciones son verdaderas o falsas:

a) La Edad Media comienza en el siglo I d. C.
b) El clero era el principal difusor de la cultura.
c) Los primeros núcleos urbanos se llamaron *burgos*.
d) En la Edad Media convivieron en la península ibérica únicamente dos culturas: la cristiana y la musulmana.
e) Las lenguas romances provienen del latín.
f) La literatura medieval se transmite por escrito.
g) En el siglo XII se crearon las primeras universidades.

24. Lee la siguiente jarcha y contesta a las preguntas que se plantean:

Vaise mio corachón de mib.
¡Ya Rab!, ¿si se me tornarad?
Tan mal me dóled li-l-habib:
enfermo yed, ¿cuánd sanarad?

Mi corazón se va de mí.
¡Ay, Dios!, ¿acaso tornará?
Tanto me duele por el amado:
enfermo está, ¿cuándo sanará?

FRENK, M.: *Lírica española de tipo popular*.

a) ¿Quién habla en el poemilla?
b) ¿A quién se dirige?
c) ¿Qué sentimiento expresa?
d) ¿Cómo llama a la persona amada?

25. Elige la opción correcta. Las jarchas están escritas en...

a) castellano
b) gallegoportugués
c) mozárabe
d) catalán

26. Lee la siguiente cancioncilla y responde a las cuestiones que se formulan:

Ai, eu coitada,
como vivo en gran cuidado
por meu amigo, que ei alongado!
Muito me tarda
o meu amigo na **Guarda**!

Ai, eu coitada,
como vivo en gran desejo
por meu amigo, que tarda e non vejo!
Muito me tarda
o meu amigo na Guarda!

¡Ay, triste de mí,
que vivo con gran pena
por mi amigo, que está lejos!
¡Mucho me tarda
mi amigo en la Guarda!

¡Ay, triste de mí,
que vivo en un gran deseo
por mi amigo, que tarda y no veo!
¡Mucho me tarda
mi amigo en la Guarda!

FRENK, M.: *Lírica española de tipo popular*.

VOCABULARIO

Guarda Ciudad del centro de Portugal.

a) ¿Quién crees que habla en el poema?
b) ¿Cómo lo has sabido?
c) ¿Por qué se lamenta?
d) ¿Cómo llama a la persona amada?
e) ¿A qué tipo de composición pertenece?
f) ¿Qué tiene en común con las jarchas?

27. Ordena los versos de la siguiente canción tradicional y cópiala en tu cuaderno:

¿quién guardará el ganado?
Si el pastorcico es nuevo
si se descuida y duerme,
y anda enamorado,

28. Lee la siguiente cancioncilla y responde a las cuestiones que se formulan:

Quantas sabedes amar amigo
treides comig'a lo mar de Vigo:
E banhar-nos-emos nas ondas!
Quantas sabedes amar amado
treides comig'a lo mar levado:
E banhar-nos-emos nas ondas!
Treides comig'a lo mar de Vigo
e veeremo-lo meu amigo:
E banhar-nos-emos nas ondas!
Treides comig'a lo mar levado
e veeremo-lo meu amado:
E banhar-nos-emos nas ondas!

Cuantas sabéis amar a amigo
venid conmigo al mar de Vigo:
¡Y nos bañaremos en las olas!
Cuantas sabéis amar a amado
venid conmigo al mar alzado:
¡Y nos bañaremos en las olas!
Venid conmigo al mar de Vigo
y veremos a mi amigo:
¡Y nos bañaremos en las olas!
Venid conmigo al mar alzado
y veremos a mi amado:
¡Y nos bañaremos en las olas!

MARTÍN CÓDAX

a) ¿Quién es el yo poético de la cantiga?
b) ¿A quién se dirige?
c) ¿Qué les dice?
d) ¿A quién verán en el mar de Vigo?
e) ¿De qué tipo de composición se trata? ¿Qué tiene en común con las jarchas?

29. Explica, con tus propias palabras, el contenido de las siguientes cancioncillas tradicionales castellanas:

A
Dizen que me case yo:
¡no quiero marido, no!

B
—Meterte quiero yo monja,
hija mía y de mi corazón.
—Que no quiero ser monja, no.

C
¿Agora que sé d'amor
me metéis monja?
¡Ay Dios, qué grave cosa!
¿Agora que sé d'amor
de cavallero,
agora me metéis monja
en el monesterio?
¡Ay Dios, qué grave cosa!

D
Sospirando iba la niña,
y non por mí,
que yo bien se lo conocí.

E
Soy casada y vivo en pena;
¡ojalá fuera soltera!

F
Desde niña me casaron
por amores que no amé:
mal casadita me llamaré.

G
Si la noche se hace escura,
y tan corto es el camino,
¿cómo no venís, amigo?

» GRAMÁTICA

1. La oración gramatical

Cuando hablamos y escribimos, agrupamos las palabras de una manera determinada para crear y transmitir mensajes con un sentido completo a través de **oraciones**.

La **oración** es la unidad gramatical con **sentido completo** que pone en relación un sujeto con un predicado. Por ejemplo:

El gato negro descansaba tranquilamente en el suelo.

Para que la oración tenga un sentido completo, las palabras que la forman deben estar agrupadas en **sintagmas**.

Los sintagmas deben disponerse de una manera organizada para crear una oración. **¿Cuántas oraciones pueden formarse** con los sintagmas de la imagen?

1.1. Los sintagmas

Un **sintagma** (o **grupo sintáctico**) es un conjunto de palabras, ordenadas en torno a un **núcleo**, que tienen una relación gramatical entre sí. Observa el ejemplo:

El gato negro	descansaba	tranquilamente	en el suelo.

Dentro de la misma oración, algunos sintagmas pueden variar su orden sin que cambie el significado de esta. Fíjate:

Descansaba	tranquilamente	en el suelo	el gato negro.

Clases de sintagmas

Los principales tipos de sintagma son los siguientes:

TIPOS DE SINTAGMA	NÚCLEO	EJEMPLOS
SINTAGMA NOMINAL	Nombre/pronombre	*El **gato** negro*
SINTAGMA ADJETIVAL	Adjetivo	*El gato negro*
SINTAGMA ADVERBIAL	Adverbio	*El gato negro descansaba tranquilamente.*
SINTAGMA PREPOSICIONAL	Está formado por una preposición y un sintagma nominal llamado *término*.	*El gato negro descansaba tranquilamente en el suelo.*
SINTAGMA VERBAL	Verbo	*El gato negro **descansaba** tranquilamente en el suelo.*

BARCANOVA EDITORIAL

1.2. La estructura de la oración

Una oración está formada por dos sintagmas fundamentales: el **sintagma nominal** (que funciona como sujeto) y el **sintagma verbal** (que funciona como predicado).

Oración → SN (sujeto) + SV (predicado)

El **sujeto** es la persona, el animal, el objeto o la idea que realiza o experimenta la acción expresada por el verbo.

El **predicado** es todo lo que se dice del sujeto en una oración. Si continuamos con el ejemplo anterior:

El gato negro	*descansaba tranquilamente en el suelo.*
SN (Sujeto)	SV (Predicado)

Dentro de los sintagmas principales de la oración (el SN sujeto y el SV predicado), suele haber otros sintagmas que funcionan como complementos. En el ejemplo anterior, el sintagma adjetival (SAdj) *negro* complementa al nombre *gato*; el sintagma adverbial (SAdv) *tranquilamente* y el sintagma preposicional (SPrep) *en el suelo* complementan al verbo *descansaba*.

Concordancia entre el sujeto y el predicado

En la oración, el núcleo del sujeto y el del predicado deben concordar en número (singular o plural) y en persona (primera, segunda o tercera). Observa:

Mi amiga Ana	***tiene*** *un gato negro.*
3.ª pers. sing.	3.ª pers. sing.
Ana y su pareja	***tienen*** *un gato negro.*
3.ª pers. pl.	3.ª pesr. pl.

Oraciones con sujeto sobrentendido o elíptico

Hay veces en que el sujeto no aparece en la oración, aunque podemos deducirlo observando el número y la persona del verbo. A este sujeto lo denominamos **sujeto elíptico** (tácito).

En la oración *Salimos en el avión de las ocho de la tarde*, como el verbo está en 1.ª persona del plural, se sobrentiende que el sujeto es *nosotros* o *nosotras*.

(*Nosotros/nosotras*)	*Salimos en el avión de las ocho de la tarde.*
Sujeto elíptico	1.ª pers. pl.

También serían posibles otros sujetos elípticos, como *Mi amigo y yo, Andrea y yo, Mis padres y yo*, etc., siempre que correspondan a la 1.ª persona del plural.

RECUERDA

Cuando sea difícil identificar el sujeto en una oración, debemos cambiar de número el verbo; al hacerlo, habrá un sintagma que deberá cambiar también de número; ese sintagma será el sujeto.

En la oración *A Jorge le encant**an** las novelas policíacas*, si cambiamos el verbo de número, habrá un sintagma que también cambiará de número y será el sujeto: *A Jorge le encant**a** **la novela policíaca***.

Por tanto, el sujeto de la primera oración será *las novelas policíacas*.

¿SABÍAS QUE...?

Hay algunas oraciones que no tienen sujeto. Se llaman **oraciones impersonales**. Suelen construirse con verbos referidos a fenómenos atmosféricos; con los verbos *ser*, *haber* y *hacer*, y con la forma *se* y un verbo en 3.ª persona del singular. Ejemplos: *Llueve cada tarde. Hace mucho frío. Se duerme bien en esta cama.*

» ACTIVIDADES

30. Las siguientes frases célebres están desordenadas. Reordénalas para dotarlas de sentido y que formen una oración correcta.

a) cabeza de la viene salud la buena (SÉNECA)
b) el pecho tiene en vinagre (PLAUTO)
c) justifica la éxito el acción (OVIDIO)
d) el irrecuperable huye de tiempo manera (VIRGILIO)

31. Como sabes, los sintagmas pueden ordenarse de distintos modos dentro de la misma oración sin que esta pierda su sentido. ¿De qué otras maneras podrían reescribirse las siguientes oraciones? Identifica el sujeto en cada una de ellas e indica cuál tiene sujeto elíptico.

a) Mis tíos alquilan un apartamento muy cerca de la costa.
b) Los jugadores de béisbol celebraron alegremente la victoria con sus familias.
c) Esta madrugada me he despertado sobresaltada por unos ladridos.
d) Actualmente la periodista vive bastante lejos de su ciudad natal.

32. Subraya todos los sintagmas que encuentres en los siguientes titulares. Además, indica cuál es el SN (sujeto) y el SV (predicado) de cada una de las oraciones.

HAN SUBIDO IMPARABLEMENTE LOS PRECIOS DE LA FRUTA

Los ciclistas han conquistado las calles de las ciudades

Ha descendido alarmantemente la natalidad en Europa

El delincuente fue detenido en una población de Teruel

33. Indica el SN (sujeto) y el SV (predicado) de estas oraciones:

La moto de carreras *está en el garaje.*
SN (sujeto) SV (predicado)

a) Los aspirantes presentaron su currículum al jefe de personal.
b) Siempre me ha interesado el cine.
c) Los árboles del parque proporcionan una agradable sombra.
d) Siempre desayuno un vaso de leche.
e) Las ventanas del salón tienen unas vistas preciosas.

34. Sustituye cada cuadratín por un sujeto que concuerde con el sintagma verbal de las siguientes oraciones:

a) ■ permaneció oculto durante siglos.
b) Me gustan mucho ■.
c) ■ jugamos en el mismo equipo de voleibol.
d) ¿■ conoces la respuesta?
e) ■ tenéis la última palabra.
f) ■ puedo acompañarte el martes próximo.
g) ■ salí temprano de casa.
h) ■ circulan a gran velocidad.
i) ■ acudieron en pocos minutos.

35. Corrige los errores de concordancia del siguiente texto:

Me llamo Manolito García Moreno, pero si tú entra a mi barrio y le pregunta al primer tío que pasen:

—Oiga, por favor, ¿Manolito García Moreno?

El tío, una de dos, o se encogen de hombros o te sueltan:

—Oiga, y a mí qué me cuentan.

Porque por Manolito García Moreno no me conoce ni el Orejones López, que son mi mejor amigo, aunque algunas veces sean un cochino y un traidor y otras, un cochino traidor, así, todo junto y con todas sus letras, pero son mi mejor amigo y mola una pegote.

ELVIRA LINDO:
Manolito Gafotas (texto adaptado).

36. Lee las siguientes oraciones y elimina o modifica los sintagmas que no tengan sentido en el conjunto de la oración. Por ejemplo:

En el sótano de casa de mis padres ~~de encima~~ guardo mis tesoros.

a) Desde la ventana, mis hermanas en adelante y yo observamos el magnífico paisaje.
b) El marinero de casa salió a la mar con los últimos rayos de sol.
c) En las mañanas a veces de abril, sus amigos y él iban siempre a la montaña.
d) Caminamos muchos kilómetros en el Camino famoso de Santiago.
e) Encima de la hamaca colgada en el árbol, duerme el gato de cerámica.

37. Indica entre paréntesis cuál es el sujeto elíptico de las oraciones que aparecen en la siguiente conversación telefónica:

—¡Hola, Andrés! ¿Cómo (■) **estás**?
—¡Hola, Nadia! (■) **Estoy** bien, gracias. ¿Ya (■) **habéis vuelto** de vacaciones?
—Sí, (■) **volvimos** ayer, de madrugada.
—Y Susana, ¿(■) **ha disfrutado** de las playas de Menorca?
—¡Sí, mucho! Ya (■) **sabes**, (■) **se entretiene** con cualquier cosa en la arena, y también (■) **se divierte** jugando con las olas.
—(■) **Me alegro** mucho, ¡ya (■) **os merecíais** un descanso!
—Así es, ¡(■) **espero** verte pronto, Andrés!

38. Subraya los distintos sintagmas que forman estas oraciones e indica de qué tipo son (SN, SV, SAdj, SAdv o SPrep). Rodea el núcleo de cada uno de ellos.

a) La detective resolvió el caso con astucia.
b) Aquel reloj de pared marca siempre las cinco en punto.
c) ¡Tu amigo tiene un gran sentido del humor!
d) Ayer colaboramos en un proyecto solidario.
e) Cerca de la estación viven mis abuelos.

39. Subraya el SN (sujeto) de las oraciones que tienes a continuación y señala su núcleo:

*Los **helados** de frutas son mis preferidos.*
N
SN (sujeto)

a) Las tormentas de verano son siempre muy refrescantes.
b) Me parecieron fascinantes las vistas.
c) Las gaviotas huyeron despavoridas.
d) Esas plantas necesitan agua urgentemente.
e) ¿Quieres postre o café?
f) Pasaban los aviones por encima de nuestras cabezas.
g) El lavavajillas no funciona muy bien.

40. Une cada uno de los sintagmas nominales de la columna superior con el sintagma verbal correspondiente, en la columna inferior:

a) La profesora de Matemáticas
b) Yo
c) Laura, Macarena y yo
d) Miguel de Cervantes
e) Todos los componentes de la banda
f) María, tú

1. eres la finalista del concurso.
2. escribió *El Quijote*.
3. tiene muchos problemas.
4. vivimos en el mismo barrio.
5. no he estado nunca en Turquía.
6. dieron las gracias al público.

41. Estas oraciones son agramaticales, pues el SN (sujeto) y el SV (predicado) no mantienen una relación de concordancia. Cópialas y corrígelas. Por ejemplo:

**Me ~~encantan~~ la mermelada de kiwi.* → *Me encanta la mermelada de kiwi.*

a) *Mis alumnos de música actuará en el festival de este año.
b) *Ninguno de nosotros saben la respuesta.
c) *Fíjense bien en el número de teléfono, compañero.
d) *Los incendios se produjo por accidente.

» LÉXICO

1. Significado denotativo y significado connotativo

- El **significado denotativo** es el significado literal u objetivo, es decir, lo que significa una palabra por sí sola, sin tener en cuenta el contexto o la situación. Habitualmente, es el significado que aparece en la primera acepción en el diccionario. Lee los siguientes ejemplos:

  Me gusta oír trinar a mi ***pájaro*** *por las mañanas.*
  La verja está ***abierta****, podemos entrar.*

  En los ejemplos anteriores, *pájaro* y *abierta* son palabras con un sentido denotativo o literal. A continuación, puedes leer alguno de los significados de estas palabras.

  pájaro, ra *m.* y *f.* Ave, especialmente si es pequeña.

  abierto, ta *adj.* Que permite el paso.

  Pájaro y *abierta* tienen un sentido real, de acuerdo con el mundo que nos rodea. El significado denotativo se utiliza comúnmente en los textos técnicos y científicos, para ofrecer una información objetiva y precisa.

- El **significado connotativo** es el significado figurado o subjetivo que se le añade a una palabra en un determinado contexto o situación. Así, la palabra pasa a tener un «doble sentido», el que cada hablante le da, según su visión individual.

  ¡Menudo ***pájaro*** *está hecho! Consiguió lo que quería engañando a todos.*
  Es una persona muy ***abierta****; no le cuesta nada conocer gente y hacer nuevos amigos.*

  En este caso, la palabra *pájaro* tiene un significado figurado, el de 'persona astuta y granuja', y está empleada con un carácter más bien despectivo (está connotada negativamente). En cambio, *abierta*, en este ejemplo, significa 'persona extrovertida, sociable', que deja entrar a los demás en su vida. Por tanto, su significado está connotado positivamente.

  El significado connotativo no solo transmite información, también emociones y sentimientos. Se emplea en el lenguaje coloquial y también en textos literarios y publicitarios porque ofrecen una visión subjetiva de la realidad.

» ACTIVIDADES

42. Escribe si las palabras destacadas de las siguientes oraciones tienen un significado denotativo o connotativo:

a) Es un **lince**: aprendió a hablar español en apenas unos meses.
b) No encontramos la **llave** que abre ese baúl.
c) Es una chaqueta muy **mona**..., seguro que combina con todo.
d) La **llave** del misterio estaba en esta carta.
e) Está prohibido **pescar** fuera de esta zona.
f) La **mona** fue hallada cerca de la orilla del río Congo.
g) Con la brisa marina, es frecuente **pescar** resfriados.
h) Una de las especies más amenazadas del mundo es el **lince**.

43. Las siguientes expresiones están escritas en lenguaje coloquial. Reescríbelas empleando palabras con un significado denotativo.

a) **Es un rata**: nunca **se estira**.
b) **Está loco por ella...** Ha **perdido la cabeza**.
c) ¡**Ponte las pilas** o **catearás** la asignatura!
d) ¡Este cocido sabe **a rayos**!

44. Relaciona cada término del primer grupo con su sinónimo correspondiente del segundo.

Palabras con significado denotativo: ingenuo, cobarde, estudioso, insistente, comunicativo, fantasioso.
Palabras con significado connotativo: charlatán, pesado, peliculero, gallina, empollón, bobo.

45. Señala las frases en las que la palabra *mundo* está usada con significado connotativo:

a) Medio mundo estaba bailando en la plaza.
b) El mundo es el conjunto de lo existente.
c) Tomando sopa caliente en pleno agosto: el mundo al revés.
d) No sufras, no se hunde el mundo por eso.
e) El mundo se rige por criterios económicos.

46. ¿En qué texto las palabras *sol* y *luna* están usadas con significado connotativo? Justifica tu respuesta.

El sol es un globo de fuego,
la luna es un disco morado.
Una blanca paloma se posa
en el alto ciprés centenario.

ANTONIO MACHADO

A

sol *m.* Estrella que se halla en el centro del sistema planetario al que pertenece la Tierra.

luna *f.* Satélite natural de la Tierra.

B

★ LUDOLENGUA

47. Las oraciones crecen

Escribe una frase sencilla y amplíala sustituyendo alguna de sus palabras por su definición del diccionario. Por ejemplo: *Veía el mar desde la ventana. → Percibía por los ojos el mar desde la ventana. → Percibía por los ojos la extensión de agua salada que cubre parte de la superficie terrestre desde la ventana. → Percibía por los ojos la extensión de agua salada que cubre la mayor parte de la superficie terrestre desde la abertura hecha en una pared.*

- Intercambia la oración ampliada con tu compañero para que ambos realicéis el proceso inverso y adivinéis cuál era la frase original.

» ORTOGRAFÍA

1. La acentuación diacrítica

La tilde diacrítica se usa para diferenciar algunos monosílabos que se escriben igual, pero que tienen diferente significado o distinta categoría gramatical.

CON TILDE	SIN TILDE
aún (adverbio de tiempo = *todavía*) ***Aún*** *es de día.*	**aun** (conjunción = *incluso, hasta, también*) ***Aun*** *dándose prisa, no llega a tiempo.*
dé (verbo *dar*) *Esperamos a que él* ***dé*** *su opinión.*	**de** (preposición) *Vienen* ***de*** *un largo viaje.*
él (pronombre personal) ***Él*** *habló con autoridad.*	**el** (artículo) ***El*** *coche era un modelo antiguo.*
más (adverbio de cantidad) *Sírveme un poco* ***más*** *de café.*	**mas** (conjunción = *pero*) *Lo intenté,* ***mas*** *sin ningún éxito.*
mí (pronombre personal) *Regálame el lápiz a* ***mí****.*	**mi** (determinante posesivo / nota musical) ***Mi*** *casa está cerca de aquí. / En este violín el* ***mi*** *suena mal.*
sé (verbo *saber* / verbo *ser*) ***Sé*** *muy bien lo que estoy diciendo.* ***Sé*** *un poco amable con tu hermano.*	**se** (pronombre personal) ***Se*** *ha secado el pelo y* ***se*** *ha peinado.*
sí (adverbio de afirmación / pronombre personal) *Por fin, su madre le dijo que* ***sí****.* *Todo se lo reserva para* ***sí*** *mismo.*	**si** (conjunción condicional / nota musical) ***Si*** *vienes, comerás castañas asadas.* *La melodía comenzaba con un* ***si****.*
té (bebida, infusión) *Tomaré un* ***té*** *con limón.*	**te** (pronombre personal) *¿****Te*** *conoces las calles de memoria?*
tú (pronombre personal) ***Tú*** *decidirás lo que quieres estudiar.*	**tu** (determinante posesivo) ***Tu*** *amiga no ha telefoneado.*
qué (interrogativo o exclamativo) *¿****Qué*** *planes tienes?* *¡****Qué*** *pastel tan enorme!*	**que** (conjunción o pronombre relativo) *Le dijo* ***que*** *llegaría temprano.* *El melón* ***que*** *compré está buenísimo.*
quién (interrogativo o exclamativo) *¿****Quién*** *ha venido?* *¡****Quién*** *lo hubiera dicho!*	**quien** (pronombre relativo) *Puedes invitar a* ***quien*** *tú quieras.*
cuál (interrogativo o exclamativo) *¿****Cuál*** *te gusta más?* *No sé* ***cuál*** *es la dirección. ¡****Cuál*** *va a ser!*	**cual** (pronombre relativo / comparativo = como) *Encontró el destino con el* ***cual*** *siempre había soñado.* *Salió* ***cual*** *entró.*

» ACTIVIDADES

48. Completa las siguientes oraciones con la palabra adecuada:

él / el

a) Iré ▮ lunes con ▮ al dentista.
b) Solo ▮ sabe usar ▮ programa.

mí / mi

c) ▮ piso es demasiado grande para ▮.
d) La melodía comenzaba con un ▮ bemol.

tú / tu

e) Entre ▮ y yo siempre ha habido una buena relación.
f) Déjame ▮ móvil, por favor.

té / te

g) ▮ escucharán si les hablas con calma.
h) Pediré un ▮ con leche.

dé / de

i) Las estanterías ▮ aluminio son muy ligeras.
j) Espero que le ▮ el recado enseguida.

sí / si

k) ▮ pulsas la tecla, verás que el ▮ está desafinado.
l) ▮, es verdad lo que acabo de decir.

sé / se

m) ▮ amable y ten paciencia.
n) Me lo ▮ de memoria y ▮ lo puedo repetir.

más / mas

ñ) Debió decírselo, ▮ lo ocultó.
o) Ponme un poco ▮ de salsa, por favor.

aún / aun

p) ▮ conduciendo día y noche, llegaréis tarde.
q) ▮ tengo que hacer unos cuantos abdominales para acabar la tabla de ejercicios.

49. Escribe un texto en el que figuren al menos la mitad de las siguientes palabras. Rodéalas cada vez que aparezcan.

mí / mi • se / sé • tu / tú • si / sí • mas / más
él / el • aún / aun • dé / de • él / el

50. Acentúa los monosílabos de los siguientes pares de oraciones cuando sea necesario:

a) Este trabajo es una oportunidad extraordinaria para mi.
Para mi futuro esta es una oportunidad extraordinaria.
b) Se que las obras provocarán atascos en la circulación de vehículos.
Se sabe que las obras provocarán atascos en la circulación de vehículos.
c) Tu decides, haremos lo que digas.
Tu decisión es la que cuenta, haremos lo que digas.
d) Parecía enfadado, mas no dijo nada.
No dijo nada mas, aunque parecía enfadado.
e) En estas fechas no puedes contar con el porque tiene mucho trabajo.
Con el trabajo que tiene, dispone de pocos días libres.
f) La bolsa de basura huele mal, aun estando cerrada.
Aun no ha pasado el camión de la basura.
g) He salido en bicicleta con el algunos días.
He salido en bicicleta con el monitor algunos días.

51. Completa las siguientes oraciones con la palabra adecuada:

qué / que

a) ¿▮ emisora escuchas habitualmente?
b) Dime ▮ emisora escuchas habitualmente.
c) Quiero ▮ me digas tu emisora preferida.
d) ¡▮ emisora más interesante!

quién / quien

e) ¿▮ ha llegado en primer lugar?
f) Dime ▮ ha llegado en primer lugar.
g) Lo daré a ▮ haya llegado en primer lugar.
h) ¡▮ hubiera estado allí para verlo!

cuál / cual

i) ¿▮ prefieres?
j) Cada ▮ tiene sus preferencias.
k) No sé ▮ es su música preferida.
l) ¡Dime ▮ de una vez!

52. Escribe todas las tildes que faltan en las siguientes oraciones:

a) Se aparto y permanecio unos minutos contemplando el mar placidamente.
b) El ciclismo es un deporte olimpico desde la primera edicion de los Juegos Olimpicos en 1896.
c) Las cuerdas del violin se corresponden con las notas sol, re, la y mi.
d) Hablaba ingles y frances, y sabia un poco de aleman.
e) Los huespedes deben dejar la habitacion antes de las doce del mediodia.
f) Lo mejor de la funcion fue la exhibicion de los acrobatas.
g) El tren habia salido de la estacion con un buen numero de asientos libres.

53. Escribe las tildes que faltan en este texto:

—¿Los conejos se cazan o se pescan, Lucas? Tu que lo sabes todo —creo que estaba claro que a quien le preguntaba era a el, a Lucas.

—No seas pesado, caramba —el siempre decia *caramba* cuando habia algo que le molestaba.

Pero, bueno, tampoco era una pregunta tan dificil. No le había preguntado en que año se construyo la Alhambra o que colores tiene la bandera de Venezuela. Solo queria saber si los conejos se pescaban o se cazaban.

Por suerte, un señor mayor, de barbas canas, paso junto a nosotros. Todo decidido le pregunte:

—Por favor, señor, ¿los conejos se cazan o se pescan?

El señor me miro de arriba abajo (con siete años que tenemos no se nos puede mirar de otra manera) y me contesto:

—Lo siento, jovencito. No soy de aqui.

DANIEL NESQUENS: *Diecisiete cuentos y dos pingüinos* (texto adaptado).

LUDOLENGUA

54. Como ya sabes, para aprender ortografía, hay que fijarse mucho. Observa detenidamente el siguiente cuadro y trata de localizar las diez P que se encuentran camufladas en él.

B	B	B	P	B	B	B	B	B	B	B	B	B
B	B	B	B	B	B	B	B	B	B	B	P	B
B	B	B	B	B	B	B	B	B	B	B	B	B
B	B	B	B	B	P	B	B	B	B	B	B	B
B	B	B	B	B	B	B	B	B	P	B	B	B
B	B	B	B	P	B	B	B	B	B	B	B	P
B	P	B	B	B	B	B	B	B	B	B	B	B
B	P	B	B	B	P	B	B	B	B	B	B	B
B	B	B	B	B	B	B	B	B	B	B	B	B
B	B	B	B	B	B	B	B	B	P	B	B	B

DICTADO

Premisa: Haréis el dictado de dos en dos; el primero de vosotros dicta hasta el primer punto y el segundo escribe. A continuación, os intercambiáis los papeles, y así sucesivamente. Corregid el dictado conjuntamente.

El campo no era campo, sino más bien un irregular retazo de tierra rectangular e inclinada, de forma que en lugar de jugar una parte en cada lado, se turnaban cada quince minutos para nivelar las fuerzas de los que habían atacado subiendo a los que lo habían hecho bajando. La pelota tampoco era pelota, aunque su forma sí era bastante redonda. De vez en cuando las patadas la deshacían y había que volver a armarla con la vejiga hinchada a boca, las pieles envolviéndola y las cintas anudadas toscamente. Los jugadores no eran jugadores profesionales, aunque se empleaban a fondo, con la misma convicción que ponían en la batalla.

JORDI SIERRA I FABRA: *Donde el viento da la vuelta.*

» DILO POR ESCRITO

Mujeres de ciencia

¿Qué tienes que hacer?

El equipo de redacción de la revista de tu centro te ha pedido una colaboración para la sección «Mujeres de ciencia». Con este fin, vas a redactar un artículo breve sobre una mujer que haya destacado en cualquier ámbito del mundo científico.

¿Cómo puedes hacerlo?

- Busca información y escoge un personaje cuya vida y obra te resulten interesantes. Asegúrate de que tus fuentes de información son fiables. En el espacio personal de la web *www.barcanova.cat*, encontrarás algunos enlaces que pueden ayudarte.
- Toma nota de lo que te parezca importante, pero recuerda que, en ningún caso, debes copiar y pegar literalmente la información que has consultado.
- El artículo deberá tener una extensión de unas 150 palabras e incluir los siguientes aspectos:

- Fecha y lugar de nacimiento.
- Disciplina científica en la que destacó.
- Descubrimientos, obra, reconocimientos, trascendencia...
- Fotografías o dibujos.

«Todas y todos los científicos soñamos con hacer un aporte para ayudar al mundo».

Tu Youyou

Para inspirarte...

Tu Youyou (Ningbo, China, 30 de diciembre de 1930) es una química farmacéutica cuya investigación sobre el tratamiento contra la malaria se basa en la milenaria medicina china. Su descubrimiento de la artemisinina, un compuesto que reduce rápidamente el número de parásitos denominados *Plasmodium* en la sangre de los pacientes con malaria, ha salvado millones de vidas.

Desde que era estudiante de farmacología, Youyou aprendió a clasificar plantas medicinales, a extraer ingredientes activos y a determinar sus estructuras químicas. En los inicios de su carrera, pasó años en las selvas lluviosas de la China Meridional, donde estudió las consecuencias devastadoras de la malaria y los textos médicos antiguos sobre tratamientos tradicionales chinos para esta enfermedad.

Hoy en día, la Organización Mundial de la Salud recomienda la terapia combinada con artemisinina como la primera línea de defensa contra la malaria.

En 2015, junto a dos colegas, recibió el premio Nobel de Fisiología o Medicina, y se convirtió en la primera persona china en recibir el premio en esta categoría y en la primera mujer china en recibir un premio Nobel en cualquier categoría.

https://www.unwomen.org/es (texto adaptado).

» PONTE A PRUEBA

Lee y comprueba si lo has comprendido

El bisonte

El bisonte es el animal terrestre más grande de Norteamérica. Un macho adulto pesa casi mil kilos. Antes de la llegada del hombre blanco, abundaban en las grandes praderas de Norteamérica. Los inmensos rebaños podían llegar a extenderse por más de ochenta kilómetros y a menudo estaban tan densamente agrupados que las llanuras parecían negras.

En esa remota época, los peores enemigos de los bisontes eran las moscas y las garrapatas que infestaban su espesa pelambre.

Cuando apareció el ser humano, bajo forma de los primeros indios americanos, los rebaños de bisontes se enfrentaron a un nuevo enemigo. Muchos de los indios asentados en las praderas americanas se convirtieron en cazadores de bisontes.

Todo su modo de vida dependía de los rebaños. Además de comer carne de bisonte, cubrían sus hogares con pieles de bisonte, llevaban ropa de bisonte, dormían tapados con mantas de bisonte, se sentaban en alfombras de bisonte y cruzaban los ríos en barcas de piel de bisonte. Estos animales también les proporcionaban cuerdas para sus arcos, cola, hilo, sogas, recipientes para el agua y sillas de montar.

Pese al hecho de que tuvieran que matar muchos bisontes con trampas, arcos y flechas, estos indios no eran suficientemente numerosos para causar un serio perjuicio a los rebaños. Los animales podían reproducirse con bastante rapidez como para cubrir sus bajas. Seguía habiendo un equilibrio natural. Pero todo cambiaría con la llegada del siguiente enemigo: el hombre blanco.

Antes de que aparecieran los colonos europeos, había entre sesenta y cien millones de bisontes en Norteamérica. Tras la llegada de las armas de fuego, el número descendió rápidamente a cuarenta millones. Una matanza multitudinaria estaba a punto de producirse. Es difícil de creer, pero en veinte años los muchos millones de bisontes quedarían reducidos a solo unos pocos centenares de animales. Unos dicen que 541, otros que 835. Toda una especie fue prácticamente eliminada de la faz de la Tierra. Fue el mayor exterminio de fauna de que se tenga noticia.

Afortunadamente, se salvaron esos últimos ejemplares antes de que fuera demasiado tarde. Fueron protegidos y utilizados como punto de partida de una importante operación de rescate. Hoy en día hay unos 30.000 bisontes en reservas y parques naturales, donde los visitantes pueden ir a verlos y tratar de imaginar los cien millones de ejemplares que en otros tiempos poblaron las praderas de Norteamérica.

DESMOND MORRIS: *El mundo de los animales* (texto adaptado).

1. El texto es principalmente...

a) narrativo.
b) descriptivo.
c) expositivo.
d) argumentativo.

2. ¿Por qué estuvieron los bisontes en peligro de extinción?

a) Por el ataque de sus peores enemigos: las moscas y las garrapatas.
b) Porque los indios americanos se convirtieron en cazadores de bisontes.
c) Por la aparición de los colonos americanos y las armas de fuego.

3. Numera, según el orden en que aparecen en el texto, los usos que los indios daban a los bisontes:

a) Llevaban ropa de bisonte.
b) Se sentaban en alfombras de bisonte.
c) Comían carne de bisonte.
d) Les proporcionaban cuerdas para sus arcos, cola, hilo y sogas.
e) Cubrían sus hogares con pieles de bisonte.
f) Dormían tapados con mantas de bisonte.
g) Les proporcionaban recipientes para el agua.
h) Cruzaban los ríos en barcas de piel de bisonte.
i) Les proporcionaban sillas de montar.

4. ¿Cuál es el máximo número de bisontes que se menciona en el texto? ¿Y el mínimo? ¿Cuántos bisontes hay en la actualidad?

5. ¿Dónde vivían los bisontes en el pasado? ¿Dónde viven ahora?

6. Indica el SN (sujeto) y el SV (predicado) de estas oraciones:

a) El bisonte es el animal terrestre más grande de Norteamérica.
b) Los indios americanos se convirtieron en cazadores de bisontes.

7. ¿Qué diferencias observas entre las dos oraciones siguientes? Explícalas.

a) Los bisontes se enfrentaron a un nuevo enemigo.
b) Los bisontes se enfrentaron por un nuevo enemigo.

8. En la expresión «más grande de Norteamérica», ¿por qué se acentúa *más*?

9. La palabra *infestar* se parece a *infectar*, pero tiene un significado distinto. Indica con qué definición se corresponde cada una de ellas.

a) Invadir en forma de plaga gran cantidad de individuos de una misma especie (un lugar o un organismo).
b) Invadir un microorganismo patógeno, como un virus o una bacteria (un ser vivo o una parte de él).

10. Busca en el último párrafo del texto una palabra sinónima para cada una estas:

a) recuperación
b) salvaguardados
c) habitaron
d) por suerte

Comparte

Por grupos, redactad cada uno de vosotros una o dos preguntas sobre algún animal. Recogedlas, revisadlas y elaborad un *kahoot* con ellas. Luego, podréis jugar todos con cada cuestionario. Por ejemplo: ¿Cuánto puede pesar un bisonte americano?

a) 500 kg
b) 900 kg
c) 700 kg
d) 1.100 kg

Mira y escribe

Redacta un texto expositivo de unas quince líneas sobre las características del bisonte y su forma de vida.

» NOSOTROS ESTUDIAMOS AQUÍ

Este proyecto tiene como finalidad mostrar a otras personas cómo es el centro donde estudiáis e invitarlas a conocerlo. Vais a prepararos para actuar como guías turísticos de vuestro centro educativo. Tendréis que ser capaces de ofrecer una recorrido entretenido por los principales lugares de interés, así como de responder a las preguntas de los visitantes.

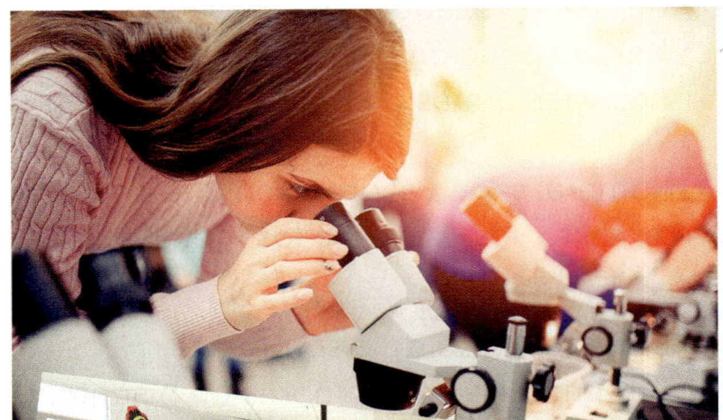

¿Qué tenéis que hacer en este proyecto?

1. **Redactar** un mensaje de bienvenida para el comienzo de la visita. Este saludo inicial tiene como objetivo informar al visitante del recorrido que va a realizar y de las principales características del centro, así como agradecerle el interés que muestra con su visita. Puede tratarse de un mensaje audiovisual grabado que se proyecte en el vestíbulo del centro.

2. **Organizar** una visita guiada: señalad sobre un plano del centro los principales puntos de interés y preparad las explicaciones correspondientes. Numeradlos en el orden en que se van a visitar y trazad sobre el plano el recorrido definitivo.

BARCANOVA EDITORIAL

3. Confeccionar un folleto de propaganda (en inglés *flyer*) para repartir entre los visitantes. El folleto turístico es una publicación impresa que se distribuye para mostrar las principales características de un lugar, y así promocionarlo. Podéis confeccionar un tríptico. No olvidéis incorporar imágenes, mapas, gráficos, etc.

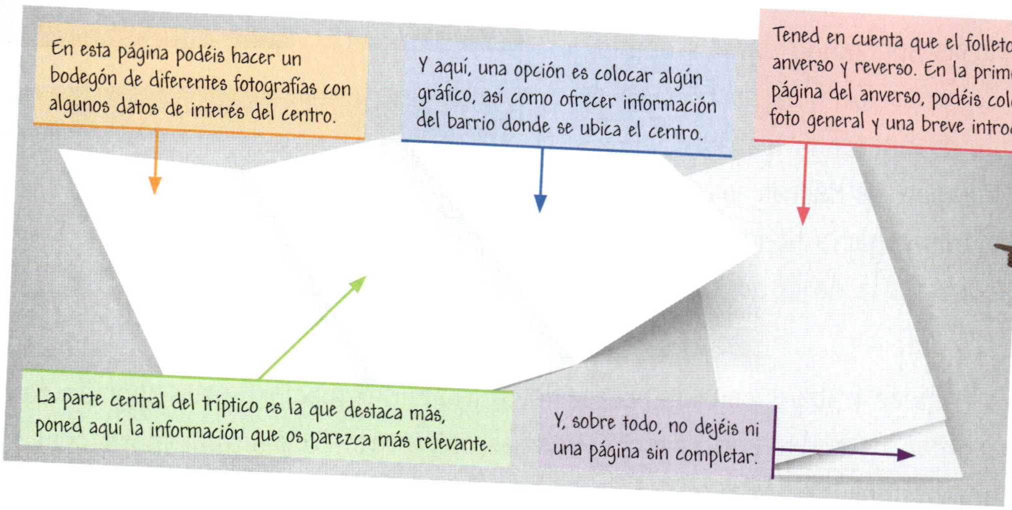

4. Crear una galería de retratos en la que figuren personas relacionadas con el centro que han destacado por distintos motivos: antiguos profesores, alumnos ilustres, etc. Tendréis que redactar una breve reseña biográfica. Esta tarea puede hacerse en el ordenador para después enlazarla con la página web principal del centro.

5. Traducir al inglés todo o parte de vuestro trabajo, de forma que podáis ofrecer una visita en este idioma a un estudiante de intercambio.

¿Cómo lo tenéis que hacer?

Se trata de hacer un trabajo cooperativo en grupos de 4 o 5 alumnos. Es muy importante que todos los miembros del grupo participéis en cada una de las actividades según la tarea que tengáis asignada (que puede estar de acuerdo con vuestras habilidades y preferencias). Participaréis aportando datos y opiniones, colaborando en la redacción y la corrección de los textos y defendiendo oralmente el trabajo. Si usáis una plantilla de distribución de tareas, os resultará más sencillo organizar y entregar a tiempo el trabajo. Podéis utilizar una parecida a la de la derecha.

TAREA	QUIÉN	CUÁNDO	DÓNDE

1. Antes de empezar cualquier trabajo, es muy necesario buscar información para aportar datos y argumentos que os permitan defender con criterio vuestras opiniones. Podéis utilizar internet, pero en este caso es muy importante que realicéis diferentes entrevistas al personal que trabaja en el centro. Estas personas os podrán dar testimonio o aportar datos fidedignos.

Podéis entrevistar al personal que trabaja en el centro, seguro que os puede ofrecer datos de interés.

2. Escribid vuestro trabajo en el ordenador procurando que el redactado sea vuestro. Planificad el texto, haced una primera versión que luego revisaréis y corregiréis hasta tener la versión definitiva. Recordad que se trata de un folleto informativo, por lo que tendréis que adaptar los textos y añadir imágenes y otros recursos que faciliten la comprensión.

3. Cuando hagáis vuestra exposición oral, procurad que no sea una lectura. Es preciso que participéis todos los integrantes del grupo. La exposición tiene que ser ordenada, y la voz, alta y clara. Evitad posturas y expresiones vulgares o demasiado familiares. Ensayadla previamente las veces que sea necesario para que podáis expresaros con seguridad.

Material complementario y modelos

Un ejemplo de plano del centro y del recorrido

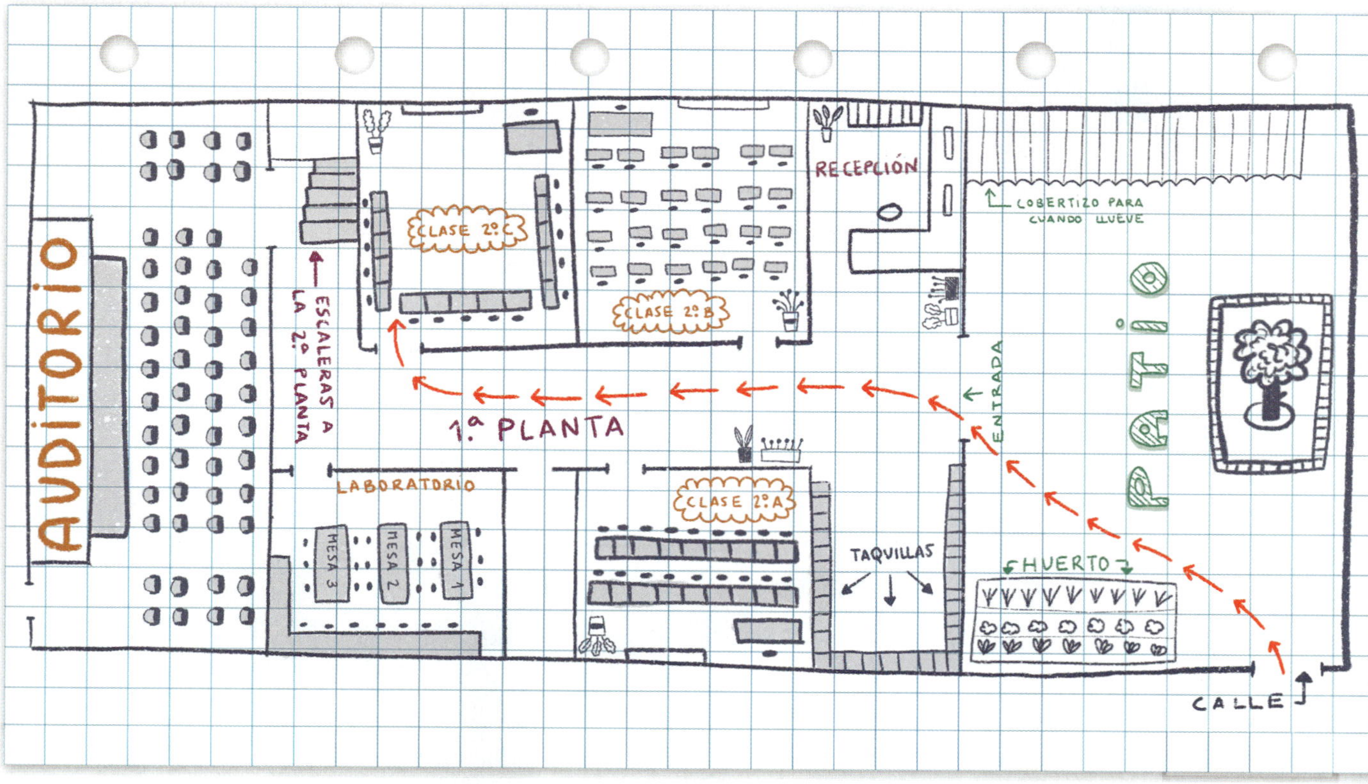

Galería de retratos

Y para hacer vuestra galería de retratos particular, podéis seguir el siguiente ejemplo:

Pieza clave del desarrollo de la medicina familiar y comunitaria como especialidad e impulsora de su docencia en Cataluña.

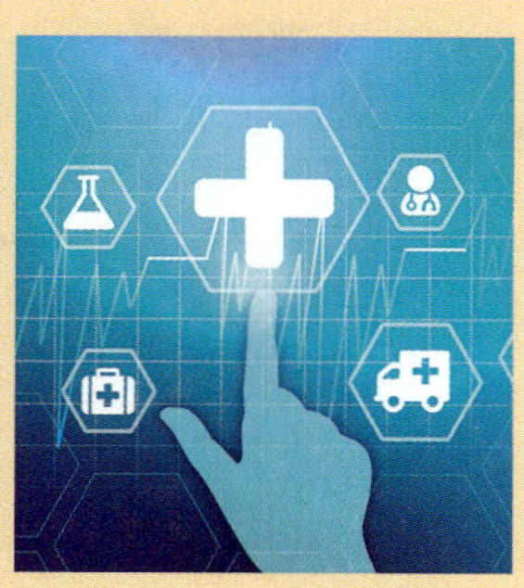

Mati Ezquerra Lezcano

[Sant Boi de Llobregat, 14/07/1961 – Terrassa, 28/01/2011]

« Anterior | Siguiente »

Biografía

Nació en Sant Boi de Llobregat, donde se había establecido su familia, de origen aragonés, y fue la segunda de cuatro hermanas. Perteneció a la primera promoción de alumnos del colegio Llor de esta localidad. Destacó en diversas disciplinas atléticas y fue récord de España como corredora de medio fondo. Fue una joven entusiasta, inquieta, transformadora y vital. Su interés por las personas y su compasión hacia el dolor y el sufrimiento ajeno y cómo paliarlo fueron su guía personal y profesional. Estudió medicina en la Universidad de Barcelona. Recibió el Premio a la Excelencia Profesional en 2009 y figura en la Galería de Metges Catalans del Col·legi de Metges de Barcelona.

UNIDAD 4

Preparamos la lectura

1. ¿Qué tipo de aventura te sugiere el nombre de Guillermo Tell?

2. ¿Con qué país europeo lo relacionas? ¿Habías oído hablar antes de ese personaje y de sus hazañas?

★ PASAR LA FRONTERA

Juega toda la clase.

- Quien dirige el juego piensa una palabra que cumpla una determinada norma. Por ejemplo: *manzana* porque solo tiene la vocal *a*, *flecha* porque empieza por *f*, *arquero* porque tiene tres sílabas, etc. A continuación, da comienzo al juego diciendo: «Yo pasaría la frontera con una *manzana*».
- Por turnos, el resto de los jugadores trata de pasar la frontera diciendo palabras que cumplan dicha norma secreta. A cada uno, el director o la directora del juego le responde: «Pasa la frontera» o «No pasa la frontera».
- Ganará quien adivine la norma en primer lugar, y pasará a dirigir el juego.

» CLUB DE LECTURA

VOCABULARIO

afrenta *f.* Ofensa o humillación.

Uri El cantón de Uri es uno de los veintiséis cantones suizos. Está situado entre el lago de los Cuatro Cantones y el macizo de San Gotardo, en la vertiente norte de los Alpes. Ocupa un territorio muy montañoso, cubierto de bosques y de glaciares.

ducal *adj.* Del duque.

espantajo *m.* Cosa que por su representación o figura causa infundado temor.

ballesta *f.* Arma portátil compuesta de una caja alargada de madera con un canal por donde salen flechas u otros proyectiles impulsados por la fuerza de una cuerda tensada en los extremos de un muelle.

zamarra *f.* Prenda rústica de abrigo, a modo de chaqueta, hecha de piel con su lana o su pelo.

Guillermo Tell

Todos los días corren por las aldeas de la montaña noticias de nuevas desgracias y **afrentas**. Gessler, el orgulloso gobernador de **Uri**, ejerce sobre los duros montañeses suizos la tiranía más odiosa en nombre del Emperador. Insulta a sus mujeres, incendia sus chozas y arrasa sus haciendas y rebaños. [...]

Las húmedas mazmorras aguardan a los hombres libres. Y para probarlos, Gessler ha ordenado colocar en la plaza, en la punta de un palo, el sombrero **ducal**, al que todos deberán saludar respetuosamente, como si fuera el gobernador en persona.

Ante semejante burla los nobles corazones suizos se llenan de ira y de vergüenza. Pero el no obedecer cuesta la vida, y los escasos transeúntes que se ven forzados a atravesar la plaza, hombres, mujeres y niños, tragándose su sonrojo, se descubren y se inclinan ante el **espantajo** de la tiranía.

Guillermo Tell está trabajando en su choza de la montaña, cortando leña para el invierno, mientras sus dos hijos, Gualterio y Guillermo, juegan a su lado. Sueñan con ser cazadores famosos como su padre, y se ejercitan alegres en tirar la **ballesta**. [...] Volviéndose a sus hijos, les dice:

—¡Eh, pequeños!; vuestro padre baja hoy a la ciudad. ¿Quién quiere acompañarle?

En seguida Gualterio deja su juego y corre hacia él:

—Yo iré, padre.

Tell se echa sobre los hombros su **zamarra** de piel, toma su ballesta y sus flechas y emprende el camino con el pequeño Gualterio. [...]

Cuando abandonó su choza, camino de la ciudad, el pequeño Gualterio iba a su lado, lleno de orgullo y alegría. Decía el niño:

—¿Hay países sin montañas de hielo? [...] ¿Por qué no dejamos entonces estas montañas y nos vamos a vivir allá?

—La tierra es fértil y el cielo hermoso. Pero aquellos hombres no son libres. Su tierra es del obispo y del rey. [...]

—Siendo así, padre..., mejor vivir en la montaña. ¿Nosotros somos libres, verdad?

Así hablaban cuando atravesaron la plaza de Altdorf, pasando sin verlo por delante del sombrero ducal alzado en el palo.

De pronto los centinelas detienen a Tell con sus lanzas.

—¡Daos preso, en nombre del Emperador! Ningún hombre pasará por delante de ese sombrero sin rendirle homenaje.

Tell se revuelve contra los centinelas, derribándoles. El niño llora espantado al verles luchar. De todas partes acuden hombres y mujeres del pueblo. Una voz grita:

—¡Plaza al gobernador!

Y Gessler, seguido de su séquito, aparece en la plaza. Va de cacería, con su halcón al puño, en medio de lujosos pajes y escuderos. Se acerca al grupo, y al enterarse de lo sucedido se vuelve al famoso cazador con una sonrisa cruel:

—¿Sabes, Tell, cómo castigo yo a los rebeldes y a los traidores? La fortaleza de Altdorf tiene mazmorras que se honrarán en acogerte para toda la vida. ¿Quién es ese niño que te acompaña?

—Es mi hijo, señor.

—¿Quieres mucho a tu hijo, Tell?

—Con toda el alma, señor.

—¿Y no te daría pena verlo también en la cárcel, en un calabozo subterráneo? Pero no tengas miedo, Tell; yo voy a darte el medio de salvar a tu hijo. ¿No eres tú el más famoso cazador de los Alpes, que jamás yerra el blanco?

—¡Jamás! —contesta el niño lleno de noble orgullo—. Mi padre, a cien pasos, derriba una manzana del árbol.

—Bien, muchacho. Puesto que tu padre es tan hábil, va a dar una prueba de su destreza aquí delante de todos. Toma tu ballesta, gran cazador, y a ver si a cien pasos aciertas a una manzana en la cabeza de tu hijo.

Ante esta bárbara orden los hombres del pueblo retroceden asombrados. Tell siente flaquear su fuerza y sus ojos se nublan.

—¡Eso nunca! —exclama dejando caer su ballesta—. Prefiero morir.

Gessler, desde su caballo, alcanza una manzana de un árbol.

—Vamos, **plebeyos**, despejad el sitio. Cuéntense los cien pasos. ¿Por qué tiemblas, Tell? Será para ti una magnífica hazaña. Pero ten cuidado no te tiemble el brazo, no sea que atravieses la cabeza en vez de la manzana.

—¡No tiembles, padre! —grita entonces Gualterio—. Dadme la manzana; yo esperaré sin miedo la flecha.

—Atadle a ese **tilo** —dice Gessler.

—No, no me atéis. No me moveré, ni pestañearé, ni respiraré siquiera. ¡Tira, padre! [...]

VOCABULARIO

plebeyo, ya *adj.* Perteneciente a la clase social más baja.

tilo *m.* Árbol ornamental de gran altura.

—¡Tira, cobarde! Y aprende que solo tiene el derecho de llevar armas el que sabe usarlas.

Entonces Guillermo Tell se recobra. Mira fríamente al gobernador y pide dos flechas. Guarda una en el pecho y pone la otra en el arco. El niño espera sin temblar en medio de un mortal silencio. Tell tensa la cuerda con firmeza, apunta conteniendo la respiración y la flecha salta limpia atravesando la manzana y va a clavarse temblando en el tronco del tilo.

Un murmullo de admiración y de gozo se levanta en todos los pechos, y Gessler se muerde los labios **despechado**. Tell corre a abrazar al niño, y todo el llanto contenido se le desborda ahora sobre el rostro del hijo.

—Está bien —dice Gessler—. Ha sido un buen tiro. Pero ¿por qué pediste dos flechas?

Tell se vuelve a él mirándole severamente:

—La otra era para ti si hubiera matado a mi hijo. ¡Y esa te juro que no me hubiera fallado!

Por esta respuesta Guillermo Tell ha sido preso y cargado de cadenas. El mismo Gessler le lleva en su barca, abanderada y roja, hacia una lejana fortaleza, donde piensa sepultarle en vida.

Pero una terrible tempestad se desencadena en el lago, y Gessler, **fiando** más en la habilidad de Tell que en la de sus pilotos, manda desatarle y le entrega el timón. [...]

El gran cazador conduce la barca a través de las negras olas y con un rápido viraje la acerca a un **escollo**. Entonces salta con su ballesta a tierra y con el pie da un vigoroso empujón a la barca, que vuelve a internarse en el lago.

De este modo Guillermo Tell se ve nuevamente libre en la montaña. Lleva su ballesta al hombro y en el seno la flecha que guardó al disparar sobre su hijo.

ALEJANDRO CASONA: *Guillermo Tell* (texto adaptado).

VOCABULARIO

despechado *adj.* Resentido.

fiar *v.* Confiar en alguien o en algo.

escollo *m.* Peñasco que está en la superficie del agua o en zona poco visible, y que constituye un peligro para la navegación.

¿SABÍAS QUE...?

El escritor alemán **Friedrich Schiller** escribió en 1803 una obra de teatro sobre el personaje de Guillermo Tell. La obra cuenta la historia del héroe suizo y lo presenta como un luchador por la libertad de su país frente a la opresión. Años después, en 1829, se estrenó la ópera *Guillermo Tell*, basada en la obra de Schiller y con música del compositor **Gioachino Rossini**. La pieza instrumental que sirve de introducción a esta ópera (obertura) es muy popular. Puedes escucharla en el espacio personal de la web *www.barcanova.cat*.

BuScA eN eL tExTo...

Una palabra que signifique: «Conjunto de personas que acompañan a otra relevante de la que son subordinados o a la que se debe respeto».

» ACTIVIDADES

Comprensión de la lectura

1. ¿Cómo se comporta el gobernador Gessler con los montañeses suizos?

2. ¿Con qué intención ha colocado el sombrero ducal en la plaza?

3. ¿Qué está haciendo Guillermo Tell al principio de la historia?

a) Ejercitándose con la ballesta.
b) Preparando su zamarra para ir a la ciudad.
c) Cortando leña para el invierno.
d) Jugando con sus dos hijos.

4. ¿Por qué los centinelas detienen a Guillermo Tell en la plaza de Altdorf?

5. ¿Qué debe hacer Guillermo Tell para evitar que encarcelen a su hijo?

6. ¿Cómo reacciona Guillermo Tell ante la orden del gobernador? ¿Y su hijo?

7. A pesar de lo ocurrido, Gessler manda apresar a Guillermo Tell. ¿Por qué?

8. ¿Cómo termina la historia?

Expresión personal

9. Resume el argumento de la narración en unas diez líneas. Puedes empezar así: «Los habitantes del cantón de Uri viven sometidos a la tiranía del gobernador Gessler...».

10. Señala cuál es el punto de vista narrativo de la lectura:

a) Es un narrador interno, ya que el protagonista cuenta los hechos en primera persona.
b) Se trata de un narrador interno, porque un personaje secundario cuenta los hechos protagonizados por otros.
c) Es un narrador externo omnisciente que cuenta los hechos en tercera persona y conoce todos los detalles del relato.

11. Indica cuáles de los siguientes enunciados se refieren al héroe Guillermo Tell y cuáles tienen relación con el gobernador Gessler:

a) Es vengativo y rencoroso.
b) Ama la libertad.
c) Resulta odioso e impopular.
d) Es torpe y cruel.
e) Es un cazador famoso.
f) Lucha por sus ideales.
g) Le complace humillar a los demás.
h) Es valiente y habilidoso.
i) Despierta admiración.
j) Es un tirano o un déspota.

12. Redacta con tus propias palabras las siguientes frases de la lectura:

a) Todos los días corren por las aldeas de la montaña noticias de nuevas desgracias y afrentas.
b) Las húmedas mazmorras aguardan a los hombres libres.
c) Tu padre va a dar una prueba de su destreza delante de todos.
d) Tell siente flaquear su fuerza y sus ojos se nublan.
e) Gessler se muerde los labios despechado.

13. Escribe el infinitivo de la forma verbal destacada en la siguiente oración y di cuál es su significado:

– ¿No eres tú el más famoso cazador de los Alpes, que jamás **yerra** el blanco?

14. La palabra *viraje* proviene del verbo *virar*, que significa 'cambiar la dirección de un vehículo'. Forma derivados combinando el sufijo *-aje* con cada uno de los siguientes verbos:

montar • espiar • reciclar • arbitrar • maquillar
almacenar • vendar • alunizar • embalar
peregrinar • aprender

15. Investiga por qué Guillermo Tell es considerado un héroe en Suiza. Busca información sobre su leyenda y resúmela. Cuando sea posible, señala las diferencias entre los hechos históricos y aquellos que solo forman parte de la fantasía popular.

16. Por grupos, elaborad un pequeño informe sobre diferentes personajes, reales o imaginarios, de la literatura y del cine, famosos por usar la ballesta o el arco. A continuación, poned en común lo que habéis averiguado.

17. Aunque históricamente se ha practicado el tiro con arco para la caza o la guerra, en la actualidad esta actividad es principalmente un deporte. Averigua en qué consiste.

18. En tu opinión, ¿por qué Guillermo Tell no quiso inclinarse ante el sombrero del gobernador? ¿Crees que con esa actitud puso en riesgo la vida de su hijo? Coméntalo con tu compañero o compañera y redactad una respuesta conjunta.

19. Busca, en la sopa de letras, diez palabras relacionadas con la historia que acabas de leer. Te damos pistas para que las encuentres:

1. Un refrán inglés dice: «One ▮ a day keeps the doctor away», pero la palabra que falta la encontrarás en castellano.
2. Habitantes del país donde transcurre la historia.
3. Sinónimo de *flecha*.
4. El árbol que es testigo de la hazaña de Guillermo Tell.
5. Medio de transporte.
6. Hacia donde conduce la barca Guillermo y que es un sinónimo de *dificultad*.
7. Nombre del hijo que sostendrá la manzana en su cabeza.
8. Animal que acompaña a Gessler.
9. Sinónimo de *celda*.
10. Número de pasos que separan a Guillermo Tell de su hijo.

M	A	N	Z	A	T	A	B	M	A	N
A	T	E	A	S	A	T	A	E	K	L
N	S	U	E	C	O	Z	R	I	H	X
Z	U	L	I	T	M	A	C	L	A	O
A	G	U	A	O	L	G	A	T	L	C
N	T	A	R	T	L	A	Z	L	C	I
A	A	R	Z	I	O	T	O	R	O	E
U	A	C	A	L	A	C	I	E	N	R
S	U	I	Z	O	S	E	P	R	I	T
C	E	R	S	E	L	A	S	M	S	O
G	U	A	L	T	E	R	I	O	L	S

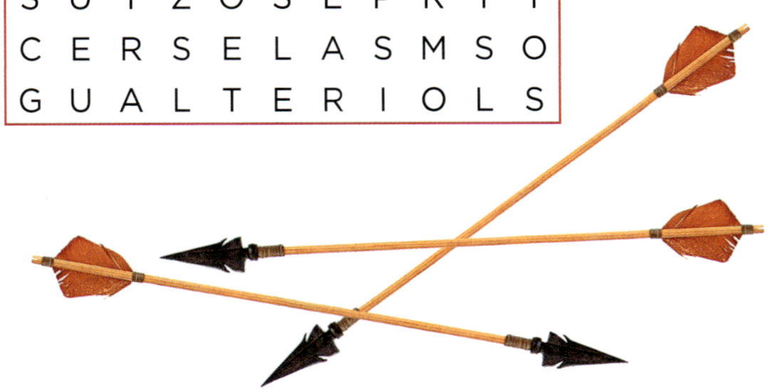

» LENGUA Y SOCIEDAD

1. La argumentación

Los **textos argumentativos** sirven para comunicar una idea u opinión de manera razonada. Por medio de argumentos, se expresa una idea con el objetivo de convencer o persuadir a la persona receptora.

Emitir una opinión es algo que hacemos muy comúnmente; por ello, es muy importante saber argumentarla y que la persona que la escucha o la lee la comprenda.

Utilizamos textos argumentativos cuando queremos defender una idea, expresar nuestra opinión o intentar convencer al receptor sobre algo. Por eso las argumentaciones son muy frecuentes en publicidad, en los artículos de opinión, en ensayos (escritos en los cuales alguien expone sus ideas sobre un tema) y en cualquier tipo de debate.

Los textos argumentativos pueden ser orales o escritos, pero todos ellos deben estar basados en el razonamiento y seguir una lógica.

María quiere que su madre entienda la decisión que ha tomado, y le expone todos sus argumentos razonadamente. No obstante, parece que su madre no está muy de acuerdo... **Imagina una situación cotidiana en la que utilices la argumentación oral**.

Si te imaginas un texto argumentativo como una planta, puedes hacerte la idea de que cuanto más lo 'riegues' con buenos argumentos, más sólido será.

Un texto argumentativo se compone de tres partes fundamentales: la tesis o idea principal, los argumentos y la conclusión.

PARTES FUNDAMENTALES DE UN TEXTO ARGUMENTATIVO	
TESIS	Es la idea principal o la opinión que queremos defender, y en torno a la cual se organiza el texto (suele expresarse al principio, aunque también es posible encontrarla al final).
ARGUMENTOS	Son las ideas que exponemos para afirmar la tesis que hemos planteado, a partir de ejemplos y razonamientos.
CONCLUSIÓN	Es una parte fundamental del texto: resume los argumentos planteados y recoge la idea principal enunciada en la tesis. Una conclusión clara y concisa es fundamental para poder convencer al receptor.

ALGUNOS CONECTORES PARA ORGANIZAR UN TEXTO ARGUMENTATIVO
ARGUMENTOS
porque, por tanto, por ello, por otro lado, por el contrario, en cambio, además, por ejemplo, etc.
CONCLUSIÓN
por último, por consiguiente, en consecuencia, en resumen, en conclusión, etc.

1.1. ¿Cómo redactar un texto argumentativo?

Para escribir una argumentación, es aconsejable preparar un guion antes de empezar a redactar.

En primer lugar, debemos tener clara la **tesis** que queremos defender. Para ello, nos será útil buscar un título que resuma esta idea principal, a ser posible, de forma afirmativa (es decir, destacando los aspectos positivos).

Después, hemos de pensar en los **argumentos** que nos servirán para apoyar nuestra postura. Pueden ser datos extraídos de estudios científicos, noticias, ensayos, etc., o bien, sencillamente, podemos basarnos en nuestra experiencia personal, pero siempre de modo razonado.

Los argumentos suelen redactarse en un orden de menor a mayor importancia. Cada argumento se corresponde con un párrafo, y estos se enlazan por medio de conectores: *por tanto*, *por ello*, *por ejemplo*, *porque*, *en consecuencia*, *además*, *también*, *por otro lado*, *en conclusión*, etc

Fíjate en el siguiente texto argumentativo:

Tesis

La importancia de la amistad

Tener amigos es especialmente importante para una buena salud física y emocional, pero ¿por qué?

Argumentos

Para empezar, nuestras amistades nos hacen sentirnos arropados, es decir, sentimos que a su lado estamos a salvo. Además, la amistad nos permite poner en práctica valores muy positivos como, por ejemplo, la solidaridad o la empatía y, en consecuencia, aumentan nuestro bienestar. Por otro lado, un estudio sobre la importancia de las relaciones sociales realizado por investigadores de la Universidad de Flinders (Australia) afirma que la amistad es capaz de prolongar la esperanza de vida.

Conclusión

En resumen, si la amistad nos proporciona seguridad, nos hace ser mejores personas e incluso es capaz de prolongar nuestra esperanza de vida, resulta muy recomendable tener buenos amigos (y conservarlos).

Como has podido observar en el ejemplo anterior, conviene que el lenguaje de un texto argumentativo sea claro, así como utilizar frases breves y bien ordenadas y emplear los conectores adecuados.

» ACTIVIDADES

20. Lee atentamente el siguiente texto argumentativo y contesta a las preguntas que figuran a continuación:

EL PLÁSTICO AMENAZA EL OCÉANO

No cabe duda de que el plástico ofrece en apariencia excelentes ventajas a nuestra sociedad global e insaciable que vive con tal intensidad el presente que se olvida del futuro. Pero conocemos el lado menos visible de este material moderno y no biodegradable: su invasión de los ecosistemas marinos y su irrupción en la cadena alimentaria. La afirmación de que la cantidad de residuos plásticos del océano bastaría para envolver el planeta obliga a una profunda reflexión, pues estamos ante un desastre ambiental que debería desencadenar cambios legales y de hábitos cotidianos para impedir que este otro monstruo del Antropoceno acabe por engullirnos.

Carta al director de Martí Gassiot, en *National Geographic* (texto adaptado).

a) ¿Cuál es la idea principal o tesis que defiende el autor del texto?
b) ¿Qué argumentos utiliza para defenderla?
c) ¿A qué conclusión llega?
d) Averigua cuál es el significado del término *Antropoceno*. ¿Figura en el diccionario? ¿Por qué?

21. Escoge cuál de los siguientes valores te parece más importante y argumenta por qué. Después, coméntalo con el resto de la clase.

respeto • libertad • honradez
éxito • poder • justicia

22. Entre toda la clase, escoged un tema de actualidad. Redactad individualmente un breve texto argumentativo (de unas 10 líneas) y, por turnos, exponed vuestra opinión ante el resto de la clase.

23. Indica si son verdaderas o falsas las siguientes afirmaciones:

a) Un texto argumentativo sirve para informarnos de un tema.
b) Rara vez utilizamos argumentaciones en la vida cotidiana.
c) La tesis es la idea principal que se defiende en una argumentación.
d) Los datos y ejemplos se utilizan para reforzar la validez de los argumentos.
e) El objetivo de una argumentación es intentar convencer al receptor.
f) Un artículo de opinión es un ejemplo de texto argumentativo.

24. Descifra este mensaje oculto que contiene una frase del gran filósofo griego Aristóteles (s. IV a. C.). ¿Estás de acuerdo con ella? Razona y argumenta tu respuesta.

L4 Q52 C4N M5CH4 TR1B1J4 S2 1DQ532R2 M1S S2 1M1.

25. Lee el siguiente texto y responde a las cuestiones que se plantean a continuación:

Los mercados llenos de cosas vacías

Paseando por los mercados atiborrados de mercancías, Sócrates solía decir:
—¡Hay que ver la cantidad de cosas... que no necesito!

PEDRO GONZÁLEZ CALERO: *Filosofía para bufones*.

a) ¿Qué idea crees que quiso expresar Sócrates con su frase?
b) ¿Qué opinas tú sobre ello? Argumenta tu respuesta.

» TOMA LA PALABRA

Perdona que discrepe

Vas a defender un tema ante un compañero o una compañera que defenderá una postura contraria.

Procedimiento

1. Por parejas, escoged una de las siguientes afirmaciones y decidid quién argumentará a favor y quién en contra (también podéis buscar otros temas de discusión).
   - Vivir en la ciudad es mejor que vivir en el campo.
   - Es preferible hacer deporte al aire libre que en un gimnasio.
   - Los avances en tecnología nos están convirtiendo en personas individualistas.
   - Es mejor comprar en tiendas físicas que en internet.
   - La manera de vestir de una persona te dice cómo es.

2. Preparad vuestra intervención por separado y ensayadla en voz alta.

3. A continuación, y por turnos, cada uno expondrá su postura durante dos o tres minutos. Luego, podréis debatir entre vosotros y, para terminar, dispondréis de un tiempo breve para resumir vuestras ideas. Recordad que no está permitido levantar la voz ni mucho menos molestar u ofender a vuestro interlocutor. El debate debe centrarse en las ideas.

4. Por último, podéis valorar entre toda la clase quién (y por qué) os ha convencido más con sus argumentos.

Para inspirarte...

Berta ha decidido defender la prohibición de las chucherías. Fíjate en sus argumentos:

> Las golosinas o chucherías son productos que, pese a su pequeño tamaño, pueden contener hasta un 70 % de azúcar. En su composición también encontramos gelificantes, espesantes y colorantes que no son otra cosa que calorías vacías. En resumen, las chucherías deberían prohibirse porque son perjudiciales para la salud, especialmente la de su público mayoritario: niños y niñas sin unas nociones claras sobre lo que significa una nutrición saludable.

» LITERATURA

1. La literatura del siglo XII

Durante el siglo XII, el estamento social más importante desde el punto de vista cultural es el **clero**. En los monasterios, los monjes desarrollan una importante labor: copiar y conservar manuscritos, pues prácticamente son los únicos que saben leer y escribir. De esta forma, la Iglesia se convierte en el foco cultural más importante de la época.

Por otro lado, la gran influencia que ejerce la Iglesia hace que la mentalidad dominante sea totalmente **teocéntrica**, es decir, Dios es el centro de todo y todo gira en torno a él.

El desarrollo de las lenguas romances supone también el desarrollo definitivo de obras literarias en estas lenguas (castellano, catalán y gallegoportugués; un siglo antes ya existían las **jarchas**, en mozárabe). El principal género literario que se cultiva en este período es la **épica**, constituida por poemas llamados **cantares de gesta** porque narraban las hazañas (gestas) de algún caballero considerado un héroe.

La Iglesia fue uno de los estamentos más poderosos durante la Edad Media. Su gran influencia también se vio reflejada en la vida cultural de la época.

1.1. Los juglares y el mester de juglaría

Los **juglares** eran artistas ambulantes que actuaban en castillos, plazas y mercados. Además de hacer acrobacias, malabarismos y bailes, los juglares recitaban o cantaban todo tipo de cancioncillas y cantares de gesta, que previamente aprendían de memoria. Así, los juglares se convirtieron, sin pretenderlo, en difusores de la cultura. Tras finalizar su actuación, recibían su recompensa: dinero, comida, bebida, ropa, etc.

Los **cantares de gesta** estaban basados en sucesos históricos o en leyendas que seguramente el pueblo conocía, pero sus autores no pretendían componer obras históricas, sino artísticas; de ahí que se crearan en verso. Desconocemos el nombre de estos juglares, y tampoco podemos saber si componían sus obras o si recitaban y cantaban las de otras personas. Así pues, los cantares de gesta se consideran **anónimos**.

La corriente literaria que cultivan los juglares se denomina **mester de juglaría** u **oficio de juglares** (la palabra *mester* proviene del latín *ministerium*, que significa 'oficio'). Las obras creadas, cantadas o recitadas por ellos reciben el nombre de **obras juglarescas**.

Los cantares de gesta se recitaban o cantaban, acompañándose de algún instrumento musical, ante un grupo de personas, por lo que su transmisión era oral. Tenían como finalidad entretener al auditorio, ensalzar la figura de algún héroe, considerado como modelo de comportamiento, y proporcionar información sobre hechos históricos que se producían en la época.

BARCANOVA EDITORIAL

1.2. La épica española. El *Cantar de Mio Cid*

La épica española suele tratar temas históricos o legendarios de carácter bélico, lo cual no es de extraño, dada la situación de guerra que se vivía en la época entre los distintos reinos cristianos y contra los musulmanes durante la Reconquista.

Aunque sabemos que existieron otros, el único cantar de gesta conservado casi en su totalidad es el ***Cantar de Mio Cid*** (le falta una página al principio y dos en el interior del poema). También se conservan fragmentos del *Cantar de Roncesvalles*; y se tiene constancia de otros que se han perdido: *Cantar de los siete infantes de Lara*, *Cantar de Fernán González*, etc.

El *Cantar de Mio Cid* narra las hazañas del caballero castellano **Rodrigo Díaz de Vivar** (hacia 1044-1099), personaje histórico que sirvió al rey Alfonso VI y que tuvo un papel muy destacado en la Reconquista.

¿SABÍAS QUE...?

El manuscrito del *Cantar*, conservado en la Biblioteca Nacional de Madrid, es una copia del siglo XIV. Sin embargo, al final del poema puede leerse que lo escribió **Per Abbat** en **1207**. Muchos investigadores han estudiado la obra y no hay unanimidad ni sobre la fecha de composición ni sobre su autor.

La estructura y el argumento del *Cantar*

El *Cantar de Mio Cid* está dividido en tres partes: *Cantar del destierro*, *Cantar de las bodas* y *Cantar de la afrenta de Corpes*.

- ***Cantar del destierro***. Rodrigo ha sido acusado injustamente ante el rey Alfonso VI por algunos caballeros enemigos. El monarca destierra al héroe, que debe abandonar Castilla. Deshonrado socialmente, el Cid deja a su esposa, Jimena, y a sus hijas en el monasterio de Cardeña (Burgos) y parte con sus hombres. Lleva a cabo una intensa actividad guerrera con numerosas victorias. Tras cada una de ellas, envía regalos al rey para recuperar su confianza.
- ***Cantar de las bodas***. El Cid conquista Valencia y ofrece la ciudad al rey Alfonso, que, finalmente, le perdona y acuerda los matrimonios de las hijas del héroe, Elvira y Sol, con los Infantes de Carrión. El Cid recupera la honra perdida.
- ***Cantar de la afrenta de Corpes***. El Cid sigue obteniendo victorias, a la vez que sus yernos acumulan resentimiento contra él debido a las burlas de que son objeto por sus muestras de cobardía. Tras solicitar y obtener permiso del Cid, parten con sus esposas a sus tierras en Carrión. En el robledal de Corpes deciden vengarse del Cid y golpean brutalmente a sus esposas. Dándolas por muertas, las abandonan allí. Rodrigo, nuevamente deshonrado, pide justicia al rey, que convoca cortes en Toledo. Los hombres del Cid derrotan a los infantes de Carrión, y el rey, por su parte, anula los matrimonios de doña Elvira y doña Sol y las casa con los infantes de Navarra y Aragón. El héroe vuelve a recuperar su honra.

En la imagen se representa el momento en que el Cid, que ha sido desterrado por el rey Alfonso VI, se despide de sus hijas y de su esposa Jimena en el monasterio de Cardeña.

La métrica

El *Cantar* consta de más de **tres mil setecientos** versos **polimétricos** (de diferente medida), distribuidos en tiradas de extensión variable, **monorrimas** (con la misma rima) en **asonante**. Cuando cambia la rima, empieza una nueva tirada. Los versos suelen presentar una pausa o cesura en el medio, que los divide en dos partes, llamadas **hemistiquios**.

El tema

El tema del *Cantar* es la **pérdida y progresiva recuperación de la honra**. En efecto, el Cid por dos veces se ve afrentado en su honor: primero, socialmente, al haber sido acusado injustamente y desterrado de Castilla; en segundo lugar, individualmente, con la afrenta a sus hijas. Toda la actividad del héroe irá encaminada a recuperar la honra perdida, lo que conseguirá primero al obtener el perdón real y, posteriormente, mediante los nuevos matrimonios de sus hijas con los infantes de Navarra y Aragón.

Rasgos lingüísticos

Muchos de los rasgos lingüísticos del *Cantar* están condicionados por el hecho de que es una obra destinada al canto y a la recitación oral. En el siguiente recuadro, se recogen los rasgos lingüísticos más destacados:

¿SABÍAS QUE...?

El *Cantar* es una obra realista. El Cid, Rodrigo Díaz de Vivar, es un personaje histórico y muchos de los episodios que se cuentan en la obra sucedieron realmente (la acusación y el destierro del Cid, la conquista de Valencia, etc.). Pero, junto a estos, también hay pasajes inventados (como las bodas de las hijas del Cid con los infantes de Carrión). En cualquier caso, uno de los rasgos fundamentales del *Cantar* es su **realismo** y la ausencia casi total de elementos fantasiosos, lo que hace que la obra sea **verosímil**, creíble. Es verdad que se presenta a un héroe idealizado, un modelo de caballero por sus virtudes; pero también se muestra su lado humano, sus sentimientos.

PRINCIPALES RASGOS LINGÜÍSTICOS DEL *CANTAR DE MIO CID*

Continuas llamadas a los oyentes.	*Yacía sobre un escaño, dormía el Campeador,* *un suceso inesperado* ***sabed*** *que aconteció.*
Uso de fórmulas propias de la lengua oral.	*Una vez hecho esto,* ***oiréis*** *lo que hablaba.*
Supresión de verbos introductorios (*decir*, *contestar*...).	*Todas estas ganancias consiguió el Campeador;* *—¡Doy gracias a Dios, que del mundo es señor!*
Alternancia de tiempos verbales.	***Inclinó*** *las manos el de la barba vellida,* *a sus hijas en brazos las* ***cogía****,* *se las* ***apretó*** *contra su corazón, pues mucho las* ***quería****;* ***llora*** *de los ojos, y fuertemente* ***suspira****.*
Uso de exclamaciones valorativas.	*¡Dios, qué buen vasallo, ojalá tuviese un gran señor!* *¡Dios, qué alegre estaba el abad don Sancho!*
Alternancia de narración y diálogo.	*Lo recibió el Cid, abiertos ambos brazos:* *—¡Venid, Martín Antolínez, mi fiel vasallo!* *Ojalá llegue el día en que de mí recibáis algo.* *—Vengo, Campeador, con todo a buen recaudo;* *vos seiscientos y yo treinta he ganado.*
Abundancia de epítetos épicos (fórmulas que sirven para caracterizar a un personaje).	*Habló mio Cid,* ***el que en buena hora ciñó espada****.* *Dijo Martín Antolínez,* ***el burgalés natural****.*

» ACTIVIDADES

26. ¿Cuál es el foco cultural más importante de la Edad Media?

27. Los encargados de copiar los textos literarios eran...

a) los juglares.
b) los nobles.
c) los monjes.
d) el pueblo llano.

28. ¿A qué se dedicaban los juglares? ¿Cuál era su función social?

29. Di si las siguientes afirmaciones son verdaderas o falsas:

a) La sociedad medieval es teocéntrica.
b) Los poemas épicos tratan temas amorosos.
c) Los cantares de gesta los recitaban o cantaban los juglares.
d) Los autores de los cantares de gesta eran monjes.

30. Responde a las siguientes preguntas:

a) ¿De qué trataban los cantares de gesta?
b) ¿Qué sabemos de sus autores?
c) ¿Eran obras en prosa o en verso?
d) ¿Cuáles son sus principales características?

31. Localiza, en la siguiente sopa de letras, los siguientes nombres relacionados con el *Cantar de Mio Cid*:

Rodrigo
Cid
Jimena
Elvira
Sol
Tizona
Alfonso VI
Álvar Fáñez
robledal de Corpes
Carrión
Valencia
infantes
Colada
Martín Antolínez

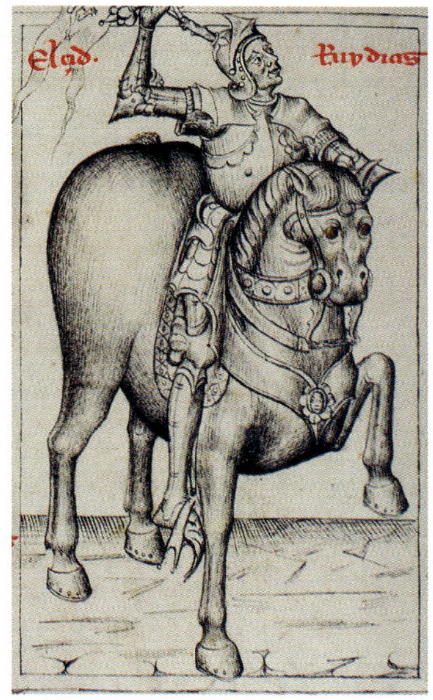

C	R	Q	A	L	V	A	R	F	A	Ñ	E	Z	B	O	A
A	I	H	F	R	E	D	H	N	O	M	K	G	I	R	N
L	M	E	A	R	O	T	O	D	A	K	O	H	S	V	A
N	J	M	M	A	G	Z	G	A	J	D	A	L	O	I	I
C	U	A	S	J	I	O	J	A	I	C	N	E	L	A	V
A	M	L	O	T	R	M	U	L	M	A	B	I	A	R	O
R	O	B	L	E	D	A	L	D	E	C	O	R	P	E	S
R	V	G	O	M	O	D	E	F	N	A	I	G	O	M	N
I	P	O	G	A	R	I	M	I	A	V	L	E	F	B	O
O	P	N	I	U	I	S	C	O	L	A	D	A	I	E	F
N	I	I	N	F	A	N	T	E	S	K	I	D	O	R	L
P	M	P	K	G	Y	P	A	P	M	O	C	A	N	B	A
M	A	R	T	I	N	A	N	T	O	L	I	N	E	Z	O
E	D	Y	C	O	L	K	E	I	B	X	U	Ñ	E	B	L

32. ¿Qué característica propia de los cantares de gesta se aprecia en los siguientes versos del *Cantar de Mio Cid*?

- Mio Cid Ruy Díaz   oiréis lo que dijo:
- Oíd qué dijo   Minaya Álvar Fáñez;
- Fernán González   en pie se levantó;
  con altas voces,   oiréis lo que habló:
- Allí vierais tantas lanzas   bajar y levantar,
  tantas adargas   horadar y traspasar.

33. El Cid ha sido desterrado de Castilla por el rey Alfonso VI. Antes de abandonar sus tierras, vuelve la cabeza para mirar sus palacios, que tienen las puertas abiertas porque en ellos ya no queda nada. Lee los primeros versos del *Cantar de Mio Cid* en su versión original (verás su adaptación a continuación) y contesta las preguntas que se formulan.

De los sos ojos tan fuertemientre llorando,
tornava la cabeça e estávalos catando.
Vio puertas abiertas e uços sin cañados,
alcándaras vazías, sin pielles e sin mantos,
e sin falcones e sin adtores mudados.
Sospiró mio Cid, ca mucho avié grandes cuidados,
fabló mio Cid bien e tan mesurado:
—¡Grado a ti, Señor, Padre que estás en alto!
¡Esto me an buelto mios enemigos malos!

Con lágrimas en los ojos, muy fuertemente llorando,
la cabeza atrás volvía y quedábase mirándolos.
Y vio las puertas abiertas, y cerrojos quebrantados,
y vacías las alcándaras sin las pieles, sin los mantos,
sin sus pájaros halcones, sin los azores mudados.
Suspiró entonces el Cid, que eran grandes sus cuidados.
Habló allí como solía, tan bien y tan mesurado:
—Gracias a ti, Señor Padre, Tú que estás en lo más alto,
los que así mi vida han vuelto, mis enemigos son, malos.

Versión de Francisco López Estrada.

a) Mide los versos y comprueba su polimetría. ¿Qué tipo de rima presentan?
b) Según el Cid, ¿a qué se debe su destierro de Castilla?

34. Indica cuál es la opción correcta para completar la siguiente frase:

- El tema del *Cantar de Mio Cid* es...

a) el matrimonio de sus hijas.
b) la guerra contra los musulmanes.
c) la pérdida y la recuperación de la honra del Cid.
d) la cobardía de los infantes de Carrión.

35. En los cantares de gesta son muy abundantes las escenas de batallas. Lee el siguiente fragmento y contesta a las preguntas que se plantean a continuación:

A Minaya Álvar Fáñez matáronle el caballo,
bien lo socorren **mesnadas** de cristianos.
La lanza ha quebrado, a la espada echó mano,
y aunque a pie buenos golpes va dando.
Lo vio el Cid Ruy Díaz el castellano,
se acercó a un **alguacil** que llevaba un buen caballo,
le dio tal golpe con la espada con su diestro brazo
que lo partió por la cintura, y la mitad del cuerpo [cayó al campo.
A Minaya Álvar Fáñez iba a darle el caballo:
—Cabalgad, Minaya, vos sois mi diestro brazo.

VOCABULARIO

mesnada *f.* Compañía o grupo numeroso de gentes de armas.

alguacil *m.* Oficial del ejército musulmán.

a) ¿Qué rasgo físico del Cid destaca el autor del *Cantar*? ¿De qué manera lo hace?
b) También se aprecia un rasgo de su carácter. ¿Cuál? ¿En qué puedes verlo?

36. ¿A quién se dirige el juglar con las formas verbales destacadas en los siguientes versos? ¿Qué conclusiones se pueden sacar?

- Mio Cid ganó a Alcocer, **sabed**, con esta treta.
- Alegre se puso el rey, como nunca **habéis** [**visto** igual.
- Los infantes de Carrión, **sabed** allí estuvieron [presentes.
- Por muertas las dejaron, **sabed**, que no por [vivas.

37. ¿Qué rasgos del Cid destacan en los siguientes fragmentos?

A

—¡Doy las gracias al Creador y al Padre espiritual,
todo el bien que poseo delante de mí está!
Con afán gané Valencia y la tengo por heredad,
a no ser muerto no la podré dejar.
¡Doy gracias al Creador y a Santa María Madre
porque a mis hijas y a mi mujer conmigo las [tengo acá!

B

Mio Cid y sus hombres cabalgan muy deprisa;
la cara del caballo volvió a Santa María,
alzó su mano diestra, la cara se santigua.

38. ¿Qué recurso lingüístico propio de la épica se da en los siguientes versos?

- Viéndolo los de Alcocer, ¡Dios, cómo se [alegraban!
- ¡Dios, qué bueno es el gozo en esta mañana!
- Andaba mio Cid sobre su buen caballo,
  la cofia arrugada, ¡Dios, cómo es bien [barbado!

39. Identifica los epítetos épicos de los siguientes versos. ¿A quién se refieren?

- A grandes voces llama el que en buena [hora nació.
- Mucho nos afinca (aprieta, exige) el que [Valencia ganó

40. ¿Qué característica propia de los cantares de gesta se aprecia en los siguientes versos?

a) ¡Dios, cómo es alegre la barba vellida (hermosa)!

b) ¡Dios, cómo fue el Cid pagado y tuvo gran [alegría!

41. Tras la afrenta de Corpes, el Cid pide justicia al rey. Este convoca cortes en Toledo y declara nulos los matrimonios de las hijas del Cid. Los infantes, Diego y Fernando, deben devolver la dote recibida. Además, Pedro Bermúdez y Martín Antolínez, hombres de confianza del Cid, los retan en combate singular. Bermúdez vence a Fernando y Antolínez, a Diego. Lee el siguiente fragmento y escríbelo en prosa con tus propias palabras.

Martín Antolínez y Diego González se hirieron [con las lanzas,
los golpes fueron fuertes que se les quebraron [ambas.
Martín Antolínez echó mano a su espada
(relumbra todo el campo, tan limpia es y tan clara),
le lanzó un golpe, de través le daba,
una parte del casco a un lado se le echaba,
las correas del yelmo todas se las cortaba,
le descubrió el **almófar**, hasta la **cofia** llegaba,
la cofia y el almófar todo se lo arrancaba,
le raspó los pelos de la cabeza, y hasta la carne [llegaba,
una parte cayó al campo y otra encima se [quedaba.
Cuando este golpe ha herido Colada la apreciada,
Diego González vio que no escaparía con [el **alma**.

VOCABULARIO

almófar *m.* Capucha de cota de malla que quedaba bajo el casco, para proteger la cabeza.

cofia *f.* Especie de capucha de tela que servía para proteger la cabeza del roce de la cota de malla.

alma *f.* Aquí se refiere a la vida.

» GRAMÁTICA

1. El sintagma nominal

El **sintagma nominal** (SN) es un grupo sintáctico cuyo núcleo es un **nombre**. Además, puede llevar determinantes (Det.) y complementos del nombre (CN). Su estructura puede ser:

SN → Det. + N + CN *La ciudad de la luz.*
Det. N CN

Además de la anterior, el SN también puede tener otras estructuras. Por ejemplo:

SN → N *París es una ciudad acogedora.*
N
SN

SN → Det. + N *La ciudad es muy cosmopolita.*
Det. + N
SN

1.1. El núcleo del SN

El núcleo del sintagma nominal (SN) es un **nombre o sustantivo**. En los ejemplos anteriores, hemos visto que los sustantivos *ciudad* o *París* ejercen de núcleos del SN. También pueden ser núcleo del SN los siguientes tipos de palabras:

- Un **pronombre**: ***Ella*** *siempre me ha ayudado.* ***Vosotros*** *conocéis la verdad.*
- Un **infinitivo**: ***Caminar*** *es saludable.* ***Estudiar*** *te ayudará.*
- Una **palabra sustantivada**: *El* ***rojo*** *es mi color preferido. Oímos un* ***ay*** *sobrecogedor.*

Algunas palabras pueden sustantivarse anteponiéndoles un determinante. Así, el adverbio *ayer* equivale a un sustantivo en *El* ***ayer*** *nunca volverá*; el adjetivo *esencial* es un sustantivo en *Lo* ***esencial*** *es mantener la calma.*

1.2. Los determinantes del núcleo del SN

Los **determinantes** son palabras que preceden al nombre concretándolo, determinándolo o delimitando su extensión. Hay diferentes tipos de determinantes: artículos, demostrativos, posesivos, cuantificadores, relativos, interrogativos y exclamativos. Concuerdan con el sustantivo en género y número.

Mi (singular) ***hermana*** *vive en Roma.* / *Los* (masculino plural) ***ascensores*** *se averiaron.*

A veces, un nombre puede llevar más de un determinante: *Todos mis* (masculino plural) *amigos* (masculino plural) *estudian inglés.*

BARCANOVA EDITORIAL

No debemos confundir los determinantes, que preceden al nombre, con los pronombres, que sustituyen a este o al sintagma nominal.
*Perdí **la*** (determinante artículo) *cartera y un compañero **la*** (pronombre) *encontró en el parque.*

1.3. Los complementos del nombre

Los **complementos del nombre** o sustantivo (CN) completan el significado del nombre aportando más información. Obsérvalo en el ejemplo:

El libro → SN: Det. + N
Det. N
SN

El libro de la biblioteca → SN: Det. + N + CN
Det. N CN
SN

PALABRAS O GRUPOS DE PALABRAS QUE PUEDEN SER CN	
Un adjetivo. Puede ir delante o detrás del nombre y concuerda con él en género y número.	*Un coche **pequeño**.* *Un **buen** amigo.*
Un sustantivo (en aposición). Suele ir detrás del nombre y a veces se escribe entre comas.	*Mi amigo **Luis**.* *Pedro, **mi vecino**.*
Un sintagma preposicional. Es un SN precedido de una preposición.	*El partido **de fútbol**.* *Un café **con leche**.*
Una oración subordinada de relativo. Va introducida por un relativo (*que*, *quien*, *cuyo*, *el cual*, etc.).	*La película **que vi ayer** es muy aburrida.* *Ya he leído el libro **que me dejaste**.*

También los adjetivos y algunos adverbios pueden llevar complementos. Ejemplos:

*Germán es **aficionado*** (Adj.) *a todos los deportes*. (CAdj.)
*El colegio está **cerca*** (Adv.) *de mi casa*. (CAdv.)

2. Funciones del sintagma nominal

El sintagma nominal (SN) puede realizar diversas funciones en la oración, como estudiaremos más adelante. Lee la información de la siguiente tabla:

FUNCIONES	EJEMPLOS
SUJETO	***La luna** lucía espléndida anoche.*
ATRIBUTO	*Ese artefacto es **un peligro**.*
COMPLEMENTO DIRECTO	*Hemos visto **una película de terror**.*
COMPLEMENTO CIRCUNSTANCIAL	*Su carta me ha llegado **esta mañana**.*
COMPLEMENTO PREDICATIVO	*Han nombrado a Fátima **delegada de curso**.*
COMPLEMENTO DE RÉGIMEN (con preposición)	*Aún me acuerdo **de mi profesor de Filosofía**.*
COMPLEMENTO AGENTE (con preposición *por*)	*Estos olivos fueron plantados **por mi abuelo**.*

» ACTIVIDADES

42. Señala el núcleo de los sintagmas nominales que se encuentran en la maleta roja. Fíjate en el ejemplo:

43. Completa con un sustantivo los sintagmas nominales destacados de estas oraciones:

a) **Este frondoso ■** muestra las principales especies de la flora autóctona.
b) **La hermosísima ■ de Gran Canaria** es un continente en miniatura.
c) El yen es **la potente ■ japonesa**.
d) **Un moderno y flamante ■** los llevó al centro de la ciudad.
e) Tomaré **un refrescante ■ de agua** y **un ■ de ensaladilla**.
f) **La ■ de Hiroshima** fue víctima del primer bombardeo atómico de la historia.
g) Dejaron **la ■** abierta de par en par para que se ventilara la habitación.

44. Localiza los sintagmas nominales del siguiente texto e indica cuál es su núcleo:

> Hoy hemos ido a Chatou a ver a la abuelita Josse, la madre de papá, que lleva dos semanas en una residencia de ancianos. Papá la acompañó cuando se instaló allí, y esta vez hemos ido todos juntos a verla. La abuelita ya no puede vivir sola en su caserón de Chatou: está casi ciega, tiene artrosis, ya casi no puede andar ni sostener nada en las manos y se asusta en cuanto se queda sola. Sus hijos (papá, mi tío François y mi tía Laure) intentaron solucionar el asunto con una enfermera privada, pero no podía quedarse con ella las veinticuatro horas del día.
>
> MURIEL BARBERY: *La elegancia del erizo.*

45. Señala los determinantes de los sintagmas nominales subrayados e indica de qué clase son. Por ejemplo:

El nuevo entrenador llegará mañana.
Det (artículo)

a) Mi abuela materna vivió en Francia.
b) A los dieciocho años estuve dos semanas en Nueva York.
c) Todos los asistentes al curso recibieron un certificado.
d) Estos árboles de la orilla del río son álamos.
e) Este verano trabajaré en la recolección de la fruta en mi pueblo.
f) El avión realizó un aterrizaje de emergencia.

46. Escribe la estructura de los sintagmas nominales destacados en el ejercicio anterior.
Ejemplo: *El nuevo entrenador llegará mañana.*
→ Det. + Adj. (CN) + N

BARCANOVA EDITORIAL

47. Completa con determinantes los espacios señalados con un cuadratín de color e indica su clase. Fíjate en el ejemplo:

Celebraron ▮ baile en ▮ plaza.
*Celebraron **un*** (artículo indeterminado) *baile en **la*** (artículo determinado) *plaza.*

a) ▮ sol ya se ponía y ▮ agradable brisa refrescó ▮ habitación.
b) He recuperado ▮ álbum de fotos de ▮ padres en ▮ cajón de ▮ cómoda.
c) ¡▮ sorpresa tan agradable! No esperaba que vinieras ▮ verano.
d) ▮ autocar hizo varias paradas porque ▮ pasajeros se marearon.
e) ▮ días he llegado a leer ▮ novelas.
f) ▮ días fueron inolvidables: aprobé ▮ ▮ curso y conocí a ▮ pareja.

48. Di si son determinantes o pronombres las palabras destacadas en cada oración:

a) **Tú** debes preocuparte de **tu** salud.
b) Los problemas de **mi** trabajo solamente me atañen a **mí**.
c) **Los** pantalones me quedan cortos; **los** devolveré mañana.
d) **La** casa de mis abuelos **la** han construido con materiales reciclados.
e) **El** cartero se traslada de barrio; **él** mismo me lo ha dicho.
f) **Lo** importante es vivir, pero a veces **lo** olvidas.

49. Completa con adjetivos los sustantivos destacados en las siguientes oraciones:

a) ¿Tomarás **leche** entera o ▮?
b) En este concesionario venden **coches** nuevos y ▮.
c) De este manantial de montaña brotaba un **agua** limpia y ▮.
d) Este *rally* es una **prueba** arriesgada y ▮.
e) La **trenza** rubia y ▮ le llegaba a la cintura.
f) Su rostro no tenía casi arrugas, tenía una **piel** suave y ▮.
g) Hemos pasado dos **días** ▮ en un ▮ **apartamento** en la playa.

50. Di de qué tipo son los complementos del nombre destacados de las siguientes oraciones y señala a qué nombre complementan. Ejemplo:

*El bolsillo del abrigo **marrón** está desgarrado.*
SAdj

a) La casa **de mis abuelos** está en un valle.
b) Alfredo, **el conserje**, es muy atento.
c) Los propietarios **de la finca** están muy preocupados por la seguridad.
d) He perdido el reloj **que me regaló mi madre**.
e) Lina ha cortado varias rosas **rojas** del rosal **del jardín**.
f) El **viejo** ordenador **de sobremesa** ha dejado de funcionar definitivamente.

51. Escribe al menos tres adjetivos que puedan calificar a cada uno de los siguientes sustantivos. Fíjate en el ejemplo:

***teléfono**: fijo, móvil, inalámbrico, nuevo...*

a) cabello
b) llamada
c) agua
d) piel
e) montaña
f) música
g) ojos
h) noche

52. Copia los sintagmas nominales destacados en estas oraciones, identifica los complementos del nombre (CN) y di a qué nombre complementan. Por ejemplo:

***La bolsa de tela** es preciosa.*

a) En las comidas tomo **agua con limón**.
b) Ella es **la bibliotecaria del departamento**.
c) **El primer programa de televisión** empieza a las siete de la mañana.
d) En este restaurante sirven **una dorada a la sal extraordinaria**.
e) **Todos los trajes del armario** están arrugados.
f) **El mantel de flores de la mesa del salón** es una preciosidad.
g) Los anfitriones usaron **una fina vajilla de porcelana china**.

» LÉXICO

1. La homonimia

Las **palabras homónimas** se escriben de forma idéntica o parecida y se pronuncian igual, pero tanto sus orígenes como sus significados son distintos. Fíjate en el ejemplo:

VACA Del lat. *vacca*.
1. *f.* Hembra bovina adulta.

BACA Del fr. *bâche*, y este del galo **bascanda*.
1. *f.* Portaequipajes.

Observa que, aunque se pronuncian del mismo modo y se escriben de forma parecida, *vaca* y *baca* son palabras distintas. Se trata de **palabras homónimas**.

Y ahora observa este otro ejemplo:

sobre[1] *prep.* Encima de.

sobre[2] *m.* Cubierta de papel en que se incluye una carta.

También se trata de dos palabras homónimas (tienen distinto significado, pero suenan igual). Fíjate que, en este caso, además, tienen la misma grafía.

A partir de los ejemplos anteriores, se puede deducir que las palabras homónimas pueden ser:

- **Homógrafas**: cuando se escriben igual (*sobre*).
- **Homófonas**: cuando se pronuncian del mismo modo, pero existe un pequeño cambio en su grafía (*vaca* y *baca*).

Las palabras homógrafas figuran en el diccionario en entradas diferentes, una detrás de otra y numeradas.

Es frecuente que las palabras homónimas pertenezcan a categorías gramaticales distintas. Por ejemplo, *bello* es un adjetivo (***bello*** *paisaje*) y ***vello*** un sustantivo ('pelo').

A veces, un grupo de palabras se puede pronunciar del mismo modo que una sola. En estos casos, las consideramos expresiones homónimas:
A ver *si nos vemos pronto, lo pasaremos bien.*
Haber *ido al hospital le salvó la vida.*
Va a haber *que decirle la verdad de una vez por todas.*

» ACTIVIDADES

53. De entre las palabras homónimas que te ofrecemos, escoge en cada caso la adecuada según el contexto:

savia / sabia

a) Es una persona muy ▮; siempre reflexiona antes de hablar.

b) La ▮ de las plantas transporta los nutrientes que estas necesitan.

vaca / baca

c) Sube tu equipaje a la ▮, ya no queda espacio en el maletero.

d) En la casa rural sirven leche de ▮ recién ordeñada.

baya / vaya / valla

e) ¡▮, otra vez he vuelto a olvidarme las llaves en la oficina!

f) No queda ni una sola ▮ de todas las que recogimos en el bosque.

g) Tuve que saltar la ▮ para poder acceder a la pista de patinaje.

hay / ay

h) ¡▮ una cola enorme para entrar en la sala de teatro!

i) ¡▮, ayúdame a levantarme, me he torcido el tobillo!

hojear / ojear

j) Le gusta ▮ el periódico antes de leerlo en profundidad.

k) Desde este mirador, puedes ▮ la playa y parte del puerto.

54. Completa la siguiente conversación telefónica entre dos amigas con la forma correcta (*a ver* o *haber*) de esta pareja de homónimos:

—¡Hola, Lidia! ¿Te vienes al cine esta tarde?
—No sé, ▮ si me da tiempo de acabar lo que estoy haciendo. ¿Qué película vais ▮?
—Una de ciencia ficción. Después va a ▮ una fiesta en casa de Jaime, podríamos ir.
—Suena bien, ¡▮ si puedo acabar!
—Seguro que sí, tiene que ▮ alguna manera.

55. Piensa tres parejas de palabras homónimas y escribe una oración con cada una de ellas. Indica si son homógrafas u homófonas.

56. Escribe una oración con cada una de las siguientes palabras homónimas de manera que se muestre cómo sus significados son distintos. Fíjate en el ejemplo:

*¿**Vale** (del verbo valer) el **vale** (papel que da derecho a lo que consta en él)?*

tiro • viste • dado • traje • zarpa • bonito • piñón

★ LUDOLENGUA

57. Palabras dobles. ¿Cuántas palabras hay?

Ahora vuelve a contarlas, porque, si te fijas bien, hay el doble de palabras de las que has contado a primera vista.

» ORTOGRAFÍA

1. Uso de las mayúsculas

A continuación, encontrarás las principales normas de uso de la letra mayúscula. Recuerda que la letra mayúscula se acentúa si así lo exigen las normas de acentuación. Además, conviene tener en cuenta que se escriben con mayúscula inicial:

- Todos los **nombres propios**: nombres y apellidos de persona; nombres de países, de estrellas, de planetas...; y también los puntos cardinales:
  Antonia González, Everest, Los Ángeles, América, Mercurio...
- Los nombres de **instituciones**, los nombres de **divinidades** y los de **festividades** religiosas, así como los **apodos**:
  Fondo Monetario Internacional, Apolo, Navidad, Alfonso X el Sabio...
- La primera letra de los **títulos de obras** literarias y artísticas:
  La vuelta al mundo en ochenta días.
- La **primera palabra** de cualquier texto y la que se escribe **después de punto**:
  Érase una vez... Imagínate lo que viene después.
- **Después de los dos puntos** al inicio de una carta y cuando se citan **palabras textuales**:
  Estimado vecino:
  Le adjuntamos la convocatoria de la reunión de vecinos que tendrá lugar el próximo día 8 de enero.
  Hay un refrán que dice: «Más vale malo conocido que bueno por conocer».
- Después de los **signos de interrogación y exclamación**:
  ¿Adónde has ido? He ido a casa y he vuelto.
  ¡Qué alegría! No me imaginaba que todo acabaría tan bien.

Se suele abusar del uso de la mayúscula.

- Como explica la Fundéu (Fundación del Español Urgente), se escriben con minúscula los nombres comunes, aunque se utilicen para formar una sigla, una abreviatura o un símbolo. Por ejemplo: *ODS* (**o**bjetivos de **d**esarrollo **s**ostenible), *mcd* (**m**áximo **c**omún **d**ivisor), *PIB* (**p**roducto **i**nterior **b**ruto), etc.
- Las artes, las ciencias y los oficios también se escriben con minúscula: *la **f**ísica cuántica, la **g**eografía, el **d**erecho laboral, las **b**ellas **a**rtes*... Sin embargo, los nombres de asignaturas o cursos se escriben con mayúscula: En *Conocimiento del Medio se estudian **c**iencias **n**aturales.*
- En castellano, los días de la semana y los meses del año se escriben con minúscula.

» ACTIVIDADES

58. Escribe los siguientes nombres con mayúscula o minúscula según corresponda y clasifícalos en un cuadro como el que encontrarás a continuación:

gabriel garcía márquez • afluente • mar • islas ibérica • canarias • pico • península • roma capital • aneto • pablo ruiz picasso • sevilla escritor • continente • mediterráneo • oceanía país • ciudad • canadá • pintor • segre

Se escriben con mayúscula	Se escriben con minúscula

59. Escribe el país al que pertenece cada uno de los siguientes gentilicios:

a) argelina
b) finlandés
c) hondureña
d) sueco
e) panameña
f) keniata
g) nicaragüense
h) austriaco
i) belga
j) iraquí
k) noruego
l) danés
m) chipriota
n) ecuatoriano

60. Busca en la sopa de letras el nombre de ocho nombres de los planetas del sistema solar:

E	R	T	A	Y	U	R	A	N	O	B
N	A	D	I	R	E	S	F	U	S	W
O	E	A	M	A	R	T	E	M	A	G
I	V	P	R	L	I	E	F	N	T	E
R	A	U	T	E	O	P	I	M	U	H
U	E	C	A	U	T	I	E	T	R	E
C	T	I	S	O	N	I	I	A	N	Q
R	A	X	U	S	P	O	P	R	O	Ñ
E	V	E	N	U	S	N	E	U	U	F
M	A	G	O	V	A	I	P	U	J	B
G	O	H	R	S	D	Y	K	Z	O	L

61. Clasifica los siguientes nombres en el apartado correspondiente:

Poseidón • Jaime I el Conquistador
Banco Central Europeo • Alejandro Magno
Congreso de los Diputados • Zeus

Nombres y apodos	Instituciones	Divinidades

62. Completa las oraciones con los siguientes nombres de instituciones y organismos:

Diccionario de la lengua española
Organización Mundial de la Salud
Parlamento Europeo
Federación Internacional de Fútbol
Dirección General de Tráfico

a) El ▮ se puede consultar a través de internet.
b) La ▮ ha anunciado algunos cambios en las reglas de ese deporte.
c) La ▮ tiene programas para prevenir enfermedades como la diabetes.
d) La ▮ ha iniciado una intensa campaña para prevenir los accidentes de circulación.
e) Las elecciones al ▮ son cada cinco años.

63. Relaciona cada obra con su autor o autora y escríbelos en un cuadro como el siguiente. Pon mayúscula donde sea necesario.

a) *el señor de los anillos*
b) *la historia interminable*
c) *manolito gafotas*
d) *matilda*

1. elvira lindo
2. j. r. r. tolkien
3. roald dahl
4. michael ende

Título de la obra	Autor o autora

64. Relaciona las siguientes abreviaturas y siglas con su significado:

ONG • UE • ITV • DNI • Vd. • Sra. • Dra.

organización no gubernamental • usted
doctora • inspección técnica de vehículos
documento nacional de identidad • señora
Unión Europea

65. Ordena los siguientes fragmentos y escribe correctamente las oraciones que obtengas:

a) la producción de petróleo / cuentan / en estados unidos / en barriles
b) están en el mar tirreno / las islas eólicas / del nordeste de sicilia / junto a la costa
c) dios le ayuda» / «a quien madruga / siempre decía / mi abuela

66. Copia las siguientes oraciones y escribe mayúscula donde sea necesario:

a) sancho panza era el escudero de don quijote de la mancha.
b) los alpes separan italia de suiza.
c) desde el mes de enero, trabaja en la escuela oficial de idiomas de barcelona.
d) viajó hasta los ángeles para entrevistarse con un director de cine de hollywood.
e) la tierra gira alrededor del sol y la luna gira alrededor de la tierra.

67. Escoge cuál es la forma correcta de cada una de las expresiones de la lista y justifica tu respuesta:

a) euro / Euro
b) El Cairo / El cairo
c) Día meteorológico mundial / Día Meteorológico Mundial
d) nochevieja / Nochevieja
e) primera guerra mundial / Primera Guerra Mundial
f) capa de ozono / Capa de Ozono
g) balón de oro / Balón de Oro

DICTADO

Premisa: Se divide la clase en grupos de cinco personas. Cada grupo deja fuera del aula un libro de texto abierto por esta página. Por turnos, sale un miembro de cada grupo para memorizar una parte del texto y dictarla a sus compañeros y compañeras. Se repetirá la acción hasta que un grupo complete el dictado sin faltas.

La Mancha

Lugares de La Mancha...
Paisaje abierto
donde la viña extiende
su verde fresco.

Fuego de arcilla roja
sobre los campos,
horizontes azules
y pueblos blancos.

Por esta gran llanura
va don Quijote.
Subido en Rocinante
cabalga al trote.

Recorre enamorado
villas y aldeas
soñando con su dama
que es Dulcinea.

ANA MARÍA ROMERO YEBRA (fragmento).

» DILO POR ESCRITO

Consulta a la ciudadanía

¿Qué tienes que hacer?

El Ayuntamiento ha abierto un canal de participación con el objetivo de consultar a la ciudadanía en qué debe invertirse una parte del presupuesto municipal. Para participar, tienes que enviar un escrito (artículo o *post*) de una media página de extensión con tu aportación.

¿Cómo puedes hacerlo?

Piensa qué infraestructuras de tu pueblo o de tu ciudad deberían mejorarse y necesitan recibir el dinero disponible y expón tus razones para ello. Puedes tratar de convencer a los demás de que tu propuesta es la más acertada y en qué os beneficiaría.

No te olvides de planificar el texto antes de escribirlo (expón la idea y luego los argumentos con que vas a defenderla), y revísalo antes de publicarlo en internet.

Para inspirarte...

Sra. Alcaldesa:

En primer lugar, me gustaría darle las gracias por la oportunidad de participar en una cuestión tan importante. En estos momentos, una de las obras más necesarias para mí sería la construcción de más carriles bici. Gracias a estos carriles específicos para ciclistas, podemos desplazarnos de forma segura, rápida y barata. Además, hay estudios que demuestran que el uso de la bicicleta está relacionado con la mejora de la salud en la ciudad, ya que supone un aire menos contaminado y que el ejercicio físico se convierta en un hábito diario para muchas personas.

Para terminar, me gustaría recordarle que esta propuesta puede resultar beneficiosa para todos, puesto que los carriles bici son usados por personas de edades diferentes.

Reciba un cordial saludo,

Sara López Mallol
Estudiante de 2.º de ESO

» PONTE A PRUEBA

Lee y comprueba si lo has comprendido

¿Cómo será vivir en las ciudades del futuro?

La tecnología y la sostenibilidad marcarán el futuro de las ciudades inteligentes, que contarán con mejores infraestructuras y avanzadas conexiones para un mayor desarrollo social, medioambiental y económico

Parques y campos de golf cubren como una gran alfombra el paisaje urbano. Los rascacielos inteligentes obtienen toda la energía del sol. En casa, no hay un solo interruptor de la luz ni un grifo porque todo funciona con sensores para ahorrar. Los residuos de la ciudad se absorben a través de tuberías subterráneas, donde se reciclan y queman para obtener combustible. A todas horas y en todas partes hay bicicletas estacionadas ordenadamente esperando un conductor. Escaleras mecánicas y semáforos se activan al detectar peatones cerca. No es una urbe de novela de ciencia ficción ni una utopía. Es una ciudad real, al suroeste de Seúl, en Corea del Sur, y se llama Songdo.

A casi 7.000 kilómetros de Songdo, en Abu Dabi, Emiratos Árabes Unidos, está la ciudad de Masdar. Se está construyendo (posiblemente se completará en 2025) en el desierto de Arabia. Las viviendas se conservan frescas todo el día, a pesar del calor; las calles se han diseñado para que siempre haya sombra donde cobijarse. Un túnel de viento canaliza el aire fresco a través de estas. No hay combustibles fósiles que den calor en Masdar. Por la ciudad, solo circularán vehículos eléctricos. Y justo en el centro, un gran Instituto de Investigación.

Tanto Songdo como Masdar pertenecen a la categoría de *smart city* o ciudad inteligente, aquella que ofrece calidad de vida a sus habitantes sin poner en riesgo los recursos, ya que vela también por el bienestar de la humanidad futura y procura la justicia social. Una ciudad inteligente facilita la integración de las nuevas tecnologías de la información y de la comunicación, la robótica y los sistemas inteligentes de transporte, y basa su estructura energética en las energías renovables.

Una *smart city*, ¿nace o se hace?

Las *smart cities* son la respuesta a la concentración de la población en las grandes urbes. Cada vez más personas vivirán en ciudades: se prevén 6.700 millones en 2050, cuando la urbanización alcanzará el 70 %. Según la ONU, si hoy hay 33 megaciudades con más de 10 millones de habitantes, en 2030, habrá 43 en el mundo. Un giro radical desde 1950, cuando los habitantes de las ciudades eran solo el 30 % de la población global. ¿Resultado? Más contaminación, congestión, escasez de opciones de vivienda y trabajo... Un mundo que ya no es sostenible.

ROMINA VALLÉS: *www.lavanguardia.com*, (texto adaptado).

1. El texto que acabas de leer es...

a) una narración de ciencia ficción.
b) un artículo periodístico.
c) un texto científico.

2. Las ciudades de Songdo y Masdar se encuentran en...

a) Asia.
b) África.

3. Señala qué aspectos de los siguientes se refieren a la ciudad de Songdo y cuáles a la ciudad de Masdar:

a) Las calles se han diseñado para que haya sombra donde cobijarse.
b) Los rascacielos obtienen la energía del sol.
c) No hay interruptores de la luz ni grifos.
d) Hay bicicletas estacionadas esperando un conductor.
e) Se ha construido en el desierto de Arabia.
f) Un túnel de viento canaliza el aire fresco en las calles.
g) Solo habrá vehículos eléctricos.
h) Los residuos se absorben a través de tuberías subterráneas.
i) Los semáforos se activan al detectar peatones cerca.

4. La palabra *utopía* significa...

a) plan o proyecto viable que está a punto de realizarse.
b) plan o proyecto ideal que aparece como irrealizable.

5. ¿Qué es una ciudad inteligente o *smart city*?

6. En un futuro próximo...

a) más personas vivirán en ciudades.
b) el 30 % de la gente vivirá en ciudades.
c) habrá 33 ciudades con más de diez millones de habitantes.

7. Analiza la estructura de los siguientes sintagmas nominales:

a) una ciudad inteligente
b) los sistemas inteligentes de transporte

8. Explica en cada oración el significado de las palabras homónimas destacadas:

a) Es una ciudad **real**, al suroeste de Seúl.
b) La familia **real** asistió al acto.
c) Se activan al detectar peatones **cerca**.
d) El caballo saltó la **cerca** y escapó.

9. Escribe tres derivados de la palabra *urbe*.

10. Busca en el primer párrafo del texto las palabras correspondientes a las siguientes definiciones:

- Edificio de gran altura y muchos pisos.
- Mecanismo destinado a interrumpir o establecer un circuito eléctrico.
- Conducto formado de tubos por donde se llevan o distribuyen fluidos.
- Aparato que regula la circulación.

Averigua y crea

¿Cuáles son las ciudades más pobladas del mundo? Elabora un cartel con el ordenador en el que figuren los datos principales de cada ciudad (nombre, número de habitantes, etc.), una breve explicación y una fotografía representativa.

Participa

Para que las ciudades sean más respetuosas con el entorno, se proyectan sistemas que mejoren la movilidad o reduzcan el ruido, bosques verticales, huertos urbanos... Por parejas, presentad oralmente una propuesta para contribuir a la sostenibilidad urbana.

UNIDAD 5

CLUB DE LECTURA » *Mil grullas*
LENGUA Y SOCIEDAD » Los textos instructivos y los textos predictivos
TOMA LA PALABRA » Lo puedes hacer tú
LITERATURA » La lírica de los siglos XIII y XIV. El mester de clerecía. Gonzalo de Berceo y Juan Ruiz, Arcipreste de Hita.
GRAMÁTICA » El verbo. La conjugación verbal
LÉXICO » La sinonimia, la antonimia y el campo semántico
ORTOGRAFÍA » Interferencias frecuentes entre castellano y catalán
DILO POR ESCRITO » A la mesa

Preparamos la lectura

1. ¿Has oído hablar de la ciudad japonesa de Hiroshima? ¿Sabías que fue destruida por la bomba atómica durante la Segunda Guerra Mundial? ¿Conoces ese episodio histórico?

2. ¿Te gusta el origami (papiroflexia)? ¿Qué otros aspectos de la cultura japonesa conoces?

★ JAPONESISMOS

A ver quién adivina primero cuál de las siguientes palabras no proviene del japonés. ¿Alguien conoce el significado de todas ellas?

bonsái • bonzo • catana • futón • harakiri • judo • kamikaze • karaoke • kimono • kiwi • manga
ninja • nipón • origami • samurái • soja • sudoku • sumo • *sushi* • tatami • tsunami • yen • zen

» CLUB DE LECTURA

Mil grullas

El 6 de agosto de 1945, el presidente estadounidense Harry S. Truman ordenó lanzar la bomba atómica sobre la ciudad de Hiroshima. Esta acción bélica produjo la muerte inmediata de 80.000 personas. Apenas tres días después, el 9 de agosto, se bombardeó la ciudad de Nagasaki. Ambos episodios provocaron la rendición incondicional de Japón y el fin de la Segunda Guerra Mundial. Los efectos secundarios de la radiación sobre las personas persisten todavía hoy.

Ocho de la mañana del seis de agosto en el cielo de Hiroshima. Naomi se ajusta el **obi** de su **kimono** y recuerda a su amigo:

—¿Qué estará haciendo ahora?

«Ahora», Toshiro pesca en la isla mientras se pregunta:

—¿Qué estará haciendo Naomi?

En el mismo momento, un avión enemigo sobrevuela el cielo de Hiroshima.

En el avión, hombres blancos que pulsan botones y la bomba atómica surca por primera vez un cielo. El cielo de Hiroshima.

Un repentino resplandor ilumina extrañamente la ciudad.

En ella, una mamá amamanta a su hijo por última vez.

Dos viejos trenzan bambúes por última vez.

Una docena de chicos canturrea: ***Donguri-Koro*** *Koro-Donguri Ko*... por última vez.

Cientos de mujeres repiten sus gestos habituales por última vez.

Miles de hombres piensan en mañana por última vez.

Naomi sale para hacer unos recados.

Silenciosa explota la bomba. Hierven, de repente, las aguas del río.

Y medio millón de japoneses, medio millón de seres humanos, se desintegran esa mañana. Y con ellos, desaparecen edificios, árboles, calles, animales, puentes y el pasado de Hiroshima. [...]

En diciembre logró Toshiro averiguar dónde estaba Naomi. ¡Y que aún estaba viva, Dios!

Ella y su familia, internados en el hospital ubicado en una localidad próxima a Hiroshima. Como tantos otros cientos de miles que también habían sobrevivido al horror, aunque el horror estuviera instalado dentro de ellos, en su misma sangre.

Y hacia ese hospital marchó Toshiro una mañana.

VOCABULARIO

obi *m.* (*jap.*) Faja que acompaña al kimono.

kimono *m.* Vestimenta tradicional japonesa, de amplias mangas, larga hasta los pies y que se cruza por delante.

Donguri-Koro (*jap.*) Verso de una canción popular infantil japonesa.

El invierno se insinuaba, ya, en el aire y el muchacho no sabía si era el frío exterior o su pensamiento lo que le hacía tiritar.

Naomi se hallaba en una cama situada junto a la ventana. De cara al techo. Con los ojos abiertos y la mirada inmóvil. Ya no tenía sus trenzas. Apenas una tenue pelusita oscura.

Sobre su mesilla, unas cuantas grullas de papel desparramadas.

—Voy a morirme, Toshiro... —susurró, cuando su amigo se paró, en silencio, al lado de su cama—. Nunca llegaré a plegar las mil grullas que me hacen falta...

Mil grullas o ***Semba-Tsuru***, como se dice en japonés.

Con el corazón encogido, Toshiro contó las que se hallaban dispersas sobre la mesilla. Solo veinte. Después, las juntó cuidadosamente antes de guardarlas en un bolsillo de su chaqueta.

—Te vas a curar, Naomi —le dijo entonces, pero su amiga no le oía ya: se había quedado dormida.

El muchachito salió del hospital, bebiéndose las lágrimas.

Ni la madre, ni el padre, ni los tíos de Toshiro (en cuya casa se encontraban temporalmente) entendieron aquella noche el porqué de la misteriosa desaparición de casi todos los papeles que, hasta ese día, había habido allí.

Hojas de periódico, pedazos de papel para envolver, viejos cuadernos y hasta algunos libros parecían haberse esfumado mágicamente. Pero ya era tarde para preguntar. Todos los mayores se durmieron, sorprendidos.

En la habitación que compartía con sus primos, Toshiro velaba entre las sombras. Esperó hasta que tuvo la certeza de que nadie más que él continuaba despierto. Entonces, se incorporó con sigilo y abrió el armario donde se solían guardar las mantas.

Mordiéndose la punta de la lengua, extrajo la pila de papeles que había recolectado en secreto y volvió a su lecho.

La tijera la llevaba oculta entre sus ropas.

Y así, en el silencio y oscuridad de aquellas horas, Toshiro recortó, primero, novecientos ochenta cuadraditos y, luego, los plegó, uno por uno, hasta completar las mil grullas que ansiaba Naomi, tras sumarles las que ella misma había hecho. Ya amanecía. El muchacho se encontraba pasando hilos a través de las siluetas de papel. Separó en grupos de diez las frágiles grullas del milagro y las colocó para que imitaran el vuelo, suspendidas como estaban de un leve hilo de coser, una encima de la otra.

Con los dedos heridos y el corazón temblando, Toshiro colocó las cien tiras dentro de su ***furoshiki*** y partió rumbo al hospital antes de que su familia se despertara. [...]

Naomi dormía. Tratando de no hacer ruido, Toshiro puso una silla sobre la mesita y luego se subió.

VOCABULARIO

Semba-Tsuru *(jap.)* Una creencia popular japonesa asegura que haciendo mil grullas –según enseña a realizarlas el origami (nombre del sistema de plegado de papel)– se logra alcanzar larga vida y felicidad.

furoshiki *m. (jap.)* Tela cuadrangular que se usa para formar una bolsa, atándola por sus cuatro puntas después de colocar el contenido.

VOCABULARIO

Toshi-chan *dim.* Diminutivo de *Toshiro*.

impiedad *f.* Falta de compasión.

¿SABÍAS QUE...?

La lectura se inspira en la historia de Sadako Sasaki, una niña víctima inocente de la guerra. En el Parque de la Paz de la ciudad de Hiroshima se encuentra el monumento a la Paz de los Niños para recordar a todos aquellos que, como Sadako, murieron a causa de la bomba atómica. Cada año, y provenientes de todo el mundo, se reciben miles de grullas de origami, sobre todo en los días cercanos al aniversario de la bomba atómica.

Tuvo que estirarse a más no poder para alcanzar el techo. Pero lo alcanzó. Y en un momento estaban las mil grullas pendiendo del mismo; los cien hilos entrelazados, firmemente sujetos con alfileres.

Fue al bajarse de su improvisada escalera cuando advirtió que Naomi lo estaba observando.

Tenía la cabecita echada hacia un lado y una sonrisa en los ojos.

—Son hermosas, **Toshi-chan**... Gracias...

—Hay un millar. Son tuyas, Naomi. Tuyas —y el muchacho abandonó la sala sin volverse.

En la luminosidad del mediodía que ahora ocupaba todo el recinto, mil grullas empezaron a balancearse impulsadas por el viento que la enfermera dejó entrar, al entreabrir, por unos instantes, la ventana.

Los ojos de Naomi seguían sonriendo.

La niña murió al día siguiente. Un ángel a la intemperie frente a la **impiedad** de los adultos. ¿Cómo podían mil frágiles avecitas de papel vencer al horror instalado en su sangre?

FEBRERO de 1976

Toshiro Ueda cumplió cuarenta y dos años y vive en Inglaterra. Se casó, tiene tres hijos y es gerente de sucursal de un banco establecido en Londres.

Como es serio y poco comunicativo, ninguno de sus empleados se atreve a preguntarle por qué, entre el aluvión de papeles con importantes informes y mensajes telegráficos que habitualmente se juntan sobre su escritorio, siempre se juntan algunas grullas de origami dispersas al azar.

Grullas seguramente hechas por él, pero en algún momento en que nadie consigue sorprenderlo.

Grullas desplegando alas en las que se descubren las cifras de la máquina de calcular.

Grullas surgidas de servilletitas con impresos de los más sofisticados restaurantes...

Grullas y más grullas.

Y los empleados comentan, divertidos, que el gerente debe de creer en aquella superstición japonesa.

—Algún día completará las mil... —cuchichean entre risas—. ¿Se animará entonces a colgarlas sobre su escritorio?

Ninguno sospecha la entrañable relación que esas grullas tienen con la perdida Hiroshima de su niñez. Con su perdido amor primero.

ELSA BORNEMANN: «Mil grullas», en *No somos irrompibles*.

BuScA eN eL tExTo...

¿Qué fechas se mencionan en la lectura?

» ACTIVIDADES

Comprensión de la lectura

1. ¿Dónde y cuándo comienza el relato? ¿Qué está haciendo en ese momento Naomi? ¿Y su amigo Toshiro?

2. ¿Cuáles son las consecuencias inmediatas del bombardeo? Copia las frases del texto que se refieren a ello.

3. ¿Cuántos meses tardará Toshiro en encontrar a su amiga Naomi? ¿Dónde está ella? ¿Qué le ha ocurrido?

4. ¿Qué hará Toshiro para ayudar a su amiga? ¿Qué representa la confección de las grullas de papel?

5. Han pasado muchos años cuando volvemos a saber de Toshiro. ¿Qué ha ocurrido con su vida? ¿Mantiene vivo el recuerdo de Naomi? ¿Cómo lo hace?

Expresión personal

6. Según el tiempo, el relato podría dividirse en tres partes distintas. Determina qué acontecimientos ocurren en cada parte (fíjate en las fechas que te indicamos más abajo) y resume su argumento.

diciembre de 1945

6 de agosto de 1945

febrero de 1976

7. Si tuvieras que cambiar el título de la narración, ¿cuál elegirías de entre los que te proponemos? ¿Por qué? Propón tú otro título.

a) El primer amor de Toshiro
b) Mil grullas para Naomi
c) Crueldad, tristeza y memoria

8. Lee los siguientes fragmentos y numéralos según el orden en que aparecen en la lectura:

a) Los ojos de Naomi seguían sonriendo.
b) El muchachito salió del hospital, bebiéndose las lágrimas.
c) Y hacia ese hospital marchó Toshiro una mañana.
d) Tuvo que estirarse a más no poder para alcanzar el techo.
e) Ninguno sospecha la entrañable relación que esas grullas tienen con la perdida Hiroshima de su niñez.
f) El muchacho se encontraba pasando hilos a través de las siluetas de papel.
g) Ocho de la mañana del seis de agosto en el cielo de Hiroshima.
h) Ella y su familia, internados en el hospital ubicado en una localidad próxima a Hiroshima.
i) Silenciosa explota la bomba.
j) Sobre su mesilla, unas cuantas grullas de papel desparramadas.

9. Escribe una oración relacionada con la lectura combinando cada uno de los siguientes pares de palabras:

a) grullas, mil
b) papel, tijeras
c) resplandor, bomba
d) milagro, vida
e) cama, hospital
f) viento, ventana

10. Tal como puedes ver en el texto, el plural de *bambú* es *bambúes*, aunque también se admite *bambús*. Indica cuál es el plural de las siguientes palabras:

a) champú
b) bisturí
c) récord
d) compás
e) marroquí
f) sofá
g) cómic
h) jersey
i) buey
j) tos
k) vals
l) ley
m) reloj
n) club
ñ) imán
o) álbum
p) iceberg
q) menú

11. Vuelve a leer el último párrafo de la lectura y completa el texto con las palabras que faltan:

> Y los empleados ▮, divertidos, que el ▮ debe de creer en aquella ▮ japonesa.
>
> —Algún ▮ completará las mil ▮ —▮ entre risas—. ¿Se animará entonces a ▮ sobre su escritorio?
>
> Ninguno ▮ la entrañable relación que esas ▮ tienen con la perdida ▮ de su niñez. Con su ▮ amor primero.

12. Dibuja (o imprime) un mapa de Japón y sitúa las ciudades de Hiroshima y Nagasaki. A continuación, redacta un texto expositivo de una página con los datos principales de este país: población, capital, sistema de gobierno, moneda, religión, gastronomía, lengua, etc.

13. El bombardeo de Hiroshima es uno de los últimos episodios de la Segunda Guerra Mundial. Por parejas, buscad información sobre este conflicto y realizad una presentación oral acompañada de imágenes contestando a las siguientes preguntas: ¿entre qué años se produjo? ¿Qué países se enfrentaron? ¿Qué organización decidieron crear los países vencedores?, etc. Te recomendamos que veas la película *Cartas desde Iwo Jima* (2006), dirigida por Clint Eastwood.

14. Buscad información sobre Sadako Sasaki y sobre la tradición del *Semba-Tsuru*. Compartid oralmente lo que hayáis averiguado.

15. Si queréis, entre todos podéis realizar mil grullas. Fijaos en las siguientes instrucciones:

Grulla (*Tsuru*)

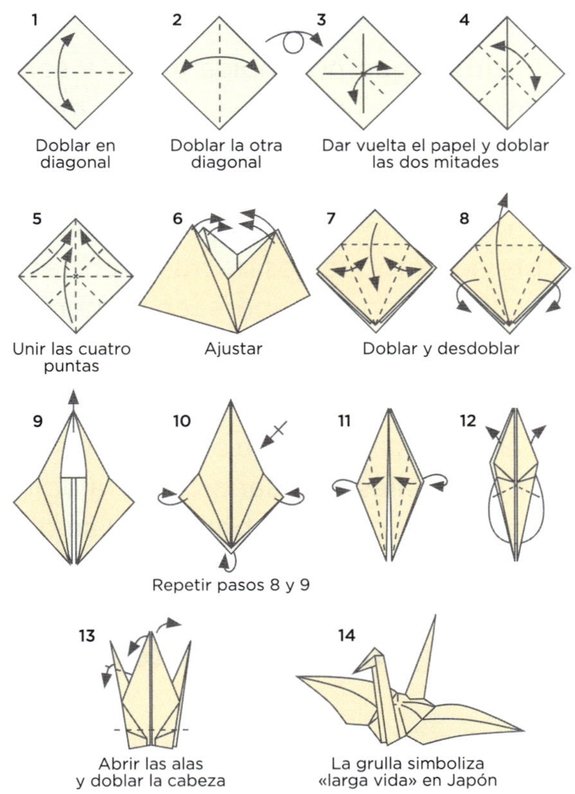

16. Por grupos, realizad un cómic o un corto animado (*stop motion*) basado en la lectura. En el espacio personal de *www.barcanova.cat*, encontraréis un tutorial sobre cómo hacer un *stop motion*.

» LENGUA Y SOCIEDAD

1. Los textos instructivos

Los **textos instructivos** (de instrucciones) sirven para explicar, a través de una serie de pasos o reglas, cómo realizar una actividad o tarea. Se llaman *instructivos* porque su objetivo es instruir (enseñar) al lector por medio de unas indicaciones.

Las reglas de un juego, las recetas de cocina, el manual de funcionamiento de un electrodoméstico, un tutorial, etc., son ejemplos de textos instructivos. Se trata de textos muy prácticos, puesto que su objetivo es que la información que transmiten sea lo más clara y precisa posible.

1.1. Partes de un texto instructivo

Los textos instructivos se componen de dos partes:

- El **título**, que nos indica el tema sobre el que se dan unas instrucciones (*Cómo lavarse las manos de forma correcta*).
- Las **instrucciones** son los pasos que hay que seguir para alcanzar el objetivo propuesto en el título, y se estructuran en un orden lógico o gradual. Se distribuyen en párrafos breves compuestos de frases cortas y sencillas. Usualmente, estos párrafos aparecen numerados y acompañados de ilustraciones para complementar la información o facilitar su comprensión.

En algunos casos, entre el título y las instrucciones se enumeran los **materiales** necesarios para la actividad o hay una breve descripción del objeto sobre el cual se dan las instrucciones.

1.2. El lenguaje de los textos instructivos

Los textos instructivos usan un lenguaje **sencillo** y **comprensible**, para que se entiendan fácilmente. Utilizan un vocabulario claro y específico, perteneciente a un mismo campo semántico (por ejemplo, en una receta de cocina, podemos encontrar *brasear*, *caramelizar*, *baño maría*...).

Puesto que dar instrucciones es como dar órdenes, los verbos suelen utilizarse en **imperativo** (*mójate*, *enjuágate*), en **infinitivo** (*batir*, *freír*) o en **forma impersonal** (*se parte*, *se mezcla*).

Cómo lavarse las manos de forma correcta

Lavarse las manos es una de las formas más sencillas y eficaces de prevenir la propagación de infecciones que se transmiten a través del contacto. Sigue estos pasos:

- Frótate las manos con jabón hasta que haga espuma. Extiende la espuma por el dorso de las manos, entre los dedos y debajo de las uñas.

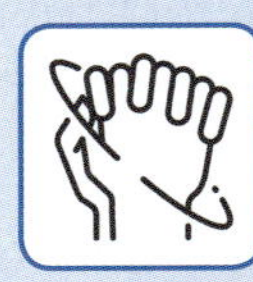

- Restriégate las manos durante al menos 20 segundos. ¿Necesitas algo para medir el tiempo? Tararea dos veces la canción de «Cumpleaños feliz» de principio a fin.

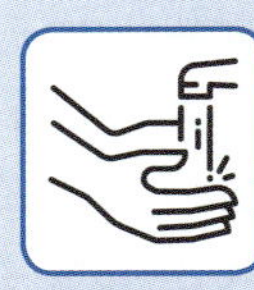

- Enjuágate bien las manos con agua corriente limpia.

- Sécatelas con una toalla limpia o al aire.

- **Conectores ordenadores**
  en primer lugar, mientras tanto, después, luego, por último...
- **Conectores de causa y efecto**
  porque, ya que, según, puesto que, por consiguiente...

2. Los textos predictivos

Los **textos predictivos** nos anuncian hechos que previsiblemente ocurrirán en el futuro. Son predictivos los partes meteorológicos, las prospecciones socioeconómicas (estudios sobre las posibilidades futuras de un negocio teniendo en cuenta los datos actuales), los horóscopos, las profecías (es decir, las predicciones que alguien formula sobre un hecho futuro a partir de ciertas señales o por intuición).

Los doce signos del zodíaco: Aries, Tauro, Géminis, Cáncer, Leo, Virgo, Libra, Escorpión, Sagitario, Capricornio, Acuario y Piscis.

Suelen ser textos breves, en los que predominan los verbos en **futuro**, ya que se trata de hechos que aún están por suceder. También abundan en ellos los **adverbios de tiempo** y los **conectores temporales**.

Fíjate en el siguiente ejemplo extraído de una noticia:

ADIÓS A LOS COCHES EN 2050

El motor de combustión, su ruido y su contaminación, la gasolina, el carné de conducir o hasta la idea de tener un vehículo, símbolos de lo que ya no habrá

En 2050 ya no habrá coches con motor de explosión. Tampoco conductores que los manejen ni muchos de los empleos que generan. Sin el factor humano, las muertes en la carretera se reducirán al mínimo. Incluso el concepto de comprar un coche parecerá antiguo.

El paralelo fin del petróleo bajará los niveles de contaminación, abatirá los niveles de CO_2 incluso cambiará la geopolítica mundial. El adiós a los coches alterará la fisonomía de las ciudades que, ahora sí, serán para la ciudadanía.

Un mundo sin automóviles ejemplifica lo que ya no habrá en 2050. En menos de dos décadas, el 95% de los kilómetros recorridos lo serán en vehículos eléctricos autónomos usados bajo demanda. La gente no necesitará comprar un coche, se limitará a usarlo.

Miguel Ángel Criado: *www.elpais.com*

» ACTIVIDADES

17. A continuación tienes las instrucciones de un juego, el SIM, pero están desordenadas. Reordena en tu cuaderno los párrafos, numéralos e indica el material necesario.

El juego del SIM

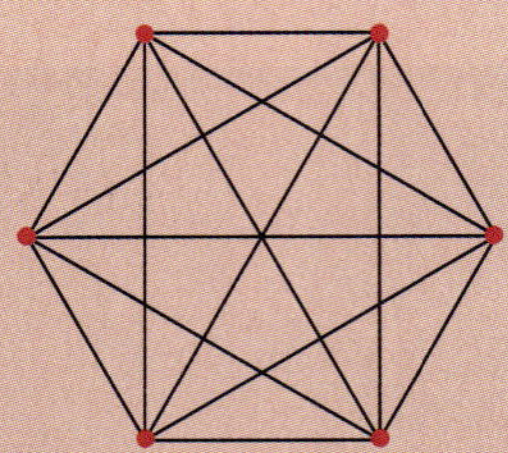

Jugadores: 2

Material:

Instrucciones:

- No se puede trazar una línea sobre otra ya trazada.
- Sortead el orden de salida.
- Cada jugador juega con un lápiz de un color distinto y debe trazar una línea que una dos puntos cualesquiera del tablero.
- Pierde el jugador que al trazar la línea correspondiente a su turno forme un triángulo con tres lados del mismo color.
- Dibujad sobre el papel puntos colocados de manera que sean vértices de un polígono (por ejemplo, seis puntos para formar un hexágono).

18. Indica si son verdaderas o falsas cada una de las siguientes afirmaciones:

a) Los textos instructivos dan indicaciones sobre cómo realizar una actividad o tarea.
b) Los textos instructivos utilizan un lenguaje muy culto y expresiones complejas.
c) Las instrucciones se distribuyen en párrafos, por lo general extensos.
d) La información dada en los textos instructivos debe ser lo más clara y precisa posible.
e) Los verbos que se utilizan en los textos instructivos suelen estar en imperativo o en infinitivo.
f) Los textos predictivos nos informan de hechos ocurridos en el pasado.
g) Son predictivos el horóscopo, los partes meteorológicos y los programas electorales.

19. En grupos de tres, cread un club privado divertido y elaborad el reglamento correspondiente: escribid qué seis normas son indispensables para poder formar parte de él. Por ejemplo: **Club de los impuntuales**. *La primera norma del club de los impuntuales es no llevar nunca reloj.*

20. Lee el siguiente fragmento, en el que el autor explica cómo subir una escalera, e inspírate en él para crear un texto instructivo sobre alguna otra actividad cotidiana con un toque humorístico. Te proponemos algunas:

- Cómo rascarse la cabeza
- Cómo servir un vaso de agua
- Cómo abrir un paraguas
- Cómo atarse los cordones de las zapatillas.

Las escaleras se suben de frente, pues hacia atrás o de costado resultan particularmente incómodas. La actitud natural consiste en mantenerse de pie, los brazos colgando sin esfuerzo, la cabeza erguida, aunque no tanto que los ojos dejen de ver los peldaños inmediatamente superiores al que se pisa, y respirando lenta y regularmente. Para subir una escalera se comienza por levantar esa parte del cuerpo situada a la derecha abajo, envuelta casi siempre en cuero o gamuza, y que salvo excepciones cabe exactamente en el escalón.

JULIO CORTÁZAR:
Instrucciones para subir una escalera.

21. Por parejas, redactad un texto predictivo con la información meteorológica prevista para este fin de semana a partir de un mapa del tiempo. Después, grabad vuestra predicción en vídeo (deberá aparecer el mapa en él) y visionadlo en clase.

22. Escoge uno de los doce signos del zodíaco y escribe un texto predictivo con los pronósticos para este signo en cuanto al amor, la salud y la situación económica en los próximos treinta días.

» TOMA LA PALABRA

Lo puedes hacer tú

Por parejas, vais a realizar un vídeo tutorial de unos 5 minutos de duración para enseñar a hacer algo a los demás: tocar unos acordes con la guitarra, cocinar un plato, hacer un truco de magia, elaborar una manualidad, etc.

Procedimiento

1. Decidid cuál va a ser el tema del vídeo y qué vais a enseñar. La estructura puede ser la siguiente:

- Saludo
- Explicación del objetivo del vídeo
- Material necesario
- Desarrollo del contenido
- Resumen o conclusión
- Despedida

2. Para desarrollar el contenido, haced un guion separando cada paso del proceso y luego ya podréis grabar. Seguro que tenéis experiencia en este campo, pero si no es así, en internet encontraréis una gran variedad de vídeos tutoriales con consejos y explicaciones sencillas. Finalmente, podéis ver en clase todos los trabajos o compartirlos en el blog del aula.

Para inspirarte...

Fijaos en estas instrucciones para hacer una calabaza con cartulina. Si no sabéis qué hacer, podéis grabar este proceso en vídeo. Con muchas calabazas se puede crear una guirnalda muy decorativa.

Material

1

2

3

¡Y el resultado!

» LITERATURA

1. Los siglos XIII y XIV

En el siglo XIII se producen acontecimientos de gran importancia desde el punto de vista cultural:

- Se va extendiendo la **mentalidad burguesa**, más interesada en los aspectos materiales de la vida (placer, gozo, disfrute, bienestar, etc.) que en los espirituales y morales. Esta nueva manera de ver la vida tendrá repercusiones sociales y culturales.
- Se crean las primeras **universidades**, lo que tendrá consecuencias importantes:
  1. Aumenta el número de personas cultas que no pertenecen al estamento eclesiástico, aunque la Iglesia sigue siendo un foco cultural importantísimo.
  2. Se incrementa el número de personas que saben leer y escribir, de manera que los receptores de las obras literarias no serán solo oyentes, sino también **lectores**.
  3. Los juglares ya no serán los únicos responsables de la creación y la difusión de las obras literarias en lengua romance, ya que a ellos se les unirán los **clérigos** (personas cultas). Nace la corriente literaria conocida como **mester de clerecía**, es decir, 'oficio de clérigos', que se prolongará a lo largo del siglo XIV.
- Con el rey **Alfonso X el Sabio**, se dio un gran impulso para la utilización del castellano como lengua de cultura y a la creación de la prosa literaria en esta lengua. Se escribieron, bajo su dirección, obras literarias, históricas, científicas, poéticas, de entretenimiento, etc. Su sobrino, **don Juan Manuel**, en el siglo XIV, consolidó definitivamente la prosa literaria en castellano.
- Desde el punto de vista religioso, la sociedad del siglo XIII sigue siendo **teocéntrica**: Dios está presente en toda actividad y todo se explica por la acción divina.

Las primeras universidades españolas fueron la de Palencia (creada entre 1212 y 1214) y la de Salamanca (1215), en la imagen. Más tarde, se crearon las de Valladolid, Sevilla y Alcalá de Henares.

En la Edad Media se llamaba *clérigo* a cualquier persona culta.

Alfonso X el Sabio se rodeó de científicos, poetas y especialistas en diferentes disciplinas, lo que dio un gran impulso a la cultura.

Las primeras manifestaciones en prosa castellana son las **glosas emilianenses** y las **glosas silenses**. Son traducciones de palabras o de breves fragmentos del latín que la gente ya no entendía. **¿Sabes por qué se llaman así?** Una pista: en la imagen, el monasterio de Santo Domingo de Silos.

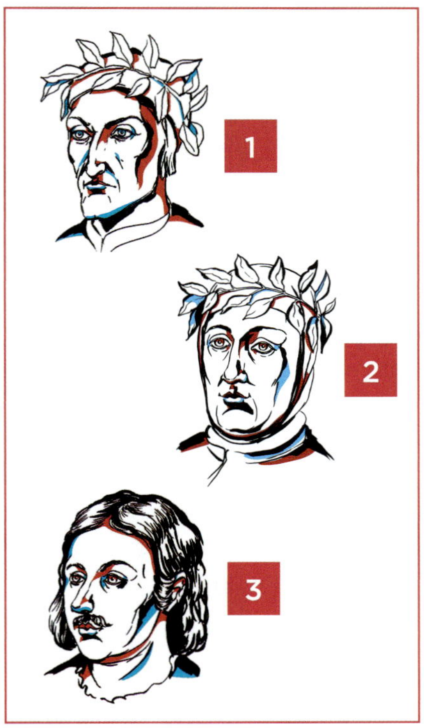

En el siglo XIV, en Italia, coinciden tres figuras capitales de la literatura universal: Dante Alighieri (1), Francesco Petrarca (2) y Giovanni Boccaccio (3). Los tres serán decisivos en el nacimiento del humanismo, que tanta influencia tendrá en los siglos XV y XVI.

1.1. La literatura de los siglos XIII y XIV

SIGLO XIII	SIGLO XIV
Siguen componiéndose y cantándose poemas épicos (**cantares de gesta**).	
Continúan cantándose cancioncillas tradicionales en castellano, aunque no se recogen por escrito.	
En Galicia sigue creándose una poesía lírica excepcional (**cantigas**).	
Nace el mester de clerecía: **Gonzalo de Berceo**	Sigue el mester de clerecía: **Juan Ruiz**
Se crea la prosa literaria en castellano: **Alfonso X el Sabio**	Se consolida la prosa literaria en castellano: **don Juan Manuel**

El mester de clerecía

El **mester de clerecía** es la corriente poética formada por escritores cultos (clérigos). Surge a mediados del siglo XIII y se prolonga hasta finales del XIV.

Las obras del mester de clerecía presentan unas características comunes, fíjate en la tabla siguiente:

CARACTERÍSTICAS DE LAS OBRAS DEL MESTER DE CLERECÍA

FORMA	CONTENIDO	FINALIDAD
• Usan la **cuaderna vía**: estrofa de 4 versos alejandrinos (de 14 sílabas), monorrimos (riman todos entre sí) en consonante. • Versos divididos en dos hemistiquios por una pausa o cesura.	• Tratan temas históricos, religiosos, didáctico-moralizantes, sacros, bíblicos, etc. • Suelen inspirarse en obras anteriores escritas en latín.	• Además de enseñar y adoctrinar, existe la voluntad de entretener.

Los autores más destacados del mester de clerecía son **Gonzalo de Berceo**, en el siglo XIII, y **Juan Ruiz, Arcipreste de Hita**, en el siglo XIV. Berceo (1198?-1264?) fue monje en el monasterio de San Millán de la Cogolla. De Juan Ruiz, apenas se tienen datos biográficos.

Gonzalo de Berceo

- **Biografía**. Gonzalo de Berceo nació en Berceo (La Rioja) y pasó gran parte de su vida en los monasterios de Santo Domingo de Silos (Burgos) y San Millán de la Cogolla (La Rioja).
- **Obra**. Gonzalo de Berceo es el primer poeta de la literatura en castellano cuyo nombre conocemos. Toda su obra es de carácter religioso y está escrita en **cuaderna vía**. Escribió vidas de santos (*Vida de San Millán*, *Vida de Santo Domingo*, *Vida de Santa Oria*), poemas doctrinales (*Sacrificio de la misa*) y obras de tema mariano (en torno a la Virgen María). Su obra más importante es *Milagros de Nuestra Señora.*
- ***Milagros de Nuestra Señora.*** Consta de una **introducción alegórica** y **veinticinco** relatos que narran milagros atribuidos a la Virgen. La obra se basa en colecciones anteriores de milagros escritas en latín, muy conocidas en toda Europa. Su finalidad era difundir el culto y la devoción a la Virgen María. La obra se leía ante un grupo de personas, peregrinos o monjes, por lo que otro de los objetivos de Berceo era promover el monasterio para aumentar sus visitas y, con ellas, sus ingresos.

El siguiente fragmento pertenece a esta obra de Berceo:

VOCABULARIO

reja *f.* Instrumento de hierro que es parte del arado y que sirve para romper y revolver la tierra.

revolvedor, ra *adj.* Que enemista a las personas; que crea pendencias o enfrentamientos.

mojón *m.* Señal que se pone para fijar los límites de las propiedades.

arrastrapaja *m.* Miserable, don nadie.

de coces bien sobado Magullado de las coces que le daban.

aína *adv.* Deprisa.

majada *f.* Albergue, morada, refugio.

El labrador avaro

Vivía en una tierra un hombre labrador,
que usaba la **reja** más que otra labor:
amaba más la tierra que a su Creador,
en todo lo que hacía era **revolvedor**.

Hacía algo muy malo, lo hacía de verdad,
cambiaba los **mojones** por ganar heredad:
hacía todo tipo de daño y falsedad,
tenía mala fama entre su vecindad.

Amaba, aunque malo, mucho a Santa María,
oía sus milagros, dábales acogida;
saludábala siempre, decíale cada día:
«Ave gracia plena que pariste al Mesías».

Murió el **arrastrapaja** de tierra bien cargado,
en soga de diablos fue pronto cautivado,
lo arrastraban con sogas, **de coces bien sobado**,
le cobraban el doble de lo que había robado.

Se apiadaron los ángeles de esta alma mezquina,
porque se la llevaban los diablos en rapiña:
quisieron socorrerla, ganarla por vecina,
mas para hacer tal pasta les faltaba la harina. [...]

Se levantó un ángel, dijo: «Yo soy testigo,
verdad es, no mentira, esto que yo os digo:
el cuerpo que llevaba esta alma consigo,
fue de Santa María vasallo y amigo». [...]

Después de que este nombre de la Sancta Reina
oyeron los diablos, huyeron muy **aína**,
se esfumaron todos igual que la neblina,
todos desampararon a aquella alma mezquina.

Al verla así los ángeles, toda desamparada,
de pies y de manos con sogas bien atada,
sentada como oveja que yace enzarzada,
fueron y la trajeron para la su **majada**.

Nombre con tantos dones y de virtud tanta
que a los enemigos persigue y espanta,
no nos debe doler ni lengua ni garganta,
que no digamos todos: «Salve, Regina Santa».

GONZALO DE BERCEO:
Milagros de Nuestra Señora
(texto adaptado).

VOCABULARIO

dueña *f.* Dama.

alto, ta *adj.* Puede significar de alta condición social.

alheña *f.* Quiere decir que sea rubia natural, no teñida (las hojas de la alheña se usaban como tinte).

altas en peña *loc. adj.* Elevadas y arqueadas.

pareciente *adj.* Hermosa.

para mientes *v.* Procura.

menudillo, lla *adj.* Pequeño.

agudillo, lla *adj.* Puntiagudo.

Juan Ruiz, Arcipreste de Hita

- **Biografía**. Los pocos datos que conocemos de la biografía de Juan Ruiz provienen del ***Libro de buen amor***, la única obra que escribió. Sabemos su nombre, Juan Ruiz; su oficio, arcipreste, y el lugar donde lo desempeñó, Hita (Guadalajara). Su estancia en prisión, a la que él mismo alude al comienzo de su obra, no está demostrada. También se desprende que debió nacer a finales del siglo XIII y morir a mediados del siglo XIV.
- El ***Libro de buen amor*** consta de más de **siete mil versos** de contenido diverso cuyo hilo conductor es una **autobiografía ficticia** (inventada) del Arcipreste, en la que cuenta sus aventuras amorosas. Pero, junto a esta supuesta autobiografía en primera persona, también encontramos una gran variedad de composiciones: fábulas, *enxiemplos* o ejemplos (cuentos de los que se extrae una enseñanza), poesías líricas, satíricas, canciones dedicadas a la Virgen, cantos de serrana, etc.
- **Temas**. Son muy diversos; los más destacados son: el **amor humano** (deseo, pasión, fracaso, desengaño, etc.); el **amor divino** (o el buen amor), que es el verdadero, aquel al que hay que aspirar según el Arcipreste, para ganar la salvación; **la muerte**, concebida como igualadora de las personas, pero también como «enemiga del mundo» (no como liberación, idea propia del pensamiento medieval); el **poder del dinero**, y la **crítica a la Iglesia**, más preocupada por las riquezas y por el poder que por la salvación de las almas.
- **Métrica y estilo**. El libro está escrito, en su mayor parte, en **cuaderna vía**, propia del mester de clerecía, aunque en las composiciones líricas utiliza estrofas de versos cortos (de ocho o menos sílabas).

En el siguiente fragmento, el Arcipreste, tras varios fracasos amorosos, se pelea con don Amor. Este le da algunos consejos; entre otros, que sepa elegir bien a una mujer:

Si quieres amar **dueñas** o a cualquier mujer
muchas cosas tendrás primero que aprender
para que ella te quiera en amor acoger.
Mira, primeramente, qué mujer escoger.

Busca mujer **alta**, de cabeza pequeña,
tenga cabellos rubios, que no sean de **alheña**;
las cejas separadas, largas, **altas en peña**;
ancheta de caderas; esta es talla de dueña.

Ojos grandes, saltones, pintados y lucientes
y de largas pestañas, bien claras, **parecientes**;
las orejas pequeñas, delgadas; **para mientes**
si tiene el cuello alto, así gusta a las gentes.

La nariz afilada, los dientes **menudillos**
regulares, bien blancos, algo separadillos,
encías coloradas, los dientes **agudillos**
los labios de su boca bien rojos, estrechillos.

JUAN RUIZ, ARCIPRESTE DE HITA:
Libro de buen amor (texto adaptado).

» ACTIVIDADES

23. Di si son verdaderas o falsas las siguientes afirmaciones:

a) En el siglo XIII se crean las primeras universidades.
b) En el siglo XIV toda la literatura es oral.
c) El mester de clerecía es propio de juglares.
d) La prosa literaria se crea en el siglo XIII.
e) Gonzalo de Berceo escribió cantares de gesta.

24. Relaciona cada término con su definición correspondiente:

burguesía • clérigo • cuaderna vía
cantiga • teocentrismo

a) Poesía lírica escrita en gallegoportugués.
b) Doctrina que considera que Dios es el centro de todo.
c) Persona culta.
d) Clase social que antepone lo material a lo espiritual.
e) Estrofa de cuatro versos alejandrinos monorrimos en consonante.

25. Lee el comienzo de uno de los *Milagros de Nuestra Señora* y contesta a las preguntas:

Señores y amigos, por Dios y caridad,
oíd otro milagro, hermoso de verdad;
San Hugo lo escribió, que de Cluny fue abad,
que aconteció a un monje de su comunidad.

«El romero de Santiago», Milagro VIII
(texto adaptado).

a) Mide los cuatro versos, indica el tipo de rima que presentan y escribe su esquema métrico.
b) ¿Dónde sucedió el milagro?
c) ¿Quién lo escribió?
d) ¿A quién se dirige Berceo?
e) ¿Qué pone de manifiesto el uso de la forma verbal *oíd*?

26. ¿Qué información nos proporciona el autor del *Libro de buen amor* en los siguientes versos? Elige la opción correcta:

Porque de todo bien es comienço e raíz
la Virgen Santa María, por ello yo, Juan Ruiz,
Açipreste de Hita, d'ella primero **fiz**
cantar de los sus gozos siete, **que ansí diz**.

JUAN RUIZ, ARCIPRESTE DE HITA:
Libro de buen amor.

VOCABULARIO

fiz *v.* Hice (compuse).

que ansí diz Que dice así.

a) El nombre y el contenido del libro.
b) El nombre y su profesión.
c) El nombre, su profesión y el lugar donde la ejerce.

27. ¿Qué conclusión puedes extraer del uso de *oír* y *escuchad* de los siguientes versos?

Si queréis, señores, oír un buen **solaz**,
escuchad el romance, sosegaos en paz.

VOCABULARIO

solaz *m.* Entretenimiento.

28. ¿Qué le pide el Arcipreste a Dios en los siguientes versos de la oración inicial del libro?

Señor Dios, que a los judíos pueblo de perdición,
libraste del cautiverio, del poder del Faraón,
a Daniel sacaste, del pozo babilón:
sácame a mí, **cuitado**, de esta mala prisión.

VOCABULARIO

cuitado, da *adj.* Afligido, desventurado.

29. Resuelve las siguientes definiciones:

1. Nombre y apellido del autor del *Libro de buen amor*.
2. Sinónimo de *plegaria*.
3. Allí estuvo el autor, aunque no se ha demostrado.
4. Mester al que pertenece el autor.
5. Oficio que desempeñaba.
6. Lugar en el que ejerció su profesión.

30. Lee las siguientes estrofas y contesta a las preguntas que se formulan sobre ellas:

Si tienes dineros,   tendrás consolación,
placer y alegría,   y del Papa **ración**;
comprarás paraíso,   ganarás salvación:
donde hay mucho dinero,   hay mucha bendición.

Yo vi en la corte, en Roma   donde está la santidad,
que todos al dinero   **hacen gran humildad**;
gran honra le hacían   con gran solemnidad:
ante él se inclinaban,   como a la majestad.

Hacía muchos priores,   obispos y abades,
arzobispos, doctores,   patriarcas, potestades;
a muchos clérigos necios   les daba dignidades;
hacía de verdad mentiras   y de mentiras verdades.

Hacía muchos clérigos   y muchos ordenados,
muchos monjes y monjas,   religiosos sagrados:
el dinero los daba   por bien examinados;
a los pobres les decían   que no eran letrados. [...]

El dinero quebranta   las cadenas dañosas,
quita cepos y grillos   y prisiones peligrosas;
al que no tiene dineros   le ponen las esposas:
por todo el mundo hace   cosas maravillosas. [...]

Él hace caballeros   de necios aldeanos,
condes y ricos hombres   de algunos villanos;
con el dinero andan   todos hombres **lozanos**;
cuantos hay en el mundo,   le besan hoy las manos.

[...]
Yo vi a muchos monjes   en sus predicaciones
despreciar el dinero   también sus tentaciones,
pero al fin por dinero   otorgan los perdones,
dispensan el ayuno   y hacen oraciones.

JUAN RUIZ, ARCIPRESTE DE HITA:
Libro de buen amor (texto adaptado).

VOCABULARIO

ración *f.* Beneficio eclesiástico.
hacen gran humildad Saludan con reverencia.
lozano, na *adj.* Contento, satisfecho.

a) ¿Qué dos temas trata el Arcipreste?
b) Explica brevemente qué dice de cada uno de ellos.

» GRAMÁTICA

1. El verbo

El **verbo** es una palabra que expresa acción, proceso o estado. Por ejemplo: *pintar*, *escribir*, *saber*, *crecer*, *permanecer*...

Sintácticamente, es el **núcleo** del sintagma verbal o predicado. Morfológicamente, presenta una **raíz** (**base léxica**), que contiene el significado, y **morfemas flexivos**, o **desinencias**, que informan sobre: la persona, el número, el tiempo, el modo y el aspecto. Fíjate en el ejemplo:

dorm- *-iré*

raíz **morfemas** → primera persona, singular, futuro imperfecto, indicativo

PERSONA	
Indica quién realiza o experimenta la acción expresada por el verbo.	**Primera** (*yo, nosotros, nosotras*) **Segunda** (*tú, vosotros, vosotras*) **Tercera** (*él, ella, ellos, ellas*)

NÚMERO	
Precisa si se trata de uno o de varios individuos, animales, cosas, etc.	**Singular** (*yo, tú, él, ella*) **Plural** (*nosotros, nosotras; vosotros, vosotras; ellos, ellas*).

TIEMPO	
Indica si la acción sucede en el momento en el que se habla, o si es anterior o posterior a este.	**Presente**: *Irene ya **duerme**.* **Pasado**: *Irene **durmió** bien.* **Futuro**: *Irene **dormirá** en casa.*

MODO	
Expresa la actitud del hablante con respecto a la acción verbal.	**Indicativo** (actitud objetiva): ***Ha llorado** mucho.* **Subjuntivo** (expresa deseo, temor, duda, probabilidad...): *Ojalá no **llorara** tanto.* **Imperativo** (expresa orden, ruego, prohibición...): *¡**Deja** de llorar!*

ASPECTO	
Indica si la acción está acabada o sin acabar.	**Perfecto** (acción acabada): ***He preparado** batidos.* **Imperfecto** (acción sin acabar): *Hoy **prepararé** batidos.*

pasado

dormí

presente

duermo

futuro

dormiré

BARCANOVA EDITORIAL

- Los **verbos regulares** mantienen la misma raíz y las mismas desinencias que las del verbo que se considera modelo de conjugación (*cantar*, *temer*, *partir*).
- Los **verbos irregulares** presentan más de una raíz o contienen morfemas distintos a los de su modelo de conjugación. El verbo *caber* es irregular porque tiene varias raíces: *quep-o*, *cab-ría*, *cup-iera*.
- Los verbos de la **primera conjugación** acaban en ***-ar*** (*saltar*); los de la **segunda conjugación** acaban en ***-er*** (*temer*); y los de la **tercera conjugación** acaban en ***-ir*** (*escribir*).

2. La conjugación verbal

La **conjugación verbal** es el conjunto de todas las formas verbales, que resulta de combinar la raíz con las desinencias y con los llamados *verbos auxiliares*. Recuerda que existen, en castellano, tres conjugaciones.

También cabe tener en cuenta los siguientes aspectos:

- Las **formas personales** admiten morfemas de número y persona: *lavo*, *lavad*, *lavaría*, etc.
- Las **formas no personales** no admiten morfemas de número y persona; es decir, son invariables. Son el **infinitivo** (*lavar*), el **gerundio** (*lavando*) y el **participio** (*lavado*).
- Las **formas simples** constan de la raíz más los morfemas flexivos correspondientes: *cortaba*, *salías*, etc. Todas las **formas simples**, salvo el pretérito perfecto simple (*corté*, *salí*...), presentan **aspecto imperfecto**.
- Las **formas compuestas** se forman con el verbo auxiliar *haber* más el participio del verbo que se conjugue: *hemos salido*, *he viajado*... Las formas **compuestas** y el pretérito perfecto simple indican **aspecto perfecto**.
- El verbo auxiliar ***ser*** se usa para formar la voz pasiva. Por ejemplo: *El documento* ***fue*** *firmado por todos* (voz pasiva).

2.1. Las perífrasis verbales

Una **perífrasis verbal** es la combinación de dos formas verbales que funcionan de manera unitaria, como si fueran un solo verbo.

ESTRUCTURA DE LA PERÍFRASIS VERBAL

↓

verbo auxiliar

+

preposición, conjunción o Ø

+

verbo en infinitivo, gerundio o participio

TIPOS DE PERÍFRASIS VERBALES

MODALES	**OBLIGACIÓN**	*deber* + infinitivo: *debo salir* *haber de* + infinitivo: *he de salir* *tener que* + infinitivo: *tengo que salir*
	PROBABILIDAD, DUDA O SUPOSICIÓN	*deber de* + infinitivo: *debe de haber salido* *venir a* + infinitivo: *viene a ser lo mismo*
ASPECTUALES	**INCOATIVAS**	*comenzar a* + infinitivo: *comenzó a cantar* *echarse a* + infinitivo: *se echó a llorar*
	DURATIVAS	*estar* + gerundio: *está durmiendo* *ir* + gerundio: *vamos ganando* *seguir* + gerundio: *sigue lloviendo*
	PERFECTIVAS	*dejar* + participio: *dejó dicho* *parar de* + infinitivo: *paramos de trabajar*
	REITERATIVAS	*volver a* + infinitivo: *ha vuelto a empezar* *soler* + infinitivo: *suele leer*

» ACTIVIDADES

31. Subraya todas las formas verbales que encuentres en los siguientes textos e indica la conjugación a la que pertenecen:

He comparado las fotos del álbum familiar con las que me hago ahora en Instagram y os juro que no hay color.

DANI MATEO: «Porque lo digo yo», en *El País*.

A

Recogí a Marina en su casa antes de las once. Estaba guapísima. Había elegido un abrigo color crema, botas altas, sombrero y guantes de lana a juego. Parecía vestida para la misa del domingo y llevaba un perfume que olía a rosas.

JAVIER SIERRA: *El maestro del Prado*.

B

Vendo apartamento en la Costa Brava.
Dispone de tres habitaciones amplias, dos cuartos de baño, cocina americana y terraza. Cuenta con plaza de garaje y trastero.

C

Cuida tu ropa:
1) Lávala y sécala vuelta del revés.
2) Separa los colores oscuros.
3) Plánchala a la temperatura indicada en la etiqueta.

D

Un sonido me sobresaltó. Era mi móvil. El teléfono estaba sonando en el salón y yo todavía estaba tirada en la cama con las fotos pensando en la última vez que había estado acompañada entre unas sábanas.

MÀXIM HUERTA: *Una tienda en París*.

E

32. Indica la raíz y la desinencia de las siguientes formas verbales:

arreglaré • bebiste • colgaron • escribiréis

33. Copia una tabla como la siguiente y complétala en tu cuaderno:

	Persona	Número
regabas	*segunda*	*singular*
ganaba		
nadaremos		
ejercerán		
reísteis		
cabíais		
cocino		

34. Indica la persona, el número, el tiempo y el modo de las siguientes formas verbales:

plantarán • habréis ganado • habría resistido
sentías • he cobrado • vivieron

35. Di si las siguientes afirmaciones son verdaderas o falsas:

a) Los verbos no pueden indicar acciones.
b) Las formas verbales tienen un morfema raíz y morfemas flexivos.
c) Los morfemas flexivos verbales solo indican la persona y el número.
d) Los infinitivos acabados en *-ir* forman parte de la primera conjugación.
e) El modo subjuntivo expresa una actitud del hablante objetiva.
f) En español solo hay verbos regulares.
g) Las formas compuestas están constituidas por el verbo auxiliar *haber* y el participio del verbo que se conjuga.
h) Las formas no personales son únicamente el infinitivo y el gerundio.

36. Completa la siguiente tabla de formas verbales siguiendo el ejemplo:

	Raíz	Infinitivo	Verbo
duerme	*duerm-*	*dormir*	*irregular*
jugaríamos			
vuelen			
pienso			
cupieran			
beberíais			

37. Escribe completos los tiempos verbales que se indican a continuación:

a) Presente de indicativo del verbo *caber*
b) Pretérito imperfecto de indicativo del verbo *ir*
c) Pretérito perfecto simple del verbo *dar*
d) Futuro simple de indicativo del verbo *hacer*
e) Condicional simple del verbo *querer*

38. Escribe la primera persona del singular del presente de indicativo de los siguientes verbos:

jugar • conducir • competir • venir • huir

39. Vuelve a escribir el siguiente texto en tercera persona del singular:

> No reconocí casi nada de lo que Arnau llevaba cargado en su reproductor, lo que no dejó de resultarme algo humillante. Apenas identifiqué una canción de Coldplay y otra de Beyoncé, que no puedo decir que sintonizaran con mis gustos, pero que habían sonado demasiado para dejar de reconocerlas. Tampoco me pareció que entre mi guardia y yo la música fuera a ser nunca un territorio favorable al encuentro.
>
> LORENZO SILVA: *La marca del meridiano.*

40. Corrige los siguientes enunciados en los que se ha usado el modo imperativo de forma incorrecta:

a) Acabar el trabajo y acostaros.
b) Venir aquí inmediatamente.
c) Decirme la verdad ahora mismo.
d) Prepararos bien para la prueba de atletismo de mañana.
e) Contestar siempre con respeto a los demás.

41. Localiza y di de qué tipo son las perífrasis que aparecen en las siguientes oraciones:

a) Hay que salir temprano si queremos llegar a mediodía al hotel.
b) No debe de haber nadie en casa: todas las persianas están bajadas.
c) Lleva cantando toda la mañana; esto no hay quien lo aguante.
d) Debemos presentar cuanto antes la solicitud en la secretaría.
e) En cuanto salí a la calle, se echó a llover a cántaros.
f) He vuelto a leer el libro de García Márquez que tanto me gusta.
g) Mi amigo Germán sigue viviendo en un pueblo de Santander.
h) He dejado dicho que no me moleste nadie esta tarde.
i) Tenemos que llegar al aeropuerto tres horas antes de la hora del vuelo.

42. Escribe dos formas verbales con las características que se piden, respectivamente. Fíjate en el ejemplo:

- Verbo de la 3.ª conjugación, irregular, forma simple, 3.ª persona del plural, tiempo pasado, aspecto perfecto, modo indicativo. → *sintieron*, *vinieron*, *sufrieron* ...

a) Verbo de la 2.ª conjugación, irregular, forma simple, 2.ª persona de singular, tiempo presente, aspecto imperfecto, modo indicativo.
b) Perífrasis verbal modal de obligación, 1.ª persona del plural, tiempo futuro, aspecto imperfecto, modo indicativo.

» LÉXICO

1. La sinonimia, la antonimia y el campo semántico

1.1. La sinonimia

Las **palabras sinónimas** poseen significados parecidos o equivalentes en un mismo contexto y tienen la misma categoría gramatical. Por ejemplo, *calle* y *travesía* son términos sinónimos, pero mientras que *calle* tiene un significado más genérico ('vía entre edificios o solares'), *travesía* tiene un significado más específico ('callejuela que atraviesa entre calles principales').

Los sinónimos siempre comparten la misma categoría gramatical: *oculista* y *oftalmóloga* (sustantivos); *huir* y *escapar* (verbos), *obediente* y *disciplinado* (adjetivos); etc.

Las palabras sinónimas solo son intercambiables en algunos contextos. Por ejemplo, podemos decir indistintamente: *Ha aprobado el **control** con muy buena nota. Ha aprobado el **examen** con muy buena nota.* Sin embargo, *control* y *examen* no son sinónimos en: *Supo mantener el **control** de la situación.*

1.2. La antonimia

Las **palabras antónimas** tienen significados contrarios y, al igual que las palabras sinónimas, pertenecen a la misma categoría gramatical. Por ejemplo: *arriba* y *abajo* (adverbios); *amanecer* y *atardecer* (verbos); *nuevo* y *viejo* (adjetivos); etc.

Muchos antónimos se forman por derivación, añadiendo un prefijo: *típico* ↔ ***a**típico*; *sensible* ↔ ***in**sensible*; *afortunada* ↔ ***des**afortunada*...

1.3. El campo semántico

Un **campo semántico** es un conjunto de palabras que están relacionadas por su significado. Por ejemplo, *cilantro*, *pimienta*, *cúrcuma* y *chile* pertenecen todas a un mismo grupo o campo semántico (*especias*), aunque tienen rasgos de significado que las diferencian unas de otras.

Conocer el campo semántico de una palabra nos ayuda a entender su significado, por la estrecha relación que guarda con las demás. Todas las palabras de un campo semántico poseen la misma categoría gramatical. En el ejemplo anterior, todas las palabras son sustantivos.

» ACTIVIDADES

43. Al redactor de este escrito no acaba de convencerle su texto. Proponle un sinónimo para cada uno de los términos resaltados en negrita.

Mientras **andaba** por el sendero, **cansado** y **triste**, vi a lo lejos una cabaña de madera. Estaba algo **desvencijada**, pero en ese **momento** constituía mi único refugio. Cuando entré en ella, **descubrí** que era mucho más acogedora de lo que había **pensado**. Las paredes estaban pintadas de color verde **intenso** y **numerosos** cuadros adornaban la **estancia**.

44. Las siguientes series de palabras están formadas por términos que, en determinados contextos, pueden ser sinónimos. Escoge en cada caso el que se adecue mejor al contexto de la oración (si se trata de verbos, recuerda conjugarlos en el tiempo adecuado).

a) **educar • mostrar • aleccionar**
¿Me puede **enseñar** cómo es el apartamento por dentro?

b) **fallecida • difunta • cansada**
Después de esta caminata, ¡estoy **muerta**!

c) **marcar • pintar • delinear**
Al leer la noticia, se le ha **dibujado** una sonrisa en la cara.

d) **subir • despertar • elevar**
¡Vamos, **levántate** ya o llegarás tarde al instituto!

e) **regalar • entregar • legar**
Donó todos sus bienes a su sobrina.

45. Escribe un antónimo para cada una de las siguientes palabras utilizando alguno de estos prefijos: *a-*, *des-*, *i-*, *in-*. Indica entre paréntesis cuál es su categoría gramatical.

típico • montar • cultura • probable • real
normal • tapar

46. Dos compañeros de clase tienen una opinión diametralmente opuesta sobre el mismo libro. A partir de la reseña de Oriol, escribe la de Mauro sustituyendo todas las palabras en negrita por un antónimo.

*En mi opinión, es un libro muy **aburrido**, la acción es muy **lenta**. La historia es **inverosímil**, muy **fantasiosa**, y los personajes que en ella aparecen son **insulsos**, se comportan de una manera **predecible**. La obra está escrita con un lenguaje **difícil** e **incomprensible**. El final me ha parecido **pésimo**.*

47. Clasifica los siguientes sustantivos según el campo semántico al que pertenezcan:

confianza • respeto • compañerismo
camaradería • intolerancia • desprecio
empatía • rivalidad • comprensión
aborrecimiento • acritud • antipatía

Amistad	
Enemistad	

48. Escribe el nombre del campo semántico al que hace referencia cada grupo de palabras:

a) pentagrama, ritmo, pausa, partitura
b) metáfora, verso, comparación, métrica
c) waterpolo, natación, piragüismo, surf
d) dólar, peso, euro, libra

49. Agrupa los siguientes verbos por parejas de antónimos:

autorizar • bajar • dar • distribuir • exhibir
ocultar • privar • prohibir • recibir • retribuir
reunir • subir

» ORTOGRAFÍA

1. Interferencias frecuentes entre castellano y catalán

CASTELLANO	CATALÁN
Se escriben con **b**: *ca**b**allo, cam**b**iar, go**b**ierno, apro**b**ar.*	Se escriben con **v**: *ca**v**all, can**v**iar, go**v**ern, apro**v**ar.*
Se escriben con **v**: *mó**v**il, inmó**v**il, mo**v**ilidad.*	Se escriben con **b**: *mò**b**il, immò**b**il, mo**b**ilitat.*
El verbo ***haber***, con *h* y con *b*: ***Había** comido un bocadillo.*	El verbo ***haver***, con *h* y con *v*: ***Havia** menjat un entrepà.*
Conjunción copulativa ***y***: *noche **y** día.*	Conjunción copulativa ***i***: *nit **i** dia.*
Conjunción adversativa ***pero***: *Me gusta, **pero** no mucho.*	Conjunción adversativa ***però***: *M'agrada, **però** no gaire.*
Conjunción causal ***porque***: *Se ha ido **porque** ha querido.*	Conjunción causal ***perquè***: *Ha marxat **perquè** ha volgut.*
No se acentúan las formas ***es*** y ***son*** del verbo *ser*: *Ya **es** la hora de empezar, **son** las ocho.*	Se acentúan las formas ***és*** y ***són*** del verbo *ser*: *Ja és l'hora de començar **són** les vuit.*
Se escribe ***c*** delante de ***-ua***: ***cua**renta, **cua**nto, **cua**derno, **cua**dro...*	Se escribe *q* delante de ***-ua***: ***qua**ranta, **qua**nt, **qua**dern, **qua**dre...*
La terminación verbal ***-aba*** se escribe con ***b***: *cant**aba**, estudi**aba**, soñ**aba**...*	La terminación verbal ***-ava*** se escribe con ***v***: *cant**ava**, estudi**ava**, somni**ava**...*
La terminación verbal ***-ía*** se acentúa: *viv**ía**, añad**ía**, sab**ía**...*	La terminación verbal ***-ia*** no se acentúa: *viv**ia**, afeg**ia**, sab**ia**...*
No existe la grafía ***-ss-***: *cla**s**e, pa**s**a, emi**s**ora...*	La ***-s-*** sorda intervocálica se escribe ***-ss-***: *cla**ss**e, pa**ss**a, emi**ss**ora...*
Los pronombres se unen directamente al verbo: *dejar**la**, comprar**lo**, decir**le**...*	Los pronombres se unen al verbo mediante guion: *deixar-**la**, comprar-**lo**, dir-**li**...*
Se emplea la grafía ***ñ***: *monta**ñ**a, ca**ñ**a, compa**ñ**ía...*	Se emplea la grafía ***ny***: *munta**ny**a, ca**ny**a, compa**ny**ia...*
No existe el apóstrofe: ***el** enemigo, **la** hora, **el** asno...*	El artículo se apostrofa: ***l'**enemic, **l'**hora, **l'**ase...*
Se escriben **sin *h***: *invierno, subasta.*	Se escriben **con *h***: ***h**ivern, sub**h**asta.*
Se escriben con ***c***: *stor**c**e, sen**c**illo, quin**c**ena...*	Se escriben con ***z***: *cator**z**e, sen**z**ill, quin**z**ena...*
Se escriben con ***x***: *e**x**tranjero, e**x**tender, e**x**traño...*	Se escriben con ***s***: *e**s**tranger, e**s**tendre, e**s**trany...*
Palabras en castellano: *baldosa, mezclar, soplar, fecha, pereza, albañil...*	Palabras en catalán: *rajola, barrejar, bufar, data, mandra, paleta...*

» ACTIVIDADES

50. Fíjate en los siguientes textos y corrígelos:

A

Catorze lotes de racholas de gres en liquidación y oferta.
Precios según cantidad.
Són de pared de baño y de cocina.
Ideal para masías.
Pregúntenos sin compromiso.

B

No cal que compréis pan.
Lo traeré yo.

C

Escuela de Idiomas

Sol·licitud de plaza:
Marque el idioma que desea cursar y, sobretodo, no se olvide de firmar el documento y poner la data.

51. Copia estas oraciones con la palabra que te parezca correcta de entre las dos que te proponemos en cada caso:

a) Los (**abetos** • **avetos**) tienen las hojas en forma de aguja.
b) Se trata de una carretera muy transitada, (**sobretodo** • **sobre todo**) en horas punta.
c) Las (**nuves** • **nubes**) contienen gotas de agua microscópicas.
d) Una (**venda** • **benda**) compresiva le protegía la rodilla.
e) Todos los vecinos le consultaban porque lo consideraban un hombre (**sabio** • **savio**).
f) El (**abogado** • **avogado**) insistía en que su cliente actuó en defensa propia.
g) Los (**trovadores** • **trobadores**) fueron poetas y también músicos.
h) Chuta el balón (**des de** • **desde**) donde te indique el árbitro.
i) Vimos una manada de (**cavallos** • **caballos**) salvajes que nos impresionó.
j) No era (**calbo** • **calvo**): le gustaba llevar la cabeza rapada.
k) La (**prueba** • **prueva**) oral será el jueves.
l) Pronto conoceremos a los miembros del nuevo (**gobierno** • **govierno**).
m) Esa actitud es muy (**cobarde** • **covarde**).

52. Con las mismas letras de las palabras de la izquierda, forma y escribe otras a la derecha. A continuación, traduce al catalán las nuevas palabras que has escrito.

				A	C	E	L	G	A		G	A	C	E	L	A				
			P	A	L	O	T	E	S		P									
		A	C	E	N	T	U	A	R		C									
	A	R	T	I	C	U	L	A	N		C									
O	R	I	E	N	T	A	M	O	S		M									
	B	R	O	N	C	E	Á	I	S		E									
		V	I	N	I	E	R	O	N		I									
			R	E	Í	A	M	O	S		E									
				S	O	B	Á	I	S		S									

53. Empareja las palabras que tengan un significado parecido:

superioridad • reunión • barniz • esmalte
inmóvil • distracción • adorno • prueba
olvido • evaluación • valoración • ventaja
quieto • maravilla • cenefa • asamblea
prodigio • ensayo

54. En cada una de las siguientes oraciones se han cometido dos errores. Indícalos y escribe las palabras corregidas.

a) El professor de ciències naturales trabaja muchas horas en el laboratorio.
b) Te prestaré el tornavís, però tienes que devolvérmelo hoy.
c) El desenvolupamiento de la tecnologia es una constante del siglo XXI.
d) Tomaré una amanida y un segundo plato senzillo y poco calórico.
e) Mi hija, que vive en el estranjero, nos visita con cierta frequencia.
f) Se pintava los lavios de color rojo y se ponía un poco de colorete en las mejillas.
g) No sé qué ocurre, no ha passado ningún autobús des de hace media hora.
h) ¿Quieres apagar el móbil i prestar atención?

55. Adivina qué refranes se esconden detrás de las siguientes frases. Cópialas añadiendo las vocales que faltan.

a) _ b_ _n h_mbr_, n_ h_y p_n d_r_.
b) _ñ_ d_ n_ _v_s, _ñ_ d_ b_ _n_s.
c) D_l d_ch_ _l h_ch_, h_y _n b_ _n tr_ch_.
d) _n c_s_ d_l h_rr_r_, c_ch_ll_ d_ p_l_.
e) M_s s_b_ _l d_ _bl_ p_r v_ _j_ q_ _ p_r d_ _bl_.
f) N_ h_y m_l q_ _ p_r b_ _n n_ v_ng_.
g) N_nc_ d_g_s d_ _st_ _g_ _ n_ b_b_r_.
h) _n gr_n_ n_ h_c_ gr_n_r_, p_r_ _y_d_ _l c_mp_ñ_r_.
i) N_nc_ ll_ _v_ _ g_st_ d_ t_d_s.
j) M_s v_l_ m_l_ c_n_c_d_ q_ _ b_ _n_ p_r c_n_c_r.

LUDOLENGUA

56. Demuestra tu capacidad de observación. Fíjate en la siguiente nube y busca la única letra que no se repite.

DICTADO

Premisa: Haréis este dictado por parejas y en una misma hoja de papel. Un miembro de la pareja dicta el primer punto del texto al otro miembro. A continuación, se intercambian los papeles hasta llegar al segundo punto y seguido, y así sucesivamente hasta el final. Cuando acabéis, corregid el dictado conjuntamente.

Se pusieron en pie los últimos, caminaron hasta la tarima y la mesa, y depositaron los exámenes encima del montón de hojas escritas. Rehuyeron los ojos del maestro, pero sintieron su mirada fija en sus cuerpos. Cuando salieron no se detuvieron para enfrentarse a las preguntas de los demás, que discutían sobre el tercer problema o el resultado del cuarto, unos dando saltos por el éxito y otros lamentando el error cometido al darse cuenta ahora del detalle no apreciado. Ninguno habló hasta llegar abajo y ninguno cometió la torpeza de preguntar: «Qué tal».

JORDI SIERRA I FABRA:
El asesinato del profesor de matemáticas.

» DILO POR ESCRITO

A la mesa

¿Qué tienes que hacer?

Vas a escribir una receta de cocina que forme parte de la tradición culinaria de tu familia.

¿Cómo puedes hacerlo?

- Escoge el plato y explica cómo se elabora siguiendo las pautas de un texto instructivo. Procura utilizar frases cortas y un lenguaje sencillo.
- Añade también una breve explicación sobre alguno de los siguientes aspectos:
  - ¿Por qué has escogido esta receta?
  - ¿Quién te la ha enseñado?
  - ¿En qué época del año o en qué festividad se suele preparar?
  - ¿De dónde proviene?, etc.
- Si puedes, incluye también algunas fotografías del resultado de la receta y de ti y tu familia en alguna celebración familiar.

Para inspirarte...

Rosquillas de mi tía Ángeles

Ingredientes:

- 3 huevos
- 75 g de leche*
- 75 g de aceite
- 40 g de anís
- ralladura de limón
- 280 g de azúcar
- 1 sobre de levadura
- 800 g de harina

*Esta medida se corresponde con la de una taza de café

1. En una ensaladera, batir los huevos, la leche, el aceite, el anís y la ralladura de limón.
2. Añadir el azúcar y la levadura y batir bien la mezcla.
3. Agregar poco a poco la harina hasta conseguir una masa firme, pero todavía pegajosa. Dejar reposar la masa una media hora.
4. Con las manos untadas de aceite, formar pequeñas bolas y perforarlas con los dedos hasta moldear anillas. Freír inmediatamente en aceite abundante y caliente.
5. Si se desea, espolvorear con azúcar glas.

Y para acabar...

Podéis compartir las recetas en el blog del aula o bien montar con *bookcreator* vuestro propio libro de recetas.

» PONTE A PRUEBA

Lee y comprueba si lo has comprendido

¿Por qué hace llorar la cebolla?

Después del tomate, la cebolla es la hortaliza preferida de mucha gente. ¿Qué serían los asados, las salsas o las ensaladas sin esos picantes bulbos? Pero no los subestiméis: ¡al prepararlos nos hacen llorar de emoción!

La cebolla se cultivaba en Babilonia y Egipto ya en el año 4000 a. C. El faraón Keops, por ejemplo, hacía repartir cebollas todos los días a los aproximadamente cien mil esclavos que trabajaban en la construcción de su pirámide. La cebolla no llegó a Europa hasta los inicios de la era cristiana, precisamente a través de los ocupantes romanos. Hoy en día, los europeos que más cebollas consumen son los ingleses y los alemanes.

Esta hortaliza forma parte de la familia de las liliáceas y normalmente es una planta cultivada bienal. Para condimentar se utilizan los bulbos de la cebolla común y los tallos tiernos de la cebolleta. Las cebollas se componen de agua en casi un 90 %, contienen mucha vitamina C y vitaminas del grupo B, minerales, hidratos de carbono y azúcar, y tienen un efecto antibacteriano. De hecho, antes del descubrimiento de los antibióticos, eran un remedio habitual contra las inflamaciones.

La preparación de las cebollas puede resultar bastante molesta: mientras las tenemos en la encimera de la cocina, sin cortar, no segregan ningún elemento que haga llorar. Pero, al cortarlas, la mayoría de las cebollas liberan sustancias que hacen que se nos salten las lágrimas.

Cuando troceamos una cebolla, desencadenamos sin darnos cuenta una reacción química: en la capa exterior de las células de la cebolla hay un compuesto que contiene azufre, el aminoácido isoaliina; en el interior de las células de la cebolla se encuentra la enzima aliinasa. [Ambos términos se derivan de la palabra latina que significa 'ajo' (*allium*), género al que también pertenece la cebolla (*Allium cepa*)].

Las enzimas son proteínas que ponen en marcha gran parte de las reacciones químicas en muchos seres vivos. Cuando se destruyen las células de la cebolla con un cuchillo, entran en contacto las dos sustancias citadas: la enzima (aliinasa) reacciona con los aminoácidos (isoaliina) y desprende una sustancia que actúa como un gas lacrimógeno.

Hay innumerables trucos que, según se dice, evitan que la cebolla sea causa de llanto: poner una vela encendida al lado de la tabla, cortarlas debajo del agua, ponerse gafas de buceo… ¿Sirven de algo en realidad? ¡Es cuestión de probar!

V.V. A.A.: *70 preguntas curiosas sobre el mundo que nos rodea y sus asombrosas respuestas* (texto adaptado).

1. La cebolla llegó a Europa...

a) en el año 4000 a. C.
b) a través de los romanos.
c) como regalo del faraón Keops.
d) desde Babilonia.

2. La cebolla se compone de agua...

a) en casi un 90 %.
b) en casi un 10 %.

3. Las cebollas...

a) tienen un efecto antibacteriano.
b) son el origen de los antibióticos.

4. ¿Por qué hace llorar la cebolla?

a) Porque contiene azufre.
b) Porque utilizamos un cuchillo de metal para cortarla.
c) Porque al cortarla desencadenamos una reacción química.
d) Porque contienen gas lacrimógeno.
e) Porque deberíamos cortarla en rodajas en lugar de en trozos.

5. La intención del texto es...

a) contar cómo podemos evitar que la cebolla nos haga llorar.
b) explicar por qué hace llorar la cebolla.
c) contar la historia de la cebolla.
d) recomendar el consumo de cebolla.

6. La cebolla es una planta bienal. Escribe las palabras *bienal* y *bianual* delante de su definición:

a) __________: Que sucede cada dos años.

b) __________: Que sucede dos veces al año.

7. Elige la opción que identifica de manera correcta y ordenada el idioma en que está escrita la palabra *cebolla* en esta serie: *onion*, *cebola*, *Zwiebel*, *oignon*, *tipula*.

a) inglés, portugués, alemán, francés, vasco
b) inglés, italiano, alemán, francés, vasco

8. En la oración «Las cebollas eran un remedio habitual contra las inflamaciones», la palabra *habitual* es sinónimo de:

a) recomendado
b) frecuente
c) indicado
d) ocasional

9. Escribe tres palabras de la lectura propias del lenguaje técnico (tecnicismos).

10. Relaciona cada forma verbal con el tiempo correspondiente:

llegó	condicional simple
consumen	presente de subjuntivo
serían	pretérito perfecto simple
subestiméis	presente de indicativo

Mira y aprende

En el espacio personal de la página web *www.barcanova.cat*, encontrarás un interesante vídeo que explica por qué cortar cebollas hace llorar.

Investiga

Escribe una pregunta curiosa en un papel. Por ejemplo: ¿por qué a algunas personas les pican más los mosquitos que a otras? ¿Por qué el cielo es azul? ¿Por qué los buceadores se tiran de espaldas de la lancha? Recoged todas las preguntas, mezcladlas y repartidlas. Con el ordenador, y durante unos 15 minutos, responded la cuestión que os ha tocado. Poned en común toda la información.

UNIDAD 6

Preparamos la lectura

1. ¿Sabes algo de francés? ¿Qué palabras conoces en esa lengua? ¿Te gustaría aprender a hablar ese idioma?

2. Imagina de qué puede tratar el texto que vas a leer. Después, comprueba si habías acertado.

★ LAS PALABRAS MALETA

La lectura ha sido extraída de una novela titulada *Prohibido leer a Lewis Carroll*. A este autor se le atribuye la invención de la expresión «palabra maleta». Fijaos en esta que tiene mucho que ver con la lectura:

DESASTRIZ: DESASTRE + INSTITUTRIZ

Las *palabras maleta* se forman uniendo dos o más palabras para crear una nueva. Os proponemos que, en grupo, juguéis a crearlas y expliquéis cuál es su significado. Incluso podéis buscar alguna imagen como la del ejemplo. Ganará el grupo que invente la palabra más original y divertida.

LETRANTERÍA: LETRA + ESTANTERÍA

BARCANOVA EDITORIAL

» CLUB DE LECTURA

La institutriz desastre

Por extraño que resulte, ese anuncio aparecido en el periódico a quien ilusionó más no fue a mademoiselle Chignon, sino a la aristocracia de la comarca donde vivía Eugéne, Les Arcs, entre cuyos nobles la posibilidad de que aquella joven consiguiera un buen trabajo en Nueva York provocó una inesperada y unánime alegría. [...]

Pero ¿por qué se alegraron tanto estos distinguidos nobles?

La culpa de que un pequeño anuncio en un periódico de provincias tuviera el poder de desencadenar semejante entusiasmo entre marqueses, condes y barones se encontraba repartida, a partes iguales, entre:

a) Nuestra joven protagonista, Eugéne Chignon y...

b) La **cláusula** XIII del testamento del noble más importante de la región, el difunto duque de Les Arcs.

VOCABULARIO

cláusula *f.* Disposición contenida en un testamento, un contrato u otro documento semejante.

Eugéne era hija del mayordomo del duque de Les Arcs, e hizo compañía al anciano aristócrata durante los últimos años de su vida. El señor de Les Arcs la recompensó proporcionándole una buena educación y, lo que fue aún mejor, incluyendo una cláusula en su testamento, la cláusula XIII, en la que exigía a todos los nobles de su comarca que consiguieran empleo a Eugéne como institutriz de los hijos de las mejores familias.

En principio la cláusula XIII no parecía ofrecer mayores problemas. Sin embargo, cuando monsieur Chignon, el padre de Eugéne, supo de esa última voluntad del duque, no pudo evitar soltar una sonora carcajada.

No rio porque su hija no pudiera ser una buena institutriz, al contrario, era una apasionada de la lectura y hablaba con soltura francés, inglés y alemán. Podría educar perfectamente a cualquier hijo de noble. El problema residía en que, con su ceguera y su sordera, el señor de Les Arcs nunca conoció una de las principales características de Eugéne, que no

era su alegre sonrisa, ni su cabellera pelirroja, sino su irrefrenable capacidad para provocar desastres.

Allá donde iba, Eugéne Chignon tropezaba, empujaba, obstaculizaba, chocaba o importunaba. Era un poderoso imán para el caos.

No había, sin embargo, maldad ninguna en Eugéne. Lo que había era mucha, muchísima mala suerte. Sobre todo mala suerte para los demás.

Ya siendo apenas un bebé, Eugéne destacó por su habilidad para enredarse en las piernas de los adultos, especialmente si el adulto llevaba una bandeja. Tantas bandejas cayeron al suelo que el servicio del duque se convirtió en el único de toda Francia que servía las comidas en cestas.

De niña cerró tantas veces a destiempo la tapa durante sus clases de piano que provocó la dimisión de todas sus profesoras de música, normalmente después de que estas entonaran un agudo ¡ay! **sostenido**.

Más tarde, con las clases de baile, se descubriría la especialidad de Eugéne, el efecto dominó.

Si Eugéne hacía tropezar a su profesor, su profesor no se limitaba a caer al suelo, sino que, mala suerte, se chocaba con una de las criadas quien, mala suerte, llevaba una sopera, sopera que, mala suerte, podía caer por la escalera hacia la entrada principal, justo en el momento en el que el cartero decía: «Buenos días».

Y la sopa y la casa entera respondían:

—Mala suerte.

Durante el año que siguió a la muerte del duque, Eugéne Chignon sirvió como institutriz en las residencias de los diversos nobles. En todas las casas conquistó a los niños, y en todas también enfadó a los padres.

En la mansión de la marquesa de Puntilliste, donde estuvo tres meses enseñando idiomas a sus hijos, entre otros desastres volcó noventa y tres veces la taza de té: tres veces sobre sí misma, diez veces sobre diez carísimos vestidos de la marquesa, y las restantes ochenta, sobre Nube, el caniche blanco de la señora de Puntilliste.

Eugéne y la marquesa descubrieron con sorpresa que el pelo de caniche se puede teñir de forma permanente con té, descubrimiento que tuvo dos consecuencias: Nube pasó a llamarse Mechas y Eugéne fue expulsada de la mansión.

Ese trabajo en la casa de la marquesa fue solo el primero de los que tuvo durante aquel año, siempre con resultados catastróficos.

Apartó una escalera que estorbaba en la biblioteca **heráldica** del conde de Abôlengue, sin percatarse de que el propio conde se hallaba en lo alto de la misma consultando en un grueso tomo quién fue la hermana pequeña de la primera esposa de su tatarabuelo, asunto que las últimas noches no le dejaba apenas dormir. Monóculo, conde y tomo cayeron desde lo alto, y en ese orden.

Descubrió el pasillo secreto desde el que el barón de Àgauche espiaba a su eterno rival, el barón de Àdroite. El pasillo terminaba en el salón de retratos de los Àdroite, concretamente detrás de un cuadro que tenía los ojos perforados. Eugéne resbaló justo cuando espiaba, y su cabeza

VOCABULARIO

sostenido *m.* Se dice de una nota musical que está alterada en un semitono por encima de su sonido natural.

heráldico, ca *adj.* De los escudos de armas y de las figuras que los componen.

atravesó el cuadro, ofendiendo en un solo movimiento a los dos barones enemigos. Àgauche se enfadó al ver su secreto pasillo de espionaje descubierto. Y Àdroite estalló en cólera por la aparición de la sorprendida cabeza pelirroja de Eugéne donde debería estar la cabeza del Gran **Senescal**, el pariente Àdroite más prestigioso, quien además era la segunda vez que perdía la cabeza (la primera vez fue durante la Revolución Francesa).

En casa del estricto vizconde de Analphabète tan solo estuvo un día, y curiosamente, no rompió nada. Pero con el pequeño heredero del vizconde hizo algo que **contravenía** la norma más sagrada de la casa Analphabète: intentó enseñarle a leer.

Por eso, cuando los aristócratas vieron en ese anuncio la posibilidad de librarse de Eugéne sin contradecir la cláusula XIII del testamento del duque, dieron saltos de alegría.

Eso sucedió esa mañana de abril de 1932, en la que una marquesa, un conde y dos barones acudieron a casa de mademoiselle Chignon para enseñarle el anuncio. Eugéne cogió el periódico, leyó el anuncio y lo primero que hizo fue parpadear asombrada.

—¿Nueva York?

DIEGO ARBOLEDA: *Prohibido leer a Lewis Carroll* (texto adaptado).

VOCABULARIO

senescal *m.* Jefe o cabeza principal de la nobleza.

contravenir *v.* Obrar en contra de una ley o una orden.

¿SABÍAS QUE...?

Lewis Carroll, el escritor cuyo nombre figura en el título del libro al que pertenece esta lectura, es el autor de *Alicia en el país de las maravillas* (1865), considerada una de las obras más importantes de la literatura universal. En realidad, se trata del seudónimo de Charles Lutwidge Dodgson (1832-1898) diácono y profesor de la Universidad de Oxford. Allí enseñó humanidades y matemáticas, y también fue fotógrafo y escritor. Alcanzó la fama por esa novela y su continuación, *A través del espejo y lo que Alicia encontró allí.*

BuScA eN eL tExTo...

La protagonista de la lectura es políglota, pues habla varias lenguas. Busca los idiomas que conoce Eugéne Chignon.

» ACTIVIDADES

Comprensión de la lectura

1. ¿Dónde transcurre la narración? ¿En qué fecha concreta?

2. ¿Cuál es el motivo que desencadena los hechos que se narran?

a) El testamento del duque de Les Arcs.
b) La preocupación de los nobles por el porvenir de Eugéne.
c) El anuncio de una oferta de trabajo para Eugéne.
d) El interés del padre de Eugéne por la educación de su hija.

3. ¿Por qué el duque de Les Arcs favoreció a Eugéne Chignon en su testamento?

4. Uno de los principales rasgos que caracterizan a Eugéne Chignon es...

a) su alegre sonrisa.
b) su cabellera pelirroja.
c) su capacidad para provocar desastres.
d) su facilidad para hablar idiomas.

5. ¿Por qué la aristocracia de la comarca está interesada en que Eugéne se vaya a trabajar a Nueva York?

6. ¿Por qué dimitían todas las profesoras de música de Eugéne?

7. Completa una tabla como esta con lo que ha ocurrido en los sucesivos empleos de Eugéne como institutriz:

En casa de...	
¿Qué hizo Eugéne?	
¿Qué consecuencias tuvo?	

Expresión personal

8. El autor juega con el significado que tienen en castellano los nombres franceses de los personajes. Cópialos, tradúcelos y explica por qué resultan cómicos la mayoría de ellos.

9. Numera las siguientes oraciones según el orden en que aparecen en la lectura:

a) En todas las casas conquistó a los niños.
b) Eugéne era la hija del mayordomo del duque de Les Arcs.
c) Su profesor no se limitaba a caer al suelo.
d) Una marquesa, un conde y dos barones acudieron a casa de mademoiselle Chignon.
e) Nube pasó a llamarse Mechas.
f) Era un poderoso imán para el caos.
g) El pasillo terminaba en el salón de retratos de los Àdroite.
h) Ese anuncio ilusionó a la aristocracia de la comarca.
i) Solo estuvo un día y no rompió nada.
j) Exigía que consiguieran empleo a Eugéne como institutriz.

10. ¿Cuál de los siguientes títulos te parece más adecuado para la lectura? ¿Por qué? Propón tú dos títulos más.

a) Una oferta de empleo
b) La maldición de Eugéne
c) Una institutriz peligrosa

11. En casa de la marquesa de Puntilliste, Eugéne volcó noventa y tres veces la taza de té. Escribe con letras las siguientes cifras:

10 • 19 • 80 • 54 • 616 • 957

12. Toma nota de todos los títulos nobiliarios que se mencionan a lo largo de la lectura. Luego, infórmate e indica cuál es su orden de importancia.

13. Relaciona las oraciones de arriba, que contienen el verbo *tropezar*, con su significado, que encontrarás más abajo:

a) Ha tropezado con una piedra y casi se cae.
b) La investigación tropezó con la falta de recursos materiales y formativos.
c) Ha tropezado en el examen del carné de conducir otra vez.
d) Tropecé con una panadería al salir del metro y compré dos barras.
e) Si tropiezas con él, tienes las de perder.

1. Dar con los pies en un obstáculo.
2. Encontrar algo o a alguien por casualidad.
3. Hallar un estorbo que impide el desarrollo de algo.
4. Enfrentarse o reñir con alguien.
5. Fracasar o cometer una equivocación.

14. Redacta con otras palabras las siguientes frases de la lectura:

a) Eugéne destacó por su habilidad para enredarse en las piernas de los adultos.
b) Cerró tantas veces a destiempo la tapa durante sus clases de piano que provocó la dimisión de sus profesoras.
c) Con las clases de baile, se descubriría la especialidad de Eugéne, el efecto dominó.

15. Una personificación es un recurso expresivo que consiste en atribuir cualidades humanas a animales u objetos. Busca en el texto un ejemplo de personificación y cópialo.

16. Redacta un anuncio con una oferta de trabajo como institutriz en Nueva York que resulte atractivo para Eugéne Chignon. Ten en cuenta que debe tener un titular y un texto que describa las condiciones del empleo. Fíjate en el ejemplo extraído de la novela:

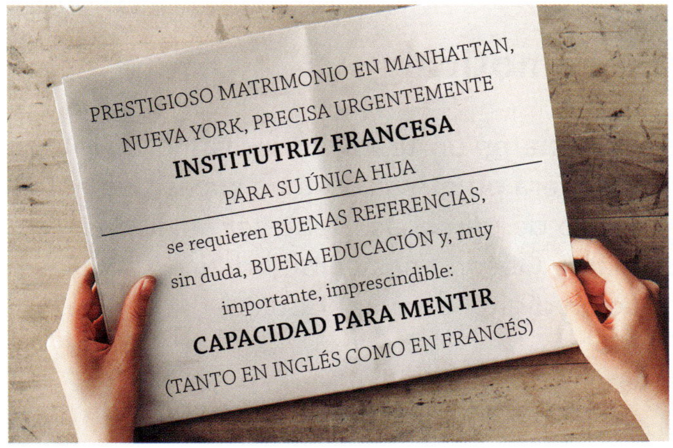
PRESTIGIOSO MATRIMONIO EN MANHATTAN,
NUEVA YORK, PRECISA URGENTEMENTE
INSTITUTRIZ FRANCESA
PARA SU ÚNICA HIJA
se requieren BUENAS REFERENCIAS,
sin duda, BUENA EDUCACIÓN y, muy
importante, imprescindible:
CAPACIDAD PARA MENTIR
(TANTO EN INGLÉS COMO EN FRANCÉS)

17. Después de leer el anuncio, ¿viajará Eugéne a Nueva York o preferirá quedarse en Les Arcs? Inventa un final para esta historia y escríbelo en dos párrafos.

18. Todos los nobles van a casa de Eugéne para convencerla de que acepte el empleo. Imagina la escena e inventa el diálogo. Tus compañeros y tú podéis repartiros los papeles y representarla delante de toda la clase.

19. En la novela de la que se ha extraído la lectura, Eugéne se hace cargo de una niña llamada Alice, cuya pasión por la obra de Lewis Carroll provoca que sus padres le prohíban leerla. Busca información sobre *Alicia en el país de las maravillas* y contesta a estas preguntas: ¿Cuándo se publicó? ¿Cuál es su argumento? ¿Quiénes son los personajes principales?

» LENGUA Y SOCIEDAD

1. Los textos periodísticos informativos

1.1. La noticia

La **noticia** es un **texto periodístico** cuyo objetivo es **informar de manera objetiva** sobre un suceso de actualidad a un amplio número de personas. Debe ser verdadera, concisa y de interés general. Observa las características propias de la noticia en la edición digital de un periódico:

Los **medios de comunicación** difunden información de actualidad y de interés. A diferencia de las ediciones en papel de los periódicos, los formatos **digitales** se actualizan al minuto y ofrecen enlaces a otros contenidos audiovisuales.

Sección a la que pertenece la noticia

Mundo **Global**

CRÓNICAS INTERNACIONALES

Apartado de la sección y tipo de información

Un minero se hace rico tras encontrar unas gemas de tres millones de euros (1)

Un hombre descubrió dos piedras de rara tanzanita mientras trabajaba de manera artesanal en Tanzania.

Enlaces a **redes sociales**

12

Haciendo clic en los iconos, indicas si la noticia te gusta, y puedes enviarla o imprimirla.

AFP
Dar es Salaam · 15 JUL 2020 · 08:32 CEST

Hipervínculo. Al clicar sobre la palabra, amplías información sobre la misma.

Un minero artesanal de Tanzania se ha hecho millonario tras hallar dos de los mayores fragmentos de tanzanita, una rara piedra preciosa, y haberlos vendido al Gobierno de su país. **(2)**
Saniniu Kuryan Laizer, de 52 años, encontró las gemas, de 9,27 y 5,1 kilos de peso, en las montañas de Mererani, una zona que hace dos años el presidente tanzano, John Magufuli, había decidido rodear de un muro para controlar la producción y luchar contra las exportaciones ilegales. El minero ha vendido las piezas por 7.700 millones de chelines, unos 2,9 millones de euros. **(3)**

www.elpais.com (texto adaptado).

ARCHIVADO EN:
Piedras preciosas · Tanzania · África subsahariana · África · Minería · Sucesos insólitos
Materias primas · Sucesos · Industria

Etiquetas. Palabras con que se agrupan y clasifican las noticias. Enlazan con otras noticias.

La mayoría de los géneros informativos se componen de tres partes principales:

(1) El **titular**: resume la información en una frase. En algunas ocasiones se acompaña de un **subtítulo**.

(2) La **entradilla** (o *lead*): a veces aparece destacada, pero suele corresponderse con el primer párrafo de la noticia, en el que se responde a estas seis preguntas: ¿**Qué** ocurrió? ¿**A quién** o quiénes? ¿**Dónde**? ¿**Cuándo**? ¿**Cómo**? ¿**Por qué**?

(3) El **cuerpo** de la noticia: desarrolla toda la información, aportando nuevos datos para ampliarla y complementarla. La información se ordena de mayor a menor interés.

Las **redes sociales** son un medio para la comunicación interpersonal donde cualquier persona puede compartir todo tipo de contenidos. Se han convertido en una importante fuente de información.

1.2. El reportaje

El **reportaje** es un texto periodístico que **desarrolla en profundidad un suceso o hecho de interés** general. Es un trabajo de investigación que suele ir acompañado de imágenes, fotografías, mapas, datos, etc. Su estructura es similar a la de una noticia, pero se trata de una información mucho más extensa y detallada, con la aparición de numerosas fuentes especializadas, y que no está tan condicionada por la actualidad. Lee el siguiente ejemplo de reportaje:

CIENTÍFICAS AFRICANAS EN MOVIMIENTO / 4

Segenet Kelemu: la señora de las moscas

La botánica etíope opina que los insectos son una oportunidad para el desarrollo de África

MICHELE CATANZARO, MARCO BOSCOLO

Unas 200.000 moscas vuelan alrededor de Adan Mohammed en una gran tienda a las afueras de Nairobi (Kenia). Están repartidas en una treintena de contenedores del tamaño de un armario, hechos de blancas mosquiteras. Mohammed es un estudiante de ingeniería de 26 años que ha construido este criadero de insectos, el cual forma parte de su empresa, EcoDudu, que transforma larvas de mosca soldado negra en comida.

«Los insectos son la respuesta a la demanda global de proteínas», afirma Segenet Kelemu, botánica y directora del Centro Internacional de Fisiología y Patología de los Insectos (ICIPE) de Nairobi, uno de los institutos científicos más prestigiosos de África. EcoDudu nació del programa de pequeños emprendedores del centro.

«Para producir un kilo de carne de vaca se necesitan 25 kilos de pienso y una enorme cantidad de agua. Un kilo de grillos necesita de 2,2 kilos de pienso y muy poca agua», prosigue Kelemu. Además, los insectos no tienen colesterol.

El ICIPE ha descubierto cómo criar grillos, langostas y el carísimo saltamonte verde, a raíz de que Kelemu tomara las riendas del instituto en el 2013 y apostara por estudiar los insectos comestibles. La comida para animales es la puerta grande por la cual los insectos están entrando en la cadena alimentaria. Estados Unidos abrió la veda autorizando los insectos como aditivo para el pienso. La científica cree que los insectos podrían también llegar directamente a las mesas de los humanos.

Pies descalzos

En la mesa del despacho de Kelemu se alinean cinco o seis tazas llenas de bolígrafos y lápices. «Cuando era pequeña, eran lo más valioso. En mi pueblo caminaba descalza, iba a buscar el agua y la madera y trabajaba en los campos». La ambición y el trabajo aparecen en cada palabra de la científica. Ambas cualidades la llevaron a Estados Unidos para su doctorado y trabajó durante años en el Centro Internacional de Agricultura Tropical (CIAT) en Cali (Colombia). Pero un día le dijo a su marido y a su hija que tenía que regresar. La familia lo dejó todo y se desplazó a Kenia en el 2007. «Estaba feliz en Colombia, pero me dije: ¿Qué has hecho tú para esas personas como tus padres, que iban descalzos y compraron lápices para ti?».

Publicado en *El Periódico* (texto adaptado).

» ACTIVIDADES

20. Lee la siguiente noticia y contesta a las preguntas que se formulan:

UN FRAGMENTO DE ASTEROIDE GENERA UNA OLA DE FUEGO TAN BRILLANTE COMO LA LUNA

Este sábado por la noche, una gran roca procedente de un asteroide ha cruzado la atmósfera a 72.000 kilómetros por hora, generando una gran bola de fuego que ha sobrevolado las provincias de Toledo y Madrid. La luz desprendida por este fenómeno ha podido vislumbrarse desde casi todo el país, llegando a ser casi tan brillante como la luna de anoche.

El suceso, que se ha producido a las 0:58 horas, ha sido captado por los detectores que la Universidad de Huelva tiene instalados en el complejo astronómico de La Hita, en La Puebla de Almoradiel (Toledo), con el objetivo de monitorizar continuamente el cielo para registrar y estudiar el impacto contra la atmósfera terrestre de rocas procedentes de distintos objetos del sistema solar.

www.elperiodico.com (texto adaptado).

a) ¿Qué ha ocurrido? ¿Quién ha protagonizado el hecho?
b) ¿Dónde y cuándo ha ocurrido?
c) ¿Cómo ha ocurrido y por qué?

21. Elige uno de estos titulares y escribe una noticia ampliando con detalle la información:

a) Un aeroplano realiza un aterrizaje forzoso en una pista de patinaje
b) Se hallan nuevos restos fósiles de dinosaurio en La Rioja
c) Cuatro provincias activan la alerta amarilla por lluvia
d) Port Aventura reabre sus puertas con una nueva atracción

22. Lee esta noticia y señala sus partes: titular, entrada (o *lead*) y cuerpo. Indica qué palabras destacarías como hipervínculos si la noticia se publicara en un periódico digital. Di también cómo la etiquetarías.

FABRICAN CON GRAFENO UNA CAMISETA QUE REFRESCA EL CUERPO

El invento podría usarse en prendas de vestir, trajes espaciales, satélites o pantallas

Científicos británicos han desarrollado una tecnología que aprovecha la flexibilidad y las propiedades térmicas del grafeno para fabricar textiles que bajan la temperatura corporal.

El grafeno, ese material bidimensional, transparente y muy resistente y flexible, nació entre las paredes de la Universidad de Manchester en 2004. Allí lo sintetizaron por primera vez los físicos Andre Geim y Konstantin Novoselov, premiados con el Nobel de Física en 2010 por el hallazgo. El Instituto Nacional del Grafeno que alberga esta universidad británica se ha convertido en uno de los principales centros mundiales dedicados a descubrir aplicaciones para este material, como textiles inteligentes capaces de regular la temperatura.

Este material que se emplea ya en baterías, teléfonos móviles, automóviles o accesorios deportivos, como raquetas, ha sido incorporado ahora a la ropa, logrando un tipo de textil adaptable que refresca a la persona que lo lleva.

www.elmundo.es (texto adaptado).

23. En el espacio personal de la página web *www.barcanova.cat*, encontrarás el enlace a un reportaje de televisión. Visiónalo y, a continuación, responde las siguientes preguntas.

a) ¿Cuál es el tema?
b) ¿Cómo está organizado?
c) ¿Quiénes intervienen o son entrevistados?
d) ¿A qué conclusiones se llega?
e) ¿A quién está dirigido el reportaje? Justifica tu respuesta.

» TOMA LA PALABRA

Os presento a...

Vas a contar a tus compañeros la biografía de una persona cuya vida te parezca interesante. Debe tratarse de un familiar o de un conocido que sea importante para ti o que haya destacado por alguna razón.

Procedimiento

1. Elige a la persona de quien vas a hablar y elabora una ficha con sus datos biográficos más relevantes, ordenados de forma cronológica.

2. Prepara la presentación oral con el siguiente esquema u otro similar:

- Nombre de la persona, fecha y lugar de nacimiento (y muerte, si procede).
- Justificación: por qué quieres hablar de esa persona, por qué te gustaría que tus compañeros la conocieran, etc.
- Biografía.
- Conclusión.

3. Puedes acompañar tu narración con una presentación audiovisual. Encontrarás enlaces para ello en el espacio personal de la web *www.barcanova.cat*.

4. Ensaya varias veces y memoriza los datos más importantes. No se trata de leer lo que has escrito, sino de exponerlo oralmente a los demás.

Para inspirarte...

Voy a hablaros de mi abuelo Ramón por tres razones. La primera es porque es el padre de mi madre, la segunda porque desde que nací paso con él todos los veranos, y la tercera porque es la persona más sabia que conozco.

Nació en 1952 en Calaf, un pueblo conocido por su mercado, sus fábricas de cerámica y las representaciones de «Els Pastorets». Como era muy buen estudiante, a los 16 años le dieron una beca para ir a estudiar a Barcelona y allí se quedó para trabajar, al mismo tiempo que iba a la universidad y, según él, hacía la revolución (esto no sé muy bien qué es). Le gustaba mucho el cine y me ha contado que tenía que ir a Francia a ver películas porque aquí estaban prohibidas. En 1981 empezó a ejercer de periodista en una cadena de televisión y, durante muchos años, viajó por el mundo haciendo reportajes. Afortunadamente para mí, se jubiló poco antes de nacer yo. Él me enseñó a ir en bici y me contagió su afición al fútbol, otra de sus grandes pasiones. Está al día de todo lo que pasa, lee muchísimo y puedes preguntarle lo que quieras porque lo sabe todo.

» LITERATURA

1. La prosa en los siglos XIII y XIV: Alfonso X y don Juan Manuel

1.1. Primeras obras en prosa castellana

En el espacio personal de la página web *www.barcanova.cat*, encontrarás el enlace a un breve documental sobre la Edad Media y la figura de Alfonso X el Sabio.

El rey Fernando III el Santo adoptó el castellano como lengua oficial, en sustitución del latín. No obstante, fue su hijo, Alfonso X el Sabio, quien convirtió el **castellano** en **lengua de cultura**. Puede decirse que, gracias a él, se inició la prosa literaria en lengua castellana.

Las primeras obras literarias escritas en castellano son obras históricas, de finales del siglo XII y principios del XIII, de escaso valor literario.

Del siglo XIII se conservan traducciones de la Biblia, colecciones de ejemplos, refranes, proverbios, etc. Los ejemplos (***exempla***) eran cuentos breves que servían para ilustrar alguna idea o consejo de tipo religioso, didáctico o moral. Están basados en la Biblia, en fábulas protagonizadas por animales o en la propia experiencia. Se trata de relatos **didáctico-moralizantes**, pues de ellos puede extraerse un consejo provechoso. Servían tanto para **educar** como para **entretener** al pueblo en su propia lengua.

1.2. Alfonso X el Sabio

Alfonso X (1221-1284) sucedió a su padre Fernando III, apodado el Santo, en el trono de Castilla y León. Reinó de 1252 a 1284.

Su reinado no se caracterizó por una gran actividad guerrera; sin embargo, en el terreno cultural sí que se notaron numerosos cambios. Por ejemplo:

- Consolidó el uso del castellano como lengua oficial y como lengua literaria en prosa.
- Unificó lingüísticamente el reino.
- Contribuyó a la regularización de la ortografía castellana.
- Puso la cultura al alcance del pueblo usando su propia lengua, el castellano, frente al latín, como habitual.
- Se crearon y se tradujeron, bajo su dirección, numerosas obras: literarias, científicas, históricas, jurídico-legales, de entretenimiento, etc.

Alfonso X, debido a su gran labor en el ámbito cultural, recibió el sobrenombre de **el Sabio**.

Miniatura de jugadores de ajedrez (cristianos y musulmanes). Pertenece al *Libro de los Juegos*, de Alfonso X el Sabio.

BARCANOVA EDITORIAL

Alfonso X y la Escuela de Traductores de Toledo

En la **Escuela de Traductores de Toledo**, Alfonso X reunió a un buen número de colaboradores cristianos, árabes y hebreos, que, bajo su dirección, realizaban traducciones del árabe y del hebreo. Una vez traducidos los textos al castellano, Alfonso X los corregía según sus criterios lingüísticos, con lo que les daba unidad de estilo.

En el siguiente cuadro aparecen las obras más importantes llevadas a cabo bajo su dirección.

TIPOS DE OBRAS	TÍTULO	CONTENIDO
HISTÓRICAS	*Crónica general*	Es la primera historia de España escrita en castellano.
	Grande e general estoria	Historia universal inacabada.
CIENTÍFICAS	*Libros del saber de astronomía*	Trata sobre el movimiento de los astros.
	Lapidario	Trata sobre las propiedades de las piedras.
DE ENTRETENIMIENTO	*Libro de ajedrez, dados e tablas*	Trata sobre estos juegos.
JURÍDICAS	*Las Siete Partidas*	Obra de carácter legal.
POÉTICAS	*Cantigas de Santa María*	Poesías originales en honor a la Virgen María, escritas en gallegoportugués.

Así pues, podemos afirmar sin duda que Alfonso X el Sabio fue el **fundador de la prosa literaria castellana**. Años más tarde, su sobrino, don Juan Manuel, la fijará de forma definitiva.

1.3. Don Juan Manuel

Don Juan Manuel (1282-1348), nieto de Fernando III el Santo y sobrino de Alfonso X el Sabio, fue uno de los hombres más cultos de su época, pues, al ser miembro de la nobleza, recibió una educación excelente.

Fue un modelo de **caballero medieval**: además de escribir libros, se dedicó a la guerra, participando activamente en campañas militares de la Reconquista.

Don Juan Manuel escribió **varios libros**, todos ellos **en prosa**: *Libro de los estados*, *Libro del caballero y el escudero*, *Libro de la caza*, *Libro de las armas* y *El conde Lucanor*. Se trata de obras de carácter didáctico-moralizante: pretenden formar a las personas y darles consejos para afrontar todo tipo de situaciones.

La obra más conocida de don Juan Manuel es *El conde Lucanor* o *Libro de los enxiemplos del conde Lucanor et de Patronio*.

El conde Lucanor

La obra titulada *El conde Lucanor* está compuesta por cincuenta y un cuentos o apólogos, a los que don Juan Manuel llama ***exemplos*** o *enxiemplos*. Con ellos pretende dar consejos para actuar correctamente en situaciones difíciles, para saber elegir cuál es la mejor opción; su finalidad es, por tanto, formar y educar a las personas.

Los cuentos no son originales, sino que el autor se inspira en cuentos muy conocidos de diversa procedencia (oriental, árabe, religiosa, etc.). A diferencia de su tío, don Juan Manuel no traduce las obras, sino que las reelabora y las adapta a situaciones propias de su tiempo.

Los **temas** que plantea Don Juan Manuel en la obra son varios: la honra, la hacienda, el prestigio social, la prudencia, la amistad, etc. Por eso, todos los consejos que ofrece en sus cuentos giran en torno a estos asuntos: cómo aumentar las posesiones, cómo vencer las dificultades, cómo reconocer a un verdadero amigo, etc. Todo ello refuerza el **carácter didáctico-moralizante** de su obra.

Estructura de los cuentos

Los cincuenta y un cuentos son independientes y presentan la misma estructura:

- El conde Lucanor tiene un problema y le pide opinión a Patronio, su consejero.
- Patronio le cuenta un cuento apropiado al caso.
- El conde comprende la enseñanza transmitida por el cuento y actúa en consecuencia.
- Al final, el autor resume la enseñanza que se desprende del cuento en un pareado.

Así pues, todos los cuentos de *El conde Lucanor* se inscriben en una antigua tradición oriental de **relatos marco**, es decir, cuentos incluidos en otro cuento. Aquí, el relato marco es la historia entre el conde Lucanor y su consejero Patronio; los cincuenta y un cuentos o ***exemplos*** (los relatos enmarcados) están incluidos en este, ya que están puestos en boca de Patronio.

Relato marco: la relación entre el conde Lucanor

Cuento 1	Cuento 2	Cuento 3	Cuento ...	Cuento 51

y su consejero Patronio

En *Las mil y unas noches*, todas las historias que cuenta Sherezade al rey (la de Aladino, la de Alí Babá, etc.) son **relatos marco**.

En la Escuela de Traductores de Toledo también se tradujo del árabe la obra *Calila e Dimna*, otra famosa colección de cuentos de procedencia oriental que utiliza el mismo procedimiento.

Estilo

El ideal de estilo de don Juan Manuel, según él mismo declara, es la **brevedad**, la **claridad** y la **exactitud**. Para conseguirlo recurre a los siguientes rasgos estilísticos:

- Una **selección de las palabras** muy cuidada.
- Abundancia de **repeticiones** (polisíndeton, paralelismos).
- Uso de **sinónimos**.
- Abundancia de **nexos** coordinantes y subordinantes.

Lo que sucedió a un hombre que cazaba perdices

Hablaba otra vez el conde Lucanor con Patronio, su consejero, y le dijo:

—Patronio, algunos nobles muy poderosos y otros que lo son menos, a veces, hacen daño a mis tierras o a mis vasallos, pero, cuando nos encontramos, se excusan por ello, diciéndome que lo hicieron obligados por la necesidad, sintiéndolo muchísimo y sin poder evitarlo. Como yo quisiera saber lo que debo hacer en tales circunstancias, os ruego que me deis vuestra opinión sobre este asunto.

—Señor conde Lucanor —dijo Patronio—, lo que me habéis contado, y sobre lo cual me pedís consejo, se parece mucho a lo que ocurrió a un hombre que cazaba perdices.

El conde le pidió que se lo contase.

—Señor conde —dijo Patronio—, había un hombre que tendió sus redes para cazar perdices y, cuando ya había cobrado bastantes, el cazador volvió junto a la red donde estaban sus presas. A medida que las iba cogiendo, las sacaba de la red y las mataba y, mientras esto hacía, el viento, que le daba de lleno en los ojos, le hacía llorar. Al ver esto, una de las perdices, que estaba dentro de la malla, comenzó a decir a sus compañeras:

—¡Mirad, amigas, lo que le pasa a este hombre! ¡Aunque nos está matando, mirad cómo siente nuestra muerte y por eso llora!

Pero otra perdiz que estaba revoloteando por allí, que por ser más vieja y más sabia que la otra no había caído en la red, le respondió:

—Amiga, doy gracias a Dios porque me he salvado de la red y ahora le pido que nos salve a todas mis amigas y a mí de un hombre que busca nuestra muerte, aunque dé a entender con lágrimas que lo siente mucho.

Vos, señor conde Lucanor, evitad siempre al que os hace daño, aunque os dé a entender que lo siente mucho; pero si alguno os perjudica, no buscando vuestra deshonra, y el daño no es muy grave para vos, si se trata de una persona a la que estéis agradecido, que además lo ha hecho forzada por las circunstancias, os aconsejo que no le concedáis demasiada importancia, aunque debéis procurar que no se repita tan frecuentemente que llegue a dañar vuestro buen nombre o vuestros intereses. Pero si os perjudica voluntariamente, romped con él para que vuestros bienes y vuestra fama no se vean lesionados o perjudicados.

El conde vio que este era un buen consejo que Patronio le daba, lo siguió y todo le fue bien.

Y viendo don Juan que el cuento era bueno, lo mandó poner en este libro e hizo estos versos:

«A quien te haga mal, aunque sea a su pesar,
busca siempre la forma de poderlo alejar».

DON JUAN MANUEL: *El conde Lucanor* (texto adaptado).

» ACTIVIDADES

24. ¿Cómo consiguió Alfonso X unificar lingüísticamente el reino de Castilla y León?

25. Di si son verdaderas o falsas las siguientes afirmaciones:

a) Alfonso X el Sabio fue hijo de Fernando III el Santo.
b) Los ejemplos (*exemplos* o *enxiemplos*) eran textos de carácter histórico.
c) Alfonso X el Sabio escribió poesías en castellano.
d) Don Juan Manuel era sobrino de Alfonso X.
e) Don Juan Manuel escribió obras en prosa y en verso.
f) *El conde Lucanor* consta de cincuenta y un *exemplos* o cuentos.

26. Escribe cada afirmación en una tabla como la siguiente:

a) Fue hijo de un rey.
b) Vivió en el siglo XIII.
c) Fue nieto y sobrino de reyes.
d) Vivió en el siglo XIV.
e) Escribió solo obras en prosa.
f) Escribió poesías en gallegoportugués.
g) Todas sus obras son de carácter didáctico-moralizante.
h) Bajo su dirección se tradujeron diferentes obras de origen árabe.
i) Escribió personalmente sus obras.

Alfonso X el Sabio	Don Juan Manuel

27. Lee el siguiente fragmento de una obra de Alfonso X y responde a las cuestiones:

> Pues esta Espanna que dezimos tal es como el parayso de Dios, ca riega se con cinco rios cabdales que son Ebro, Duero, el Taio, Guadalquiuil, Guadiana; e cada uno dellos tiene entre si et ell otro grandes montannas et tierras; e los ualles et los llanos son grandes et anchos, et por la bondad de la tierra et ell humor de los rios lieuan muchos fructos et son abondados.
>
> ALFONSO X EL SABIO: *Crónica general.*

a) Copia el texto adecuándolo a las normas del castellano actual.
b) Anota algunos cambios lingüísticos que observes. Por ejemplo: la *nn* se ha convertido en *ñ* (*Espanna* > *España*, *montannas* > *montañas*).
c) Dibuja un mapa de la Península y traza el recorrido de los ríos que se citan en el texto.

28. Don Juan Manuel fue criticado en su época. Lee el siguiente fragmento y responde las preguntas que se plantean.

> Y aunque yo sé que algunos murmuran de mí porque escribo libros, os digo que no por ello dejaré de hacerlo [...]. Y como en los libros que escribo hay provecho y verdad, por eso no quiero dejar de escribir, por mucho que murmuren [...]. Y considero que aunque yo tenga muchas limitaciones, hasta el día de hoy no he hecho nada que vaya en contra de mi condición, y pienso que es mejor pasar el tiempo escribiendo libros que jugando a los dados o hacer otras cosas viles.
>
> DON JUAN MANUEL: *Libro enfenido* (text adaptado).

a) ¿Qué censuran a don Juan Manuel?
b) ¿Quién crees que lo hace?
c) ¿A qué se dedicaban los caballeros en sus ratos libres?
d) ¿Le parece bien a don Juan Manuel lo que hacen otras personas? ¿Por qué?

29. Lee el siguiente fragmento adaptado del primer prólogo de *El conde Lucanor* y responde a las cuestiones que se plantean:

> Este libro lo escribió don Juan, hijo del muy noble infante don Manuel, deseando que los hombres hiciesen en este mundo tales obras que les fuesen provechosas para su honra, su hacienda (fortuna, negocio) y su situación social, y para que siguiesen el camino correcto para salvar sus almas. [...].
>
> Pero Dios sabe que lo hizo con la intención de que se aprovechasen de lo que él escribió las gentes que no fuesen muy letradas ni muy cultas. Y por ello, escribió todos sus libros en romance, y esto es una prueba cierta de que lo escribió para los legos (hombres de escasa o nula cultura) y no de muy gran saber como lo es él.

a) ¿Con qué objetivo escribió don Juan Manuel su obra?

b) ¿A quién va dirigida?

30. Lee el exemplo VII de *El conde Lucanor* «Lo que sucedió a una mujer llamada Doña Truhana» y responde a las preguntas:

> Otra vez habló el conde Lucanor con Patronio, su consejero, del siguiente modo:
>
> —Patronio, un hombre me ha aconsejado que haga una cosa, y aun me ha dicho cómo podría hacerla, y os aseguro que es tan ventajosa que, si Dios quisiera que saliera como él lo dijo, me convendría mucho, pues los beneficios se encadenan unos con otros de tal manera que al fin son muy grandes.
>
> Entonces refirió a Patronio en qué consistía. Cuando hubo terminado, respondió Patronio:
>
> —Señor conde Lucanor, siempre oí decir que era prudente atenerse a la realidad y no a lo que imaginamos, pues muchas veces sucede a los que confían en su imaginación lo mismo que sucedió a doña Truhana.
>
> El conde le preguntó qué le había sucedido.
>
> —Señor conde —dijo Patronio—, hubo una mujer llamada doña Truhana, más pobre que rica, que un día iba al mercado llevando sobre su cabeza una olla de miel. Yendo por el camino empezó a pensar que vendería aquella olla de miel y que compraría con el dinero una partida de huevos, de los cuales nacerían gallinas, y que luego, con el dinero en que vendería las gallinas compraría ovejas, y así fue comprando con las ganancias hasta que se vio más rica que ninguna de sus vecinas. Luego pensó que con aquella riqueza que pensaba tener casaría a sus hijos e hijas e iría acompañada por la calle de yernos y nueras, oyendo a las gentes celebrar su buena ventura, que la había traído a tanta prosperidad desde la pobreza en que antes vivía. Pensando en esto empezó a reír con la alegría que le bullía en el cuerpo, y, al reírse, se dio con la mano un golpe en la frente, con lo que cayó la olla en tierra y se partió en pedazos. Cuando vio la olla rota, empezó a lamentarse como si hubiera perdido lo que pensaba haber logrado si no se rompiera. De modo que, por poner su confianza en lo que imaginaba, no logró nada de lo que quería.
>
> Vos, señor conde Lucanor, si queréis que las cosas que os dicen y las que pensáis sean un día realidad, fijaos bien en que sean posibles y no fantásticas, dudosas y vanas, y si quisiereis intentar algo guardaos muy bien de aventurar nada que estiméis por la incierta esperanza de un galardón de que no estéis seguro.
>
> Al conde le agradó mucho lo que dijo Patronio, hízolo así y le salió muy bien. Y como don Juan gustó de este ejemplo, lo mandó poner en este libro y escribió estos versos:
>
> *«En las cosas ciertas confiad*
> *y las fantásticas evitad».*

a) ¿En cuántas partes puede dividirse el texto? Señálalas y justifica tal división.

b) ¿Dónde empieza y dónde acaba realmente el cuento?

c) ¿Dónde se expone la moraleja?

d) ¿Qué quiere dar a entender el autor con este ejemplo?

» GRAMÁTICA

1. El sintagma verbal

El **sintagma verbal (SV)** es uno de los componentes básicos de la oración. Tiene como núcleo un **verbo** y constituye el **predicado**.

Recuerda la estructura de la oración:

Oración → SN (Sujeto) + SV (Predicado)

Los alpinistas *llegaron a la cima el martes a mediodía.*
SN (Sujeto) SV (Predicado)
ORACIÓN

Hay dos clases de predicados: el **predicado nominal** y el **predicado verbal**.

Los alpinistas estaban cansados es una oración cuyo predicado es nominal, puesto que, si suprimimos el complemento verbal, la oración carece de sentido completo (*Los alpinistas estaban*). Por su parte, en *Los alpinistas llegaron a la cima el martes a mediodía*, el predicado es verbal, puesto que, si prescindimos de los complementos del verbo, la oración tiene sentido completo (*Los alpinistas llegaron*).

1.1. El predicado nominal

El **predicado nominal** está formado por un **verbo copulativo** (*ser*, *estar* y *parecer*) más un sintagma que funciona como **atributo**. Por ejemplo:

Este medicamento ***es*** *muy eficaz*
El niño ***está*** *resfriado*.
El administrador ***parece*** *simpático*.

Los verbos copulativos **tienen escaso significado léxico** por lo que deben llevar obligatoriamente un complemento, llamado **atributo**, para que el predicado tenga sentido. En las oraciones anteriores, si suprimimos el complemento, el predicado (y, por lo tanto, la oración) no tiene sentido completo:

Este medicamento* ***es*.
El niño* ***está*.
El administrador* ***parece*.

La estructura del predicado nominal es la siguiente:

Predicado nominal → verbo copulativo + atributo

Las oraciones de predicado nominal se llaman **copulativas** o **atributivas** (el verbo es copulativo y llevan un atributo).

Los verbos *ser*, *estar* y *parecer* se llaman **copulativos** porque sirven de **unión** (o **cópula**) entre el sujeto y el atributo.

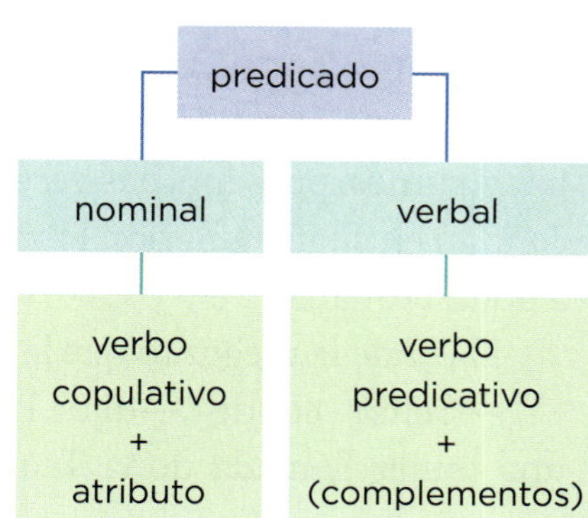

CARACTERÍSTICAS DEL PREDICADO NOMINAL

- Su núcleo es un verbo copulativo con escaso significado léxico (*ser*, *estar*, *parecer*).
- El verbo necesita un complemento para que el predicado tenga sentido: el **atributo**.
- El verbo actúa como cópula o unión entre el sujeto y el atributo.
- Forma oraciones atributivas o copulativas.

¿SABÍAS QUE...?

- Hay lenguas que no distinguen entre *ser* y *estar*, y los expresan con un solo verbo. Tal es el caso del verbo francés *être*. Por eso, a la hora de aprender castellano, los franceses tienen especial dificultad para diferenciar entre, por ejemplo, *ser joven* y *estar joven*.
- En español, el verbo *ser* se usa para expresar cualidades permanentes, mientras que el verbo *estar* indica cualidades transitorias o temporales. Observa la diferencia entre:
  ser guapo / estar guapo
  ser alto / estar alto
  ser calvo / estar calvo

El atributo

El **atributo** es el complemento que necesitan **obligatoriamente** los verbos copulativos para que el predicado tenga sentido completo. En las oraciones copulativas o atributivas pueden desempeñar la función de atributo los siguientes sintagmas:

FUNCIONAN COMO ATRIBUTO	
SN	*La chica del vestido rojo es* ***mi hermana****.*
SAdj	*El viejo campo de fútbol está* ***impracticable****.*
SPrep	*El castillo de juguete es* ***de cartón****.*
SAdv	*El ejercicio de ciencias está* ***regular****.*

En las oraciones copulativas, el atributo puede sustituirse por el pronombre **lo**. Fíjate en los ejemplos:

Los libros están sucios. → *Los libros* ***lo*** *están.*
El libro es muy interesante. → *El libro* ***lo*** *es.*
Estos libros parecen antiguos. → *Estos libros* ***lo*** *parecen.*

Si el atributo es un **sintagma adjetival**, este concuerda con el sujeto en **género** y **número**:

Aquel paraje *era* ***sobrecogedor****.*
Las cerezas *están* ***maduras****.*
Sus zapatos *parecían* ***mojados****.*

Como puedes ver, con el resto de sintagmas, la concordancia no es obligatoria:

Los virus (masculino plural) *son* ***una amenaza*** (femenino singular) *para la salud.*

Los verbos *ser*, *estar* y *parecer* en uso predicativo

En ocasiones, los verbos *ser*, *estar* y *parecer* funcionan como verbos predicativos, es decir, **tienen significado léxico**. Cuando son predicativos, tienen los siguientes significados:

VERBO	SIGNIFICADO	EJEMPLO
SER	Suceder, ocurrir, acontecer.	*El incendio fue en un hotel del centro.* (atributo locativo)
ESTAR	Permanecer en un lugar, encontrarse, estar situado.	*Los aspirantes están en el salón de actos.* (atributo locativo)
PARECER	Parecerse a, semejarse, tener un parecido con.	*Teo se parece a su abuelo materno.* (CI)

1.2. El predicado verbal

El **predicado verbal** es el que tiene como núcleo un **verbo predicativo**, es decir, un verbo con significado léxico.

El predicado verbal puede estar constituido solo por el verbo (*El perro* ***ladra****, La luna* ***desapareció****, El autobús* ***ha llegado***). Pero también puede llevar complementos (*El perro* ***ladra*** *a todas horas a los visitantes; La luna* ***desapareció*** *de repente entre los densos nubarrones; El autobús* ***ha llegado*** *tarde*).

Las oraciones con predicado verbal se llaman **predicativas** y su estructura es la siguiente:

Predicado verbal → verbo predicativo (+ complementos)

CARACTERÍSTICAS DEL PREDICADO VERBAL

- Su núcleo es un verbo predicativo, que tiene significado léxico.
- El verbo no necesita complementos, aunque puede llevarlos.
- El verbo actúa como núcleo pleno del predicado.
- Forma oraciones predicativas.

El complemento predicativo

El **complemento predicativo** (CPred) es un **sintagma adjetival** que tiene una doble función, es decir, es un complemento doble: siempre **complementa** a un **verbo predicativo** y, además, al **sujeto** o al **complemento directo** de la oración.

En la oración *El periodista escuchó sorprendido las declaraciones*, el adjetivo *sorprendido* complementa a *el periodista* (sujeto de la oración) y además nos indica cómo escuchó las declaraciones, por lo que complementa también al verbo:

Los periodistas escucharon sorprendidos las declaraciones.
SN (Sujeto) — V — CPred — CD

El adjetivo en función de complemento predicativo siempre concuerda en género y número con el sujeto o con el CD al que complementa. En la oración anterior, el adjetivo *sorprendido* (masculino, singular) concuerda con *el periodista* (masculino, singular). Además, si el CD se sustituye por un pronombre, el complemento predicativo se mantiene. Observa el ejemplo:

Los periodistas ***las*** *escucharon sorprendidos.*
CD — CPred

Observa que cuando el CPred complementa al CD puede ir antepuesto o pospuesto a este:

Vi al portero muy agobiado. → *Vi muy agobiado al portero.*
CD — CPred → CPred — CD

A veces, la función de CPred puede desempeñarla un **SN**:

Han elegido a Ana delegada de clase.
CD — CPred

La han elegido delegada de clase.
CD — CPred

» ACTIVIDADES

31. Señala el sujeto y el predicado de las siguientes oraciones. Fíjate en el ejemplo:

Mi plaza de aparcamiento — *está lejos.*
N (plaza) — V (está)
SN (Sujeto) — SV (Predicado)

a) El pequeño ascensor conducía a un ático maravilloso.
b) El viejo cuadro de la pared del salón cuesta una fortuna.
c) Nunca me ha gustado el comportamiento de ese amigo tuyo.
d) Los abuelos de Alejandro le han regalado un ordenador portátil de gran capacidad.
e) Todos los días camino ocho kilómetros por el paseo marítimo de mi ciudad.

32. La siguiente oración está constituida por un verbo predicativo que puede aparecer sin complementos. Para comprobarlo, fíjate en el ejemplo:

*La moto **derrapó** en una curva cerrada cerca del pueblo a causa de la lluvia.*
*La moto **derrapó** en una curva cerrada cerca del pueblo.*
*La moto **derrapó** en una curva cerrada.*
*La moto **derrapó**.*

- Ahora, haz tú lo mismo con esta oración:

El alumno estudia matemáticas todas las tardes con un profesor particular.

33. Indica si los verbos destacados en este texto son predicativos o copulativos:

Cuida de ti mismo,
y así servirás mejor al mundo

Ayer **tuve** una charla con el señor Fanzel, el sastre, un caballero alsaciano. La primavera pasada **compró** hilo de Lille, unos doscientos carretes, a un precio de ganga. **Pagó** veinticinco centavos por carrete; hoy el precio **es** de setenta y cinco centavos. No **tiene** intención de **vender** ninguno. El aumento **repercute** en las prendas que **confecciona**, y ahora **está** más ocupado de lo que estuvo en su mejor año, 1928.

SAUL BELLOW: *El hombre en suspenso*.

34. Di si son verdaderos (V) o falsos (F) los siguientes enunciados:

a) Cualquier oración debe constar de sintagma nominal y de sintagma adjetival.
b) Todos los predicados son verbales.
c) El núcleo del sintagma verbal no siempre es un verbo.
d) El predicado nominal está formado solo por un nombre.
e) Los verbos predicativos no siempre llevan complementos.
f) Los verbos copulativos van acompañados de un atributo.

35. Subraya el predicado de las siguientes oraciones y di si es nominal o verbal:

a) Metimos la merienda en la bolsa de Irene.
b) El ruido de nuestras pisadas asustó a las mariposas.
c) Los cuadros de ese joven pintor son muy apreciados.
d) Los grupos de música actuaron según el programa del acto.
e) El perro saltaba al agua desde una roca de la orilla del río.
f) Todos los participantes en la regata eran extranjeros.

36. Completa la siguiente tabla con las diferencias entre el predicado nominal y el predicado verbal:

Predicado nominal	Predicado verbal
Su núcleo es un verbo copulativo (con escaso significado léxico): *ser*, *estar* o *parecer*.	
	El verbo no necesita complementos, aunque puede llevarlos.
	El verbo actúa como núcleo pleno de significado.
Forma oraciones copulativas.	

37. Determina la estructura del predicado nominal en las siguientes oraciones copulativas y localiza el atributo. Ejemplo:

La pintura de esa pared está muy estropeada.
V cop. — Atributo
Predicado nominal

a) Estábamos muy nerviosos por el examen.
b) Álvaro está muy hablador desde ayer.
c) Aquellos habitáculos parecían pequeñas pirámides egipcias.
d) Luis es representante de un empresa de productos de belleza.
e) Las deportivas de Ana eran nuevas y muy confortables.

38. Sustituye el atributo de las oraciones de la actividad anterior por el pronombre *lo*.

39. Indica si en cada una de las siguientes oraciones los verbos *ser*, *estar* y *parecer* son copulativos o predicativos:

a) Mis amigos estuvieron ayer en el parque toda la tarde.
b) Todos estuvimos muy nerviosos durante el examen.
c) La prueba de acceso a la universidad será en el aula polivalente.
d) La novia de mi hermano se parece mucho a su abuela paterna.
e) Toda mi familia es originaria de Aragón.

40. Localiza el complemento predicativo (CPred) en las siguientes oraciones e indica si complementa al sujeto o al CD. Ejemplo:

El testigo contestó sereno las preguntas.
CPred → Complementa al sujeto

a) El ganador de la maratón llegó a la meta deshidratado.
b) Mis compañeros me han nombrado su representante sindical.
c) Cuando regresó, encontró la casa destruida por las bombas.
d) Asistimos emocionados a su debut.
e) El piloto de carreras conducía muy seguro por aquella carretera sinuosa.

41. Di si en las siguientes oraciones el SAdj destacado funciona como atributo o como complemento predicativo:

a) Marta siempre está **atenta** a cualquier situación imprevista.
b) Marta asistió **atenta** al acto de presentación de candidaturas.
c) Todos miraban **sorprendidos** aquellas escena inesperada.
d) Todos estábamos **sorprendidos** por su extraña reacción.
e) ¿Estás **satisfecho** de su comportamiento?
f) ¿Saliste **satisfecho** de la entrevista?

» LÉXICO

1. La estructura de las palabras

Las palabras están formadas por **morfemas**, que son las unidades mínimas de la lengua con significado.

Se distinguen tres tipos de morfemas:

- La **raíz**. Aporta el significado léxico. Es la parte invariable de la palabra.

raíz
human-

- Los **morfemas flexivos** o **desinencias**. Se añaden a la raíz para indicar el género, el número, el tiempo, etc. Siguiendo con el ejemplo anterior:

raíz	morfemas	flexivo
human-	masculino	plural
	-o	*-s*

- Los **morfemas derivativos** o **afijos**. Se añaden a la raíz para formar otras palabras distintas. Pueden ser **prefijos** (si van delante de la raíz) y **sufijos** (si van detrás de la raíz). Fíjate en las palabras *inhumano* o *humanidad*:

prefijo	raíz	morfema flexivo
in-	*human-*	*-o*

raíz	sufijo
human-	*-idad*

Si añadimos diferentes **morfemas derivativos** a una raíz podemos formar grupos de palabras emparentadas entre sí por su forma, es decir, una familia de palabras. Una **familia de palabras** o **familia léxica** es un conjunto de palabras que derivan de una misma raíz.

Las palabras que forman una familia de palabras pueden pertenecer a distintas categorías gramaticales. Por ejemplo: *humanidad* (sustantivo), *inhumano* (adjetivo), *deshumanizar* (verbo); *florero* (sustantivo), *floral* (adjetivo), *florecer* (verbo)...

Raíz y base léxica

La *Nueva gramática básica de la lengua castellana* (2011) distingue entre **base léxica** y **raíz**.

La **raíz** es un morfema que aporta el contenido léxico fundamental de la palabra. Así, la raíz de *librería*, *librero*, *libreta*, *libraco*, etc. es *libr-*.

La **base léxica** es la palabra de la que se parte en un proceso derivativo o flexivo. La base léxica de *librería* es la palabra *libro*.

Hay ocasiones en que base léxica y raíz coinciden: esto sucede cuando la base léxica acaba en consonante o vocal tónica. Por ejemplo, *marítimo*, *cafetería* o *panadero* tienen la misma raíz y la misma base léxica: *mar-*, *cafe-* y *pan-*, respectivamente.

Familia léxica de ***humano***

human_itario_, ***human***_oide_, ***human***_idad_, ***human***_izar_, _in_***human***_o_, _des_***human***_izar_, _des_***human***_izado_, ***human***_ista_, _infra_***human***_o_, _sobre_***human***_o_...

» ACTIVIDADES

42. Indica cuál es la raíz común de cada serie de palabras:

a) aniñado, niñera, niñería, niñito
b) cristalero, acristalar, cristalino, cristalería
c) ajusticiar, injusticia, justiciero, ajusticiado
d) artístico, artista, artesano, artificial
e) pacifista, apacible, pacífico, pacifismo

43. Escribe en color rojo la raíz de los siguientes términos y subraya los morfemas derivativos. Ejemplo: panader(o)
morf. deriv.

escasez • amarillento • avioneta • pasional
solar • imaginativo • sombrío • maravillosa
gatuno • humorístico • guitarrista • repetición

44. Forma otros vocablos combinando los prefijos y las palabras que aparecen a continuación. Después, escribe una oración con cada una de las palabras resultantes.

Prefijos	re-, in-, des-, pre-, sub-, anti-
Palabras	título, peinar, buscar, virus, juicio, visible, director, disturbio, potente, preocuparse

45. Ahora, haz lo mismo que en la actividad anterior, esta vez combinando los sufijos con las palabras que se proponen. Después, escribe una oración con cada una de las palabras resultantes.

Sufijos	-ero, -al, -aje, -dad, -eza, -anza
Palabras	grande, muro, humilde, mudar, venda, hospedar, aprendiz, robledo, semejar, austero

46. Identifica la palabra intrusa que no pertenece a la misma familia léxica que el resto. Consulta el diccionario, si es preciso.

a) sol, soledad, solamente, solo, solista
b) amor, desamor, amorfo, amoroso, enamorar
c) sentir, sentido, sentar, sentimiento, presentir
d) peludo, pelo, pelele, peluquero, pelambrera
e) verdad, verdor, verde, verdura, verdoso

47. Agrupa estas palabras en familias léxicas:

cajero • lucir • arma • campamento • armadura
caserío • arbusto • casita • lucero • armamento
arboleda • caja • casucha • descampado
encajar • luz • campo • cajón • desarmar
acampar • arbóreo • casa • contraluz • árbol

48. Escribe al menos cuatro palabras que formen parte de la familia léxica de las siguientes palabras:

a) libro
b) flor
c) café
d) agua

★ LUDOLENGUA

49. Palabras contenedor. Encuentra palabras que estén dentro de las siguientes. Para ello ten en cuenta que:

- No puedes alterar el orden de las letras, aunque sí puedes ignorarlas.
- Las palabras siempre deben leerse de izquierda a derecha.

Ejemplo: ***avellana*** : *ave - llana - Ana - vana vena - vela - lana*

azulejo   estropajo   caravana
sentimiento   panorama

» ORTOGRAFÍA

1. Los numerales

En la siguiente tabla se recogen las normas básicas que debes conocer sobre el uso de los numerales:

Los numerales **cardinales** expresan el número de elementos de un conjunto.	*cero, un, dos, tres, cuatro...*
Los **treinta primeros cardinales** se escriben con una sola palabra. **A partir del treinta y uno** se escriben con **dos palabras**, excepto las decenas y las centenas.	*quince, dieciséis, veintitrés...* *treinta y cinco, setenta y cuatro, trescientos, cuatrocientos, doce mil....*
En un texto, los números **entre el cero y el nueve** se suelen escribir **con letras**; entre **diez y veinte** pueden escribirse **con cifras o con letras**; **a partir del veinte** se escriben **con cifras**.	*cuatro, cinco, seis; diez, doce; 25...*
El numeral ***uno*** (y todos los que acaban en *uno*) y las **centenas** a partir de *doscientos* tienen morfema de **género**.	*cuarenta y un capítulos, cuarenta y una líneas; trescientos amigos, trescientas personas...*
Los numerales **ordinales** expresan **orden** o **sucesión**.	*primer(o), segundo, tercero...*
Los numerales **fraccionarios** o **partitivos** expresan las partes en que se divide una unidad. Entre el *cuarto* y el *décimo* se escriben igual que los ordinales. A partir del *onceavo* tienen formas propias.	*Ha gastado una cuarta parte de sus ahorros.* *Del total del dinero, nos ha correspondido una onceava parte.*
Se escriben con **números romanos** los **siglos**, el número que distingue a **reyes y papas** del mismo nombre, el número de **congresos** o ferias, y los **tomos** y los **capítulos** de una obra.	*Vivimos en el siglo* XXI. *El papa Francisco I sucedió a Benedicto XVI.* *X Congreso Internacional de Historia de la Lengua Española.*
Los numerales **multiplicativos** expresan multiplicación.	*Yo he comprado el doble.*

En algunos casos, los numerales ***uno*** y ***ciento*** se escriben apocopados:

treinta y un *meses*
cien *campeonatos*

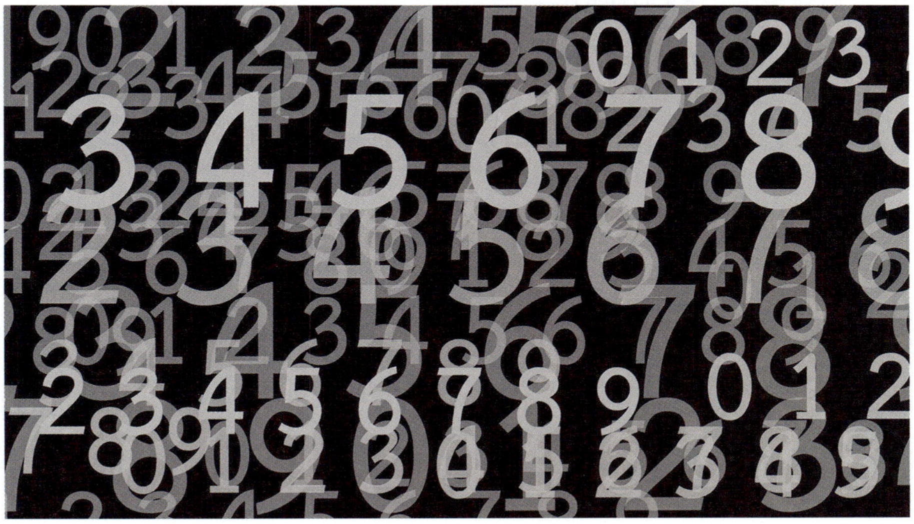

» ACTIVIDADES

50. Escribe los numerales cardinales correspondientes a las siguientes cifras:

9 • 16 • 19 • 24 • 36 • 45 • 53 • 67 • 73 • 100
344 • 500 • 6.000 • 300.000 • 1.000.000

51. Escribe el numeral ordinal que corresponda en cada caso. Ejemplo: *1.º* → *primero*

2.º • 3.º • 4.º • 5.º • 6.º • 7.º • 8.º • 9.º • 10.º • 11.º
12.º • 13.º • 14.º • 15.º • 20.º

52. Escribe con letras las cifras que aparecen en las siguientes oraciones:

a) Mi hermana mayor tiene 21 años.
b) El día de Navidad nos sentaremos 32 personas a la mesa.
c) Hace 75 años que acabó la guerra.
d) Hay más de 40 edificios sin luz a causa de la avería.
e) Leeré hasta el capítulo 57 del libro y me iré a dormir.
f) Más de 1.200 rinocerontes mueren todos los años a manos de cazadores furtivos.

53. Escribe con letras los numerales partitivos de estas oraciones. Utiliza un artículo cuando lo consideres oportuno.

a) La ▮ (1/2) de la verdura llegó en mal estado y solo hemos vendido ▮ (1/4) parte.
b) Entre todos nos comimos ▮ (2/3) partes del queso manchego.
c) A él solo le ha correspondido ▮ (1/3) parte de la herencia.
d) Tuvieron que repetir el examen ▮ (1/8) parte de los alumnos.
e) ▮ (2/7) partes de la pared que rodea el instituto ya están pintadas.
f) Estoy indignada, me han retenido ▮ (1/12) parte de mi sueldo.

54. Averigua los numerales (cardinales u ordinales) que se pueden formar con las letras de estas palabras. Ejemplo: *tiempos* → *séptimo*

acentuar • cedo • estante • eviten • médico
recorte • reprimo • tirante

55. Fíjate en los números del siguiente cuadro. Cópialo y complétalo en tu cuaderno.

N.os arábigos	N.os cardinales	N.os ordinales	N.os romanos
1		*primero*	I
4	*cuatro*		IV
5		*quinto*	
7	*siete*		
9		*noveno*	IX
10	*diez*		
11		*undécimo*	
14	*catorce*		
16			XVI
20			XX
21		*vigésimo primero*	

DICTADO

Premisa: Antes de hacer el dictado, copia todas las palabras que lleven tilde.

Detuvieron el buque, cesaron todos los sonidos, y la misma niebla se quedó inmóvil, haciéndose sin embargo cada vez más densa, hasta el punto de parecer sólida en su asombrosa y muda paralización. Desde sus puestos, los hombres perdieron de vista a sus compañeros. Sonaban pasos cautelosos; raras voces, impersonales y remotas, se apagaban sin resonancia. Una ciega y blanca quietud tomó posesión del mundo.

JOSEPH CONRAD: «La historia», en *El alma del guerrero y otros cuentos de oídas*.

» DILO POR ESCRITO

Somos reporteros

¿Qué tienes que hacer?

Vas a elaborar un reportaje sobre un tema relacionado con la conservación del medioambiente. Recuerda que un reportaje es un texto periodístico de carácter informativo que se difunde a través de la prensa, la radio, la televisión o internet.

Cómo puedes hacerlo

1. Escoge un tema que te atraiga especialmente y que creas que puede interesar a los lectores. Por ejemplo: las especies animales en peligro de extinción, la gestión de los residuos, la importancia del reciclaje, la crisis climática, etc.

2. Busca una noticia sobre el tema que has escogido y resume la información más importante. Este texto será el punto de partida de tu investigación periodística.

3. Busca en internet otras informaciones que tengan relación directa con esa noticia: opiniones, entrevistas, gráficos y fotografías para incluirlos en el reportaje. También puedes buscar a una persona especialista en el tema y concertar una entrevista con ella (por videoconferencia o telefónica) o enviarle un cuestionario que pueda responderte por escrito.

Aquí tienes un ejemplo de distribución de la información de un reportaje.

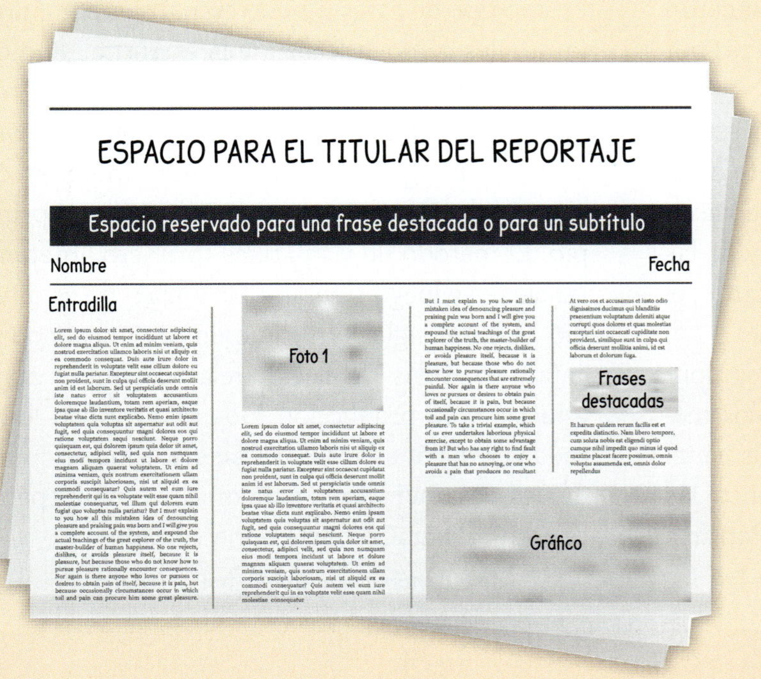

4. Haz una plantilla para distribuir toda la información que incluirás en el reportaje (con una o dos páginas debería ser suficiente). En el espacio personal de la página web *www.barcanova.cat,* encontrarás enlaces o programas pensados para ello.

5. Monta el texto definitivo, incluye las imágenes que creas conveniente, y ponle un título.

Y para acabar...

Podéis compartir los reportajes en el blog del aula o en un mural.

» PONTE A PRUEBA

Lee y comprueba si lo has comprendido

Un invento revolucionario en la Edad Media: las gafas

Un renovado interés por la óptica y los avances en la fabricación de cristal permitieron que, a finales del siglo XIII, un monje creara las primeras gafas de la Historia.

Antes del siglo XIV, los defectos de visión, fueran congénitos, como la miopía, o ligados a la edad, suponían una limitación irremediable. Ello afectaba sobre todo a quienes se dedicaban a trabajos de precisión o a actividades intelectuales basadas en la lectura y la escritura. Entre estos últimos estaban los monjes, durante siglos los grandes conservadores del saber occidental. Por ello, no es extraño que fuera en un convento donde, hacia 1300, se desarrollase un invento que cambió la vida de muchas personas: las gafas.

Un científico árabe, Ibn al-Haytham, conocido en Europa como Alhacén, creó en el siglo XI las bases teóricas para esta invención con su estudio sobre la córnea humana y los efectos de los rayos de luz en espejos y lentes. Sus libros se tradujeron al latín en el siglo XIII y alimentaron el interés por la óptica y por sus aplicaciones prácticas.

En 1306, un monje dominico afirmó en un sermón en Florencia: «No hace aún veinte años que se encontró el arte de hacer gafas, que hacen ver bien, que es una de las mejores artes y de las más necesarias que el mundo tenga». Por tanto, el invento se sitúa hacia 1286.

Las primeras gafas consistían en dos lentes montadas en círculos de madera o de asta, unidas mediante un remache y que se colocaban sobre la nariz.

Las gafas se generalizaron enseguida entre las personas mayores. Por ejemplo, el poeta Petrarca recordaba cómo, hacia 1350, cumplidos los 60 años, perdió, de repente, su buena vista y se vio «obligado a recurrir a la ayuda de las lentes».

En el siglo XV apareció un nuevo tipo de gafas, «aptas para la visión lejana, esto es, para los jóvenes», como decía el duque de Milán en carta de 1462, en referencia a las lentes cóncavas que corrigen la miopía. Este último tipo de gafas no solo eran útiles para tareas puntuales como la lectura y la escritura, sino que podían llevarse todo el tiempo. Y quizás esto hizo que se prestara más atención al problema de cómo sostener las gafas sobre la nariz sin tener que aguantarlas con la mano, como pasaba al principio. El método de las patillas (primero apretando las sienes y luego sujetas a las orejas) no se difundió hasta el siglo XVIII. Fue entonces cuando las gafas, cómodas de llevar, relativamente baratas (gracias a su producción industrial) y con lentes cada vez mejor adaptadas a las necesidades individuales, se convirtieron para muchos en un apéndice esencial para moverse por el mundo.

www.nationalgeographic.com.es (texto adaptado).

1. ¿Por qué las gafas fueron un «invento revolucionario»?

2. Las gafas se inventaron...

a) en el siglo XI.
b) hacia 1286.
c) en el siglo XII.
d) hacia 1306.

3. Las bases teóricas para la invención de las gafas fueron obra de...

a) un monje dominico.
b) un científico árabe.
c) el poeta Petrarca.

4. La óptica es...

a) la rama de la física que estudia las leyes y los fenómenos de la luz relacionados con la visión.
b) la parte de la medicina que se ocupa de las enfermedades de los ojos.

5. Indica si los siguientes enunciados son verdaderos (V) o falsos (F):

a) La invención de las gafas se desarrolló en un convento.
b) Las primeras gafas consistían en dos lentes montadas en círculos de cristal.
c) Las primeras gafas solucionaban los defectos en la visión cercana.
d) El poeta Petrarca necesitó gafas aptas para la miopía.
e) El método de sujeción de las gafas utilizando unas patillas no se difundió hasta el siglo XVIII.

6. La intención del texto es...

a) decir para qué sirven las gafas.
b) contar la historia de cómo se inventaron las gafas.
c) describir cómo eran las gafas que se utilizaban antiguamente.

7. En la expresión del texto «defectos congénitos», la palabra *congénitos* significa:

a) Que se tenían desde el nacimiento.
b) Que progresaban de forma gradual.
c) Que eran de mucha gravedad.

8. En las siguientes oraciones, indica el SN (sujeto) y el SV (predicado), y di si el predicado es nominal o verbal:

a) Las lentes solucionaban los defectos en la visión cercana.
b) Los monjes fueron los grandes conservadores del saber occidental.

9. Busca en el primer párrafo del texto una palabra de la misma familia léxica que las siguientes:

a) lector
b) remedio
c) occidente
d) humano

10. Copia todos los números romanos que aparecen en el texto y escríbelos con cifras.

Mira

En el espacio personal de la página web *www.barcanova.cat*, podrás consultar diversos enlaces que tratan sobre cuestiones relacionadas con las gafas y el sentido de la vista.

Averigua

Otros inventos medievales significativos fueron el reloj mecánico, las ventanas de cristal, la brújula o la imprenta. Documéntate y averigua la historia de alguno de ellos, toma nota de los datos más importantes, y finalmente exponlos en clase.

» UN LIBRO DESPLEGABLE (*LAPBOOK*)

Este proyecto tiene como objetivo hacer la presentación de una novela o un cuento mediante la técnica del *lapbook*. Un *lapbook* es un cuaderno desplegable e interactivo que expone un tema de manera visual y creativa. La base del desplegable es una cartulina (doblada como un libro) a la que se añaden recortes, sobres, solapas, etc., de diferentes formas, colores y tamaños.

Materiales que vais a necesitar:

- Cartulinas de colores
- Hojas blancas y de otros colores
- Sobres
- Pósits y pegatinas
- Dibujos y fotografías
- Lápices de colores, rotuladores
- Tijeras, cola y celo
- Y todo lo que queráis añadir

Ejemplo de *lapbook* elaborado por una alumna de 2.° de ESO a partir del libro *Historia de una gaviota y del gato que le enseñó a volar*, de Luis Sepúlveda.

¿Qué tenéis que hacer en este proyecto?

1. **Documentaros** para aprender cómo se hacen los *lapbooks*. Veréis que pueden representar desde informaciones muy simples hasta temas de cierta complejidad.

2. **Seleccionar** una novela o un cuento: puede tratarse del libro que haya leído toda la clase durante el trimestre o de un cuento escogido por el grupo de trabajo.

3. Elaborar un *lapbook* o libro desplegable sobre la lectura que habéis seleccionado. El *lapbook* puede incluir los elementos que figuran a continuación u otros que os parezcan interesantes.

Distribuid la información anterior en la cartulina, que es la base del libro desplegable: cada uno de los aspectos se mostrará en una plantilla distinta, que tendrá una forma y un color diferentes, dependerá de vuestra imaginación.

4. Grabar un vídeo mostrando el contenido del *lapbook*. El objetivo es que expliquéis al espectador el análisis que habéis hecho de la lectura y tratar de sorprenderlo con vuestra manera de presentarla. Tiene que incluir voz, música y títulos de crédito. Si lo deseáis, los vídeos pueden compartirse en el blog del aula.

5. Montar una exposición en el vestíbulo del centro para mostrar vuestros trabajos a todos los estudiantes.

Podéis colocar al lado de vuestro *lapbook* un ejemplar del libro que ha servido de base para su elaboración y, por supuesto, los nombres de todos los miembros del grupo de trabajo.

¿Cómo lo tenéis que hacer?

Se trata de hacer un trabajo cooperativo en grupos. Todos los miembros del equipo participaréis en cada una de las actividades. Para ello, distribuid de forma clara y equitativa las distintas tareas (de acuerdo con vuestras habilidades y preferencias). Participaréis aportando datos y opiniones, colaborando en la redacción y la corrección de los textos, diseñando el *lapbook*, grabando y montando el vídeo, organizando la exposición, etc. Si usáis una plantilla de distribución de tareas, os resultará más sencillo organizaros y entregar a tiempo el trabajo.

1. Antes de empezar cualquier proyecto, es necesario buscar información. En este proyecto concreto, buscar tutoriales puede resultaros muy útil, además de para tener más ideas, para conocer la experiencia de otras personas.

2. A la hora de plasmar la información en el *lapbook*, evitad recortarla y pegarla directamente de internet. El texto tiene que ser original y no copiado. Haced una primera versión que luego revisaréis y corregiréis hasta obtener los textos definitivos. Si escribís algunas partes a mano, procurad que vuestra caligrafía sea clara y legible.

3. En este proyecto vais a demostrar también vuestras habilidades manuales y vuestra creatividad. Procurad ser originales e imaginativos. También es recomendable la pulcritud y la dedicación. Este tipo de trabajo requiere tiempo y paciencia.

4. Antes de grabar el vídeo, preparad un guion con indicaciones de lo que se va a ver y a oír en cada momento. Redactad los textos con anticipación y editad el vídeo de manera que se ajuste al tiempo requerido y podáis incorporar la música.

Material complementario y modelos

Enlaces de interés

En el espacio personal de la página web *www.barcanova.cat*, encontraréis algunos enlaces interesantes para ver cómo son y cómo se hacen los *lapbooks*.

Más ejemplos de lapbooks

Aquí os mostramos las fotografías de más carpetas desplegables elaboradas por alumnos y alumnas de 2.º de ESO a partir del mismo libro de Luis Sepúlveda.

UNIDAD 7

- CLUB DE LECTURA » *Kannitverstan*
- LENGUA Y SOCIEDAD » Los textos publicitarios
- TOMA LA PALABRA » Una campaña solidaria
- LITERATURA » La literatura del siglo XV. Lírica culta. Jorge Manrique
- GRAMÁTICA » El predicado verbal. Los complementos verbales (I)
- LÉXICO » La derivación
- ORTOGRAFÍA » Los signos de puntuación (I)
- DILO POR ESCRITO » Tu opinión cuenta

Preparamos la lectura

1. ¿Te parece acertada la frase «el dinero da la felicidad»? En tu opinión, ¿cuáles son las condiciones para ser feliz? Haz una lista. Cuando acabes la lectura, piensa si modificarías tu lista.
2. Si algún turista te pregunta algo en un idioma que no entiendes: ¿cómo reaccionas?, ¿te esfuerzas para comprenderlo?, ¿utilizas el lenguaje gestual?

★ LA FRASE MÁS LARGA

El primer participante dice una palabra, por ejemplo: *Ese*. El siguiente repite esa palabra y añade otra con la idea de ir formando una frase coherente: *Ese día*. El siguiente dice las dos palabras anteriores y suma una tercera: *Ese día en*; y sería el turno de un cuarto: *Ese día en Ámsterdam*... Y así sucesivamente. Cuando alguien se equivoca (porque añade una palabra sin repetir las anteriores o porque no es capaz de recordarlas todas), queda eliminado. Gana la última persona que ha permanecido en el juego sin ser eliminada.

» CLUB DE LECTURA

VOCABULARIO

efímero, ra *adj.* Pasajero, fugaz.

mecido, da *adj.* Movido, balanceado.

industrioso, sa *adj.* Trabajador, laborioso.

cornisa *f.* Saliente. Parte superior del entablamento de un edificio.

aster *m.* Género de plantas vivaces o perennes, que pueden vivir más de dos años.

ensenada *f.* Puerto. Parte de mar que entra en la tierra.

Kannitverstan

El ser humano tiene probablemente todos los días ocasión, en Emmendingen y Gundelfingen igual que en Ámsterdam, de hacer reflexiones sobre el carácter **efímero** de todas las cosas terrenales, si él quiere, y de contentarse con su destino, aunque para él no vuelen por los aires muchos pichones asados.

Pero, por el camino más curioso, un joven artesano alemán encontró y reconoció la verdad en Ámsterdam a través de un error. Pues cuando llegó a esta grande y rica ciudad mercantil, llena de casas espléndidas, barcos **mecidos** por las olas y gente **industriosa**, le llamó inmediatamente la atención una casa grande y hermosa como no había visto ninguna en todo el viaje desde Duttlingen a Ámsterdam.

Durante mucho tiempo contempló admirado aquel valioso edificio, las seis chimeneas sobre el tejado, las bellas **cornisas** y las altas ventanas, más grandes que la puerta de la casa de su padre en el pueblo. Finalmente, no pudo reprimir su curiosidad y abordó a un transeúnte.

«Buen amigo —le dijo—, ¿podríais decirme cómo se llama el señor a quien pertenece esa maravillosa casa con las ventanas llenas de tulipanes, **aster** y alhelíes?».

Pero el hombre, que probablemente tenía cosas más importantes que hacer y que por desgracia entendía del idioma alemán tanto como su interlocutor del holandés, o sea nada, dijo en tono breve y seco: «Kannitverstan», y pasó de largo. Esta era una palabra holandesa, o tres si uno lo mira bien, y significa en alemán tanto como «No comprendo».

Pero nuestro buen forastero creyó que ese era el nombre de la persona por la que había preguntado. «Tiene que ser un hombre muy rico, el tal señor Kannitverstan», pensó, y siguió caminando.

Calle tras calle llegó por fin a la **ensenada** que allí se llama «Het Ey» y que quiere decir La I Griega. Allí estaban alineados los barcos casco con casco y mástil con mástil, y al principio no sabía cómo con solo sus dos ojos iba a poder hartarse de ver y contemplar todas aquellas maravillas, hasta que por fin atrajo su atención un barco enorme que acababa de llegar de las Indias Orientales y estaba descargando. Filas enteras de cajas y **fardos** se amontonaban ya en tierra unas al lado de otras. Todavía se sacaban más de la bodega, y toneles llenos de azúcar y café, llenos de arroz y pimienta, y, con perdón, cagadas de ratón.

Pero cuando ya llevaba un rato contemplando aquello, preguntó a un individuo que transportaba una caja al hombro cómo se llamaba el hombre afortunado a quien el mar traía todas aquellas mercancías.

«Kannitverstan», fue la respuesta.

Entonces, el joven se dijo: «¡Ah... ahora comprendo! No me extraña que quien reciba del mar semejantes riquezas ponga en el mundo tales casas con tales tulipanes delante de las ventanas en macetas doradas».

Entonces volvió por donde había venido pensando bastante triste lo pobre que era entre tantas gentes ricas que había en el mundo.

Pero justo cuando se estaba diciendo: «Si alguna vez pudiese vivir tan bien como ese señor Kannitverstan», dobló una esquina y se encontró con un gran cortejo **fúnebre**.

Cuatro caballos cubiertos de negro tiraban de un coche fúnebre, con paso lento y triste, como si supiesen que conducían a un muerto a su reposo. Detrás iba un largo cortejo de amigos y conocidos del difunto, de dos en dos, envueltos en abrigos negros, en silencio. A lo lejos sonaba una pequeña campana solitaria.

Entonces invadió a nuestro forastero ese sentimiento de melancolía que embarga a toda persona buena que ve a un muerto, y, con el sombrero en las manos, esperó con recogimiento a que todo el mundo hubiera pasado.

Luego fue hacia el último hombre del cortejo, que estaba calculando en silencio lo que podía ganar con su algodón si el precio del **quintal** subía 10 **gulden**, le agarró amablemente del abrigo y le pidió cándidamente excusas.

VOCABULARIO

fardo *m.* Paquete, bulto.

fúnebre *adj.* Perteneciente o relativo a los difuntos. Aquí se refiere a que se encontró con un entierro.

quintal *m.* Medida equivalente a unos 46 kg.

gulden *f.* Moneda de oro.

«Sin duda, también debía de ser un buen amigo vuestro —dijo—, ese caballero por quien suena la campanita, puesto que le acompañáis tan triste y pensativo».

«¡Kannitverstan!», fue la respuesta.

Entonces un par de gruesas lágrimas se desprendieron de los ojos de nuestro joven de Duttlingen, y de pronto su corazón se sintió apesadumbrado y al mismo tiempo aliviado. «Pobre Kannitverstan —exclamó—, ¿qué te queda ahora de todas tus riquezas? Lo mismo que yo obtendré un día de mi pobreza: un traje de muerto y un **sudario**, y de todas tus bonitas flores, quizá una ramita de romero sobre el frío pecho, o una **ruda**».

Con estos pensamientos acompañó al muerto, como si perteneciese al cortejo, hasta la tumba; vio descender al supuesto señor Kannitverstan a su lugar de reposo, y el discurso fúnebre holandés, del que no entendió una sola palabra, le conmovió más que muchos discursos alemanes a los que no prestaba atención.

Finalmente, con el corazón ligero, volvió a marcharse con los demás, comió con buen apetito un trozo de queso de Limburg en una fonda donde entendían alemán, y cada vez que volvía a sentirse abrumado de que tanta gente fuese tan rica en el mundo y él tan pobre, le bastaba con pensar en el señor Kannitverstan de Ámsterdam, en su mansión, en su rico barco y en su estrecha tumba.

JOHANN PETER HEBEL: «Kannitverstan»,
en *Cofrecillo de joyas* (texto adaptado).

VOCABULARIO

sudario *m.* Lienzo que se pone sobre el rostro de los difuntos o en que se envuelve el cadáver.

ruda *f.* Planta perenne, de la familia de las rutáceas, de olor fuerte y desagradable y usada en medicina.

¿SABÍAS QUE...?

Johann Peter Hebel (1760-1826) fue un poeta, pedagogo y teólogo alemán que vivió en Hausen, el pueblo natal de su madre, en el actual estado federal de Baden-Wurtemberg y donde anualmente se entrega un premio literario con su nombre. El cuento que acabas de leer pertenece al libro *Cofrecillo de joyas*, que es una recopilación de relatos, anécdotas, leyendas, consejos, etc., publicados inicialmente en un calendario y recogidos posteriormente en un libro. La obra tuvo mucho éxito en la época y fue admirada por escritores como Goethe y Tolstoi.

BuScA eN eL tExTo...

¿Qué significa *Kannitverstan*?

» ACTIVIDADES

Comprensión de la lectura

1. El relato comienza con la llegada de un joven artesano alemán a la ciudad holandesa de Ámsterdam: ¿de dónde proviene?

2. ¿Con qué palabras se describe la capital holandesa?

3. Lo primero que le llama la atención al protagonista es «una casa grande y hermosa». ¿Cómo es esa casa?

4. El joven desea saber quién es el propietario de la gran casa. ¿A quién pregunta? ¿Qué malentendido se produce por este motivo? ¿Con qué idea errónea se queda?

5. Según el joven, ¿quién es el dueño de «un barco enorme que acababa de llegar de las Indias Orientales?». ¿Por qué se equivoca otra vez?

6. Por último, se encuentra con un cortejo fúnebre. ¿Quiénes componen el cortejo? ¿Se muestran desconsolados por la pérdida? ¿Qué se oye a lo lejos?

7. ¿Qué enseñanzas deduce el joven? ¿Cómo cambia su forma de pensar esta experiencia?

Expresión personal

8. De entre las siguientes oraciones, señala aquellas que reflejen mejor el tema tratado en la lectura:

a) La muerte es igual para las personas pobres y para las ricas.
b) Las riquezas y los bienes materiales no representan nada frente al último destino de los seres humanos.
c) El tiempo pasa rápidamente y la vida es muy corta.
d) Hay que disfrutar de la vida y procurar ser feliz con lo que uno tiene.
e) Es absurdo atesorar riquezas y apegarse a los bienes materiales.

9. Indica si cada una de las siguientes afirmaciones referidas a la lectura es verdadera o falsa:

a) Le llamó la atención que las ventanas de la casa eran más altas que la puerta de la casa de su padre en el pueblo.
b) El transeúnte a quien pregunta entiende perfectamente el alemán, aunque contesta en holandés.
c) En el puerto había un barco enorme que acababa de llegar de las Indias Orientales.
d) De la bodega del barco sacaban toneles llenos de azúcar, arroz, café, pimienta y harina.
e) Las macetas de los tulipanes que había delante de las ventanas eran doradas.
f) Cinco caballos cubiertos de negro tiraban de un coche fúnebre.

10. El "señor Kannitverstan" es rico, mientras que el joven alemán es pobre. Clasifica las siguientes palabras según pudieran referirse a uno u otro.

acaudalado • pudiente • menesteroso
necesitado • humilde • próspero • opulento
acomodado • adinerado • poderoso
modesto • potentado • sencillo

11. Indica con qué líneas del texto podrían estar relacionadas las siguientes imágenes:

A

B

C

D

E

12. Di en qué orden aparecen en la lectura las siguientes frases:

a) ¿Qué te queda ahora de todas tus riquezas?
b) Preguntó a un individuo que transportaba una caja.
c) Le llamó inmediatamente la atención una casa grande.
d) Cuatro caballos cubiertos de negro tiraban de un coche fúnebre.
e) No pudo reprimir su curiosidad y abordó a un transeúnte.
f) Tiene que ser un hombre muy rico.
g) Sin duda, también debía de ser un buen amigo vuestro.

13. Escribe una oración con cada una de las siguientes expresiones:

a) gente industriosa
b) un gran fardo
c) mecidos por las olas
d) bellas cornisas
e) se sintió abrumado

14. Todas las frases siguientes significan 'No entiendo' en castellano. Averigua en qué lengua están escritas.

a) Ich kann Sie nicht verstehen.
b) I don't understand.
c) Ik begrijp het niet.
d) Non capisco.
e) Je ne comprends pas.
f) Eu não entendo.
g) Nu inteleg.
h) Non intellego.

» LENGUA Y SOCIEDAD

1. Los textos publicitarios

Los **textos publicitarios** son aquellos que anuncian un producto, actividad o servicio con la intención de que lo compremos.

También hay un tipo de publicidad, llamada **publicidad institucional**, que tiene como objetivo modificar comportamientos y concienciar sobre determinados temas. La promueven instituciones públicas o entidades privadas. Las campañas contra el tabaquismo, a favor de una alimentación saludable o para incrementar el reciclaje son publicidad institucional.

Aunque pueda parecerlo, *publicidad* y *propaganda* no son conceptos sinónimos.
La publicidad incita al receptor a consumir un producto, pero **¿cuál** crees que **es la finalidad de la propaganda**? Podéis comentarlo en clase.

1.1. Características de los textos publicitarios

Un **anuncio** publicitario presenta tres elementos principales: el eslogan, el logotipo y el texto informativo.

ELEMENTOS DE UN TEXTO PUBLICITARIO

↓

ESLOGAN

+

LOGOTIPO

+

TEXTO INFORMATIVO

El eslogan

El **eslogan** es una oración breve, fácil de retener y original, que pretende captar el interés del receptor. Con este objetivo, los publicistas utilizan recursos lingüísticos y literarios. Fíjate en los siguientes eslóganes que te damos de ejemplo:

- Uso del modo **imperativo** y de la **segunda persona** (*tú/usted*). Se utiliza la función apelativa del lenguaje para llamar la atención del receptor e influir en su conducta.
  - ***Piensa** diferente.* [Marca de ordenadores].
- **Oraciones interrogativas** y **exclamativas**. Gracias a su expresividad, captan el interés de quien las lee o las oye.
  - *¿Puedes oírme ahora? Bien*. [Compañía telefónica].
- **Figuras retóricas** (metáforas, comparaciones, personificaciones, juegos de palabras, rima, etc.). Se utiliza la función poética del lenguaje para destacar el mensaje.
  - *Mi coche ya no me odia.* [Marca de combustible]. Se trata de una personificación.
  - ***Te** pi**que** el insecto **que te** pi**que**... **Te**n a mano Afterbi**te**.* [Producto antimosquitos]. Es una aliteración, la repetición contribuye a que el mensaje se recuerde mejor.
- **Neologismos** y **extranjerismos**. Es común encontrar palabras nuevas, de creación propia, o en otros idiomas.
  - *Hoy me siento flex*. [Marca de colchones]. La marca se identifica con las palabras *bien*, *descansado*, *flexible*...

El logotipo

El **logotipo** es el símbolo de la marca y sirve para que la identifiquemos rápidamente. Puede tratarse de un dibujo, de un símbolo gráfico o sencillamente de las letras del nombre de la marca dispuestas de una determinada manera. Cuanto más singular y original sea el logotipo, más fácilmente podremos asociarlo con el producto que se anuncia o con la organización o empresa a la que pertenece.

Dos de estos logos o símbolos gráficos están relacionados con organizaciones no gubernamentales; los demás se relacionan con empresas de productos informáticos. Como ves, unos constan solo de tipografía, otros combinan el nombre con una imagen, y el resto son ampliamente reconocidos y no necesitan que se añada la marca. ¿**Reconoces los distintos logotipos**? ¿Se te ocurre algún ejemplo más?

El texto informativo

A menudo, el eslogan va acompañado de un texto más o menos breve en el que se nos informa de las propiedades del producto, destacando sus cualidades —a veces de forma exagerada, por medio de hipérboles— para incitarnos a comprarlo o consumirlo. Fíjate en el ejemplo de la izquierda:

Ser únicos no es fácil (eslogan).

El anuncio quiere destacar que no se trata de una fruta cualquiera, sino de un producto único, con denominación de origen y, por esa razón, con un sabor especial.

Los publicistas procuran que sus textos e imágenes añadan determinados valores a los productos que anuncian. De este modo, el consumidor asociará el producto con el éxito y el prestigio social, la seguridad o la salud, la belleza y el erotismo, etc.

Internet cambió sustancialmente las herramientas y las técnicas publicitarias en el mundo del *marketing* y de la publicidad. El **perfil de consumidor** creado a partir de nuestras búsquedas o de nuestra participación en las redes sociales sirve para la selección de la publicidad que recibimos. Los **formatos** de publicidad en internet son muy variados: enlaces patrocinados, anuncios personalizados, ventanas emergentes, boletines y listas de distribución, recomendaciones de *youtubers* que cobran por ello, etc.

» ACTIVIDADES

15. Relaciona cada una de estas figuras retóricas con el eslogan en el que aparecen:

metáfora • comparación • antítesis • paralelismo

a) Radical con los piojos, delicado con los niños.
b) Más bueno que el pan.
c) Así se canta. Así se baila. Así se vive en Sevilla. ¡Ven!
d) Radiadores de calefacción Helios: como el calor del sol.
e) Oro líquido para tus ensaladas. ¡Aceite!

16. Completa estos eslóganes con las formas verbales adecuadas en modo imperativo:

a) El mejor café. ▮ (probar) solo una taza.
b) ▮ (cuidar) tu vista en serio, no en serie.
c) ▮, ▮, ▮ (reducir, reciclar, reutilizar). ▮ (ser) responsable.
d) ▮ (proteger) tu corazón: ▮ (caminar) una hora al día.

17. Observa el siguiente anuncio y responde a las cuestiones que se plantean:

a) ¿Qué tipo de artículo se anuncia?
b) Localiza el logotipo y el eslogan.
c) ¿En qué persona gramatical están conjugados los verbos?
d) ¿Qué idea pretende resaltar el anunciante?

18. Busca en internet, en prensa o en alguna revista un anuncio publicitario que te haya llamado la atención. A continuación, completa una ficha con los datos que se indican. Añade, también, el motivo por el que lo has escogido y qué te ha atraído especialmente.

- Nombre del producto
- Descripción
- Marca
- Logotipo
- Eslogan
- Texto informativo
- Tipo de consumidor al que va dirigido

19. ¿Crees que la publicidad es engañosa? Si es así, ¿qué tipo de consumidores crees que pueden ser engañados más fácilmente? ¿Alguna vez has comprado algún producto que haya defraudado tus expectativas?

20. ¿Cuáles de los siguientes factores que influyen en la compra de un producto son más importantes para ti? Argumenta tu respuesta.

a) Que sea de calidad.
b) Que sea económico.
c) Que esté de moda.
d) Que salga anunciado en un medio de comunicación o en las redes sociales.
e) Que hayas probado su eficacia.
f) Que te lo haya recomendado una de tus amistades.
g) Que tenga un aspecto llamativo.
h) Que tenga muchas valoraciones positivas.

» TOMA LA PALABRA

Una campaña solidaria

Por parejas o en grupo, vais a participar en una campaña publicitaria cuya finalidad es fomentar actitudes cívicas, promover el bienestar social o contribuir a la mejora de la vida de los demás.

Procedimiento

1. Pensad y dialogad acerca de algún tema que os interese. Exponed vuestras ideas y tratad de llegar a acuerdos que os satisfagan a todos. Decidid qué mensaje queréis transmitir.

2. Podéis proponeros objetivos como los que os ofrecemos a continuación. Se trata solo de algunas ideas, vosotros podéis desarrollar otras que sean de vuestro agrado:

- Fomentar la cordialidad y el respeto en las relaciones con los demás.
- Paliar la soledad de algunas personas mayores.
- Rechazar los envases de plástico de un solo uso.
- Desarrollar un plan para ahorrar en el consumo de agua.

3. Una vez elegido el objetivo, tenéis que idear un anuncio publicitario en vídeo (*spot*) de un minuto de duración aproximadamente. Hay muchas maneras de plasmar el mensaje: podéis presentarlo directamente frente a la cámara, representar una escena cotidiana, argumentar con imágenes, etc. Tened en cuenta que es un esfuerzo de síntesis porque el tiempo es limitado y no podéis sobrepasarlo. Preparad un guion sencillo antes de grabar.

4. Grabad vuestro anuncio y editadlo. En el espacio personal de la página web *www.barcanova.cat*, encontraréis algunos enlaces que os pueden ayudar.

5. Preparad también una presentación oral de vuestro trabajo para exponerla en el aula.

Y para acabar...

Podéis proyectar los anuncios en clase y mostrarlos en el blog del aula.

» LITERATURA

1. El siglo XV. El Prerrenacimiento

1.1. Historia, cultura y sociedad

El siglo XV es una época de enfrentamientos, no solo entre cristianos y musulmanes, sino también entre los reinos de Castilla y Aragón. Con el matrimonio de los Reyes Católicos (Isabel I de Castilla y Fernando II de Aragón) y tras la toma de Granada (que supuso el final de las largas guerras de la Reconquista), se unificaron los reinos de España.

Durante el siglo XV, se produjeron una serie de acontecimientos que marcaron la vida social y cultural en España. Especialmente importante fue el año **1492**:

- Finalizó el período conocido como la Reconquista con la toma de Granada por las tropas cristianas.
- Se descubrió América, con consecuencias importantes en los terrenos socioeconómico, cultural y lingüístico.
- Se imprimió la primera *Gramática castellana*, de **Elio Antonio de Nebrija**.
- Se rompió la convivencia entre las religiones cristiana, judía y musulmana en la Península. Se expulsó a los judíos que no se convirtieron al cristianismo y surgió una nueva clase social: la de los **judíos conversos** (que sí rechazaron su fe en favor del cristianismo). A la expulsión de los judíos, siguió la de los moriscos, en el siglo XVII.

El humanismo

En el terreno intelectual, en la segunda mitad del siglo se desarrolló el **humanismo**, corriente de pensamiento que nació en Italia un siglo antes y cuya figura más destacada fue el poeta, filósofo y filólogo italiano **Francesco Petrarca**.

Los **humanistas** pretendían restaurar la cultura clásica grecolatina y su visión del mundo y del ser humano. Por ello, sus principales actividades se centraron en recuperar, leer, traducir, imitar y difundir textos de autores griegos y, sobre todo, latinos: Homero, Horacio, Virgilio, Ovidio, Séneca, Cicerón, etc.

Así pues, la concepción **teocéntrica** (*teos* = Dios), propia de la Edad Media, se vio sustituida por la **antropocéntrica** (*ánthropos* = hombre), que consideraba al ser humano como centro del universo.

Estatua de Elio Antonio de Nebrija (1441-1522), humanista español y autor de la primera gramática castellana, publicada en el año 1492. Nebrija, además de lingüista, fue historiador, traductor, impresor, cronista real, escritor...

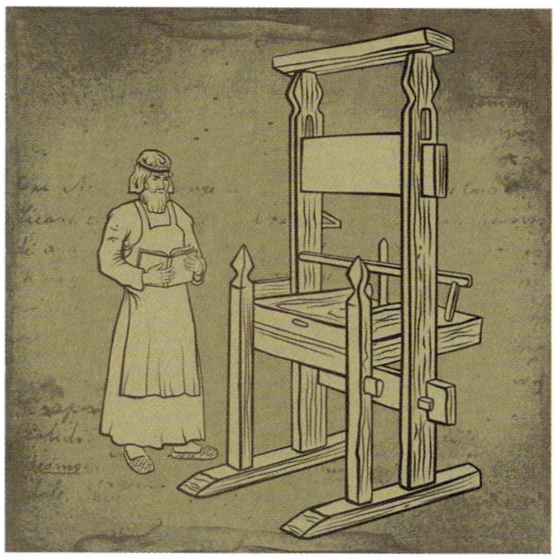

La **invención de la imprenta**, a mediados del siglo XV, desempeñó un papel importantísimo en la **difusión del humanismo**. Aumentó el número de libros editados, estos abarataron su precio y creció, asimismo, el número de lectores.

Todas estas actividades de los humanistas suponen un renacer de la cultura clásica; por ello, esta corriente cultural, que alcanzará su apogeo en el siglo XVI, se conoce con el nombre de **Renacimiento**. Como la influencia del humanismo ya es visible en la segunda mitad del siglo XV, podemos aplicar a este período el nombre de **Prerrenacimiento**.

1.2. La literatura en el siglo XV

En el siglo XV desaparecen algunos subgéneros literarios y se crean otros nuevos. Así, dejan de cultivarse la lírica en gallego-portugués y el mester de clerecía. En Castilla, se desarrolla una extraordinaria poesía lírica, tanto popular como culta. Entre los nuevos géneros, destacan el **libro de caballerías**, la **novela sentimental** y la **comedia humanística**.

Jorge Manrique

Jorge Manrique (1440-1479) perteneció a una ilustre familia castellana: su padre, Rodrigo Manrique, fue conde y maestre de la Orden de Santiago. Ambos defendieron con las armas los derechos de sucesión al trono de Isabel la Católica. A consecuencia de las heridas recibidas en un enfrentamiento armado, Jorge Manrique murió el 24 de abril de 1479. Es el autor de una de las grandes creaciones de la lírica española: ***Coplas a la muerte de su padre***.

Estructura y métrica de las *Coplas*

La obra consta de **cuarenta coplas** de **doce versos** cada una (dos sextillas). Su esquema métrico es el siguiente:

8a, 8b, 4c, 8a, 8b, 4c, 8d, 8e, 4f, 8d, 8e, 4f

La rima es consonante. Esta estrofa se conoce como **estrofa de pie quebrado** o **estrofa manriqueña**. A veces, los versos más cortos son de cinco sílabas.

Género de las *Coplas*

La obra es una emocionada **elegía** (poema lírico que manifiesta dolor por la muerte de alguien). El autor se inspira en la muerte de su padre, Rodrigo Manrique, a quien rinde homenaje.

Por su parte, la **lengua** utilizada en las *Coplas* es **natural** y **elegante**, alejada de la que empleaba la mayoría de los poetas del siglo XV. Es de una gran modernidad.

Usa pocos recursos literarios: metáforas, anáforas, antítesis, interrogaciones retóricas, etc.

LITERATURA DEL SIGLO XV
LÍRICA POPULAR
• Lírica tradicional • Romancero viejo
LÍRICA CULTA
• Jorge Manrique: *Coplas a la muerte de su padre*
PROSA
• Comedia humanística: *La Celestina*

Temas de las *Coplas*

- **La vida.** Según Manrique, existen tres vidas: la **terrenal**, la **eterna** y la de la **fama**. La terrenal no es más que un medio para alcanzar la auténtica, la verdadera, la vida eterna, en el paraíso. Esta se consigue actuando cristianamente. La vida de la fama es menos importante que la eterna, pero más que la terrenal. La fama es el buen nombre, la buena consideración, el buen recuerdo que nos sobrevive. Esta vida de la fama la alcanzan los virtuosos.
- **La muerte.** Considera su poder igualatorio (todos hemos de morir) y su imprevisible llegada (puede sobrevenir en cualquier momento).
- **La fugacidad de la vida y la caducidad de las cosas.** La vida es breve y el paso del tiempo acaba con todo: la belleza, la juventud, la riqueza, etc.
- **La fortuna.** Esta puede ser buena o mala. Es caprichosa e inestable; de ahí que se la presente como una rueda en continuo movimiento.
- **El *ubi sunt*?** o '¿Dónde están?'. Se pregunta por personas ya fallecidas o por acontecimientos pasados para destacar la idea de la fugacidad de la vida y la caducidad de las cosas. Todas las preguntas quedan sin respuesta porque nadie las puede contestar.

FRAGMENTO DE LAS *COPLAS*

En la copla 1 Manrique nos dice que la vida dura poco, que los placeres son efímeros y que la muerte llega sin avisar.	En la copla 5 afirma que el mundo (la vida terrenal) es un camino que hay que recorrer para alcanzar el cielo (la vida eterna). La muerte supone el final del camino, el descanso.
I **Recuerde** el alma dormida, avive el **seso** y despierte contemplando cómo se pasa la vida, cómo se viene la muerte tan callando, **cuán presto** se va el placer, cómo, después de **acordado**, da dolor; cómo, a nuestro parecer, cualquiera tiempo pasado fue mejor.	**V** Este mundo es el camino para el otro, que es morada sin **pesar**; **mas cumple** tener buen **tino** para andar esta jornada sin **errar**. Partimos cuando nacemos, andamos mientras vivimos, y llegamos al tiempo que **fenecemos**; así que cuando morimos, descansamos.

VOCABULARIO

recuerde *v.* Despierte, vuelva en sí.

seso *m.* Sentido.

cuán presto Qué rápido.

acordado, da *adj.* Recordado.

pesar *m.* Dolor.

mas cumple Pero es necesario.

tino *m.* Juicio, sentido común.

errar *v.* Fallar.

fenecer *v.* Morir.

» ACTIVIDADES

21. ¿Qué acontecimiento acabó con las luchas entre Castilla y Aragón en el siglo XV?

22. ¿Qué hecho histórico puso fin a la guerra de la Reconquista?

23. ¿Con qué expresión se conoce a los judíos que se convirtieron al cristianismo? Elige la opción correcta.

a) Judíos arrepentidos.
b) Judíos nuevos.
c) Judíos conversos.
d) Judíos asimilados.

24. Señala cuáles de los siguientes acontecimientos tuvieron lugar en 1492:

a) Se casaron los Reyes Católicos.
b) Murió Jorge Manrique.
c) Se publicó la primera *Gramática castellana*.
d) Se descubrió América.
e) Se inventó la imprenta

25. Elige la opción correcta para completar la siguiente afirmación:

- Jorge Manrique representa la fortuna como una rueda porque...

a) va atropelladamente.
b) puede ir hacia delante o hacia atrás.
c) es inestable y cambia continuamente los destinos de las personas.

26. Relaciona la información de ambas listas para que sea correcta:

a) El humanismo
b) Francesco Petrarca
c) Los humanistas
d) La segunda mitad del siglo XV
e) El Renacimiento
f) El antropocentrismo

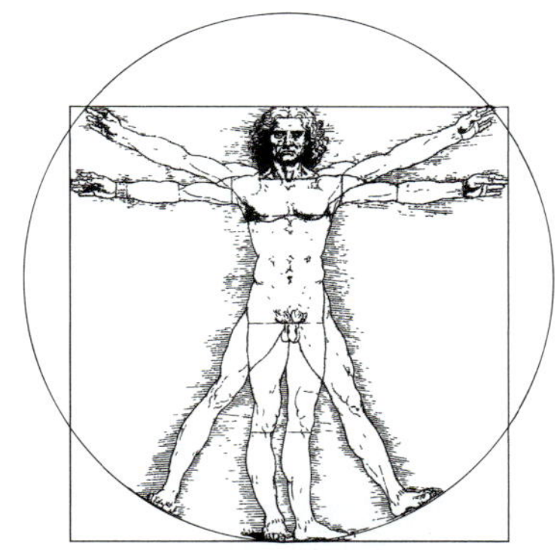

1. sienten admiración por el mundo clásico.
2. es el período del Prerrenacimiento.
3. nació en Italia en el siglo XIV.
4. alcanzó su apogeo en el siglo XVI.
5. considera al ser humano el centro del universo.
6. fue el principal impulsor del humanismo en Italia.

27. ¿Qué consecuencias económicas y culturales tuvo la invención de la imprenta?

28. Las *Coplas a la muerte de su padre* son...

a) una sátira.
b) una égloga.
c) una elegía.

29. Señala si son verdaderas o falsas las siguientes afirmaciones sobre Jorge Manrique:

a) Vivió mayoritariamente en la primera mitad del siglo XV.
b) Defendió los derechos al trono de Isabel I.
c) Escribió una extensa obra poética.
d) En las *Coplas a la muerte de su padre* utiliza la estrofa de pie quebrado.
e) Considera que la vida terrenal es un camino que debe conducir a la vida eterna.

30. Lee la copla III de Jorge Manrique y responde a las preguntas:

Nuestras vidas son los ríos
que van a dar en el mar,
que es el morir;
allí van los señoríos
derechos a se acabar
y consumir;
allí, los ríos **caudales**,
allí, los otros medianos,
y más chicos;
allegados son iguales
los que viven por sus manos
y los ricos.

VOCABULARIO

caudal *adj.* Caudaloso, principal.

allegado, da *adj.* Llegado.

a) ¿Cuál es el tema de la copla?
b) Explica el significado de las siguientes metáforas: *río, mar, ríos caudales, ríos medianos, ríos chicos*.
c) Mide los versos, indica la rima y escribe su esquema métrico.

31. ¿Cuál es el tema de la siguiente copla?

Y pues vemos lo presente
cómo en un punto se es ido
y acabado,
si juzgamos sabiamente,
daremos lo no venido
por pasado.
No se engañe nadie, no,
pensando que ha de durar
lo que espera
más que duró lo que vio,
porque todo ha de pasar
por tal manera.

32. Lee la siguiente copla y responde a las preguntas que se plantean a continuación:

Los **estados** y riquezas
que nos dejan a deshora,
¿quién lo duda?
No les pidamos firmeza,
pues que son de una señora
que se muda;
que bienes son de Fortuna
que revuelve con su rueda
presurosa,
la cual **no puede ser una**,
ni ser estable ni **queda**
en una cosa.

VOCABULARIO

estado *m.* Estamento social.

que se muda Que cambia, que es inconstante.

no puede ser una Nunca puede mantenerse igual, firme.

quedo, da *adj.* Quieto.

a) ¿Cuál es el tema de la copla?
b) Busca información sobre la diosa Fortuna, cómo ha sido representada a lo largo de los años, quiénes le rendían culto, etc. Explícalo brevemente y di qué relación guarda con la copla que acabas de leer.

33. Lee la copla IX; mide los versos, indica la rima y escribe su esquema métrico:

Decidme: la hermosura,
la gentil frescura y tez
de la cara,
la color y la blancura,
cuando viene la vejez,
¿cuál se para?
Las **mañas** y **ligereza**
y la fuerza corporal
de juventud,
todo se torna **graveza**
cuando llega el **arrabal**
de senectud.

VOCABULARIO

¿cuál se para? ¿Qué es de ella?

maña *f.* Destreza, habilidad.

ligereza *f.* Agilidad.

graveza *f.* Pesadez, molestia.

arrabal de senectud El período de la vejez.

a) ¿Qué se pierde cuando llega la vejez?

34. En la copla XXXV, la Muerte dialoga con don Rodrigo, padre de Jorge Manrique, y le da ánimos para aceptar el trance que le espera. Léela y después contesta a las preguntas.

No se os haga tan amarga
la batalla temerosa
que esperáis,
pues otra vida más larga
de fama tan glorïosa
acá dejáis.
Aunque esta vida de honor
tampoco no es eternal
ni verdadera,
mas con todo es muy mejor
que la otra temporal
perecedera.

a) La Muerte habla de tres vidas. ¿Cuáles son?
b) ¿Qué vida es la mejor? ¿Por qué?

35. Completa la siguiente copla de Manrique con las siguientes palabras:

Los placeres y ■
de esta vida **trabajada**
que tenemos
no son sino **corredores**,
y la muerte, la ■
en que ■.
No mirando a nuestro ■,
corremos a rienda suelta,
sin ■;
cuando vemos el engaño
y queremos dar la ■,
no hay lugar.

daño
vuelta
dulzores
caemos
parar
celada

VOCABULARIO

trabajado, da *adj.* Penoso, trabajoso.

corredor *m.* Avanzadilla; soldado que se envía para reconocer el terreno.

celada *f.* Emboscada.

no hay lugar No es posible; no hay tiempo.

36. Se llama **figura etimológica** al recurso en que se emplean dos o más palabras con un mismo origen etimológico (con la misma raíz). Lee los siguientes versos de Manrique y anota las palabras que forman una figura etimológica e indica su categoría gramatical.

Es amor fuerza tan fuerte
que fuerza toda razón,
una fuerza de tal suerte
que todo **seso** convierte
en su **fuerza** y afición;
una porfía forzosa
que no se puede vencer,
cuya fuerza porfiosa
hacemos más poderosa
queriéndonos defender.

VOCABULARIO

seso *m.* Razón, discreción.

fuerza *f.* Inclinación inevitable.

» GRAMÁTICA

1. El predicado verbal. Los complementos verbales (I)

Recuerda que el **predicado verbal** es el que tiene como núcleo un **verbo predicativo** (con significado pleno). Puede llevar o no complementos. Por tanto, su estructura es la siguiente:

Estructura del predicado verbal:

Verbo (complementos)

El elefante **disfruta.**

El elefante **disfruta** de un baño en el río cada tarde.

1.1. El complemento directo (CD)

El **complemento directo** (CD) es un **sintagma nominal** que necesitan algunos verbos predicativos para que el predicado tenga sentido completo.

Si decimos: *El cartero ha traído* y *Mis padres compraron* proporcionamos información, pero esta no es completa.

Sin embargo, *El cartero ha traído una carta certificada* y *Mis padres compraron una mesa de madera* sí facilitan una información completa. Por tanto, *una carta certificada* y *una mesa de madera* son **complementos directos**.

Mis padres compraron ***una mesa de madera***. (CD)
El cartero ha traído ***una carta certificada***. (CD)

Los verbos que necesitan un CD se llaman **transitivos**, y las oraciones que llevan CD, **transitivas**. Por consiguiente, las oraciones que no llevan CD son **intransitivas**.

ELEMENTOS QUE PUEDEN FUNCIONAR COMO CD

UN SINTAGMA NOMINAL (SN)	*El perro mordió* ***la pelota***.
UN PRONOMBRE	*El perro* ***la*** *mordió.*
UNA PALABRA SUSTANTIVADA	*La actriz pronunció* ***un ay desgarrador***. (*ay* es una interjección que se ha sustantivado al llevar delante el determinante *un*).
UNA ORACIÓN SUBORDINADA	*Alicia me dijo* ***que llegaría mañana***.

El CD se construye sin preposición (*Ya he leído* ***ese libro***). Sin embargo, si se refiere a personas o a seres personificados, puede llevar la preposición ***a***: *He visto* ***a Rosa*** *en la plaza*; *Algunos pueblos adoran* ***a la Luna***.

RECUERDA

La voz activa y la voz pasiva

Las oraciones transitivas (llevan CD) pueden expresarse en voz activa o en voz pasiva.
En la **voz activa**, el sujeto realiza la acción del verbo, mientras que en la **voz pasiva** el sujeto no realiza la acción, sino que la experimenta (sujeto paciente). Para transformar una oración activa en pasiva, hay que seguir estos pasos:

1. El CD de la oración activa pasa a ser sujeto paciente de la pasiva.
2. El verbo se conjuga en voz pasiva con el verbo auxiliar *ser* concordando con el sujeto.
3. El sujeto de la activa pasa a ser complemento agente, precedido de la preposición *por* (a veces, *de*).
   Ejemplo:

Voz activa: *El técnico* (sujeto) *ha arreglado* (verbo) *la televisión* (CD).
Voz pasiva: *La televisión* (sujeto paciente) *ha sido arreglada* (verbo en voz pasiva) *por el técnico* (complemento agente).

Cómo se puede reconocer el CD

- Comprueba si se puede sustituir por los pronombres ***lo***, ***la***, ***los***, ***las***. Por ejemplo:

  *Ana me dedicó **su última novela**.* → *Ana me **la** dedicó.*
  *Han retirado **las grúas** de allí.* → ***Las** han retirado de allí.*

- Pregunta al verbo ***¿qué?*** o ***¿a quién?*** Fíjate:

  He limpiado los cristales. → Pregunta: *¿**qué** he limpiado?* → Respuesta: *los cristales* (CD).
  Llamaron a mi amigo por teléfono. → Pregunta: *¿**a quién** llamaron por teléfono?* → Respuesta: *a mi amigo* (CD).

- Averigua si el verbo es transitivo, es decir, observa si necesita un complemento para que la oración tenga sentido completo. Verbos como *ver*, *oír*, *tener*, *hacer*, *comprar*, *saludar*, *encontrar*, etc., necesitan un CD.

1.2. El complemento indirecto (CI)

El complemento indirecto (CI) es el **sintagma preposicional** que representa al destinatario de la acción del verbo. Su estructura siempre es:

preposición ***a*** + SN

*Ramón ha regalado un cómic **a su nieta**. (CI)*

Cómo se puede reconocer el CI

- El CI puede sustituirse por los pronombres ***le*** y ***les***:

  *Ramón ha regalado un cómic **a su nieta**.* → *Ramón **le*** (CI) *ha regalado un cómic.*

- Cuando una oración tiene CD y CI, al pronominalizar ambos, el CI adopta la forma ***se***:

  *Ramón ha regalado **un cómic*** (CD) ***a su nieta*** (CI).
  *Ramón **se*** (CI) ***lo*** (CD) *ha regalado.*

- El CI y el CD de persona tienen la misma estructura, es decir, preposición ***a*** **+ SN**. Para diferenciarlos, solo se tienen que sustituir por el pronombre correspondiente en cada caso. Observa los siguientes ejemplos:

  *El ayuntamiento homenajeó **a la artista**.* → *El ayuntamiento **la** homenajeó.* → Se trata de un CD.
  *El ayuntamiento dedicó una calle **a la artista**.* → *El ayuntamiento **le** dedicó una calle.* → Se trata de un CI.

Los pronombres *le* y *les* deben concordar siempre en **número** con los sintagmas a los que reproducen. Así, no es correcto decir: **Le pidieron a los concursantes que abandonaran el programa*. Lo correcto es: ***Les** pidieron **a los concursantes** que abandonaran el programa.*

» ACTIVIDADES

37. Completa las siguientes oraciones con un sintagma nominal que funcione como CD. Fíjate en el siguiente ejemplo:

*Me han regalado ▮ por mi cumpleaños. → Me han regalado **un ordenador portátil** por mi cumpleaños.*

a) Los jardineros del Ayuntamiento han plantado ▮ en el parque de la ciudad.
b) Esta mañana, en la gestoría, he conocido ▮.
c) Hemos dejado ▮ en la percha del recibidor.
d) El portero despejó ▮ con facilidad por encima del larguero.
e) ¿Me comprarás ▮ que me habías prometido?
f) El personal del avión entregó ▮ a los pasajeros para ver la televisión.
g) No he conseguido ▮ para el concierto.

38. Vuelve a escribir las oraciones del ejercicio anterior sustituyendo el CD por los pronombres *lo*, *la*, *los*, *las*, según corresponda.

39. Indica si los CD de las siguientes oraciones están construidos correctamente:

a) Tenemos que recoger **al niño** en el colegio antes de las cinco de la tarde.
b) Los empleados de la perrera han encontrado **a un perro vagabundo**.
c) Ayer por la mañana vi **tu novia** paseando.
d) Han fotografiado **a un paisaje** para el nuevo anuncio de una agencia de viajes.
e) Las cigüeñas construyeron **sus nidos** en el tejado de la casa vieja.

40. Transforma en voz pasiva las siguientes oraciones expresadas en voz activa. Recuerda el proceso con el siguiente ejemplo:

***La niña** pintó **un cuadro precioso**. → **Un cuadro precioso** fue pintado **por la niña**.*

a) Todos los habitantes del pueblo acogieron a los refugiados con gran entusiasmo.
b) Mañana enviaremos la solicitud de la beca al Departamento de Enseñanza.
c) Los organizadores del acto han enviado una invitación a las asociaciones culturales.
d) Pedro arrojó los restos de la comida al contenedor equivocado.
e) El Comité de Competición suspendió al jugador por conducta antideportiva.

41. Identifica los CI de las siguientes oraciones y sustitúyelos por los pronombres personales *le* o *les*, según convenga. Ejemplo:

*El entrenador expuso su táctica **a los jugadores**. → El entrenador **les** expuso su táctica.*

a) El alcalde entregó un diploma del Ayuntamiento a los alumnos más destacados del municipio.
b) Adrián regaló un dibujo original a su amigo.
c) El representante sindical ha anunciado su renuncia al jefe de personal.
d) Mi perro siempre ladra furioso a los desconocidos.
e) Hemos comprado un escritorio más grande a nuestra hija pequeña.

42. Indica si los sintagmas subrayados en las siguientes oraciones son CD o CI:

a) El presidente de la comunidad de vecinos comunicó <u>la noticia</u> <u>a los propietarios</u>.
b) Ana ha regalado <u>una escultura preciosa</u> <u>a su profesora</u>.
c) El alcalde entregará <u>la medalla de la ciudad</u> <u>a un artista local</u>.
d) Les he dado <u>una gran sorpresa</u> <u>a todos mis amigos</u>.

43. Vuelve a escribir las oraciones de la actividad anterior sustituyendo el CI por los pronombres *le* o *les*.

44. Ahora vuelve a escribirlas sustituyendo el CD por los pronombres *lo*, *la*, *los*, *las*.

45. Para finalizar, escribe las oraciones de nuevo sustituyendo los CD por *lo*, *la*, *los*, *las* y los CI por *se*.

46. Indica los errores en el uso del pronombre *le* en las siguientes oraciones. Propón la solución correcta y justifícala.

a) Yo nunca le diría eso a mis padres.
b) El presidente le dijo a los periodistas que preparaba una nueva ley antitabaco.
c) Los organizadores le entregaron una bolsa con comida a las corredoras.
d) Le hemos comprado los libros de texto a nuestros hijos.
e) Por favor, échale sal a las verduras, que están algo sosas.

47. Analiza la siguiente oración morfosintácticamente:

- La amable conductora del autobús ayudó a un viajero desorientado.

48. Explica la ambigüedad de la siguiente secuencia en la que aparecen un CD y un CI:

- El cartero entregó el certificado a un vecino enfadado.

49. Escribe una oración transitiva en la que aparezcan un CD cuyo núcleo sea un nombre contable no animado, y un pronombre átono en plural, referido a persona, en función de CI.

50. Indica las funciones sintácticas que aparecen en las siguientes oraciones y escribe las diferencias de significado entre estas:

a) El nuevo director del museo ha propuesto una distribución espacial de las piezas más valiosas.
b) El nuevo director del museo ha propuesto una distribución especial de las piezas más valiosas.

51. Analiza sintácticamente las dos oraciones siguientes y explica sus diferencias en cuanto a estructura y significado:

a) Me devolvió las zapatillas destrozadas.
b) Me devolvió las zapatillas deportivas.

» LÉXICO

1. La derivación

La **derivación** es un recurso de la lengua utilizado para la formación de palabras. Se denominan **palabras derivadas** las que se forman añadiendo **morfemas derivativos** a una palabra o a una raíz. Por ejemplo:

cuento + ***-ista*** = ***cuentista***   ***des-*** + *orden* = ***desorden***

ordenado

desordenado

1.1. Los prefijos y los sufijos

- Los **prefijos** son morfemas derivativos que van **delante** de la palabra o de la raíz. Permiten variar su significado, pero no cambian la categoría gramatical.

  decir (verbo) → ***pre**decir* (verbo)
  puntual (adjetivo) → ***im**puntual* (adjetivo)
  título (sustantivo) → ***sub**título* (sustantivo)

- Los **sufijos** son morfemas derivativos que se sitúan **detrás** de la palabra o de la raíz. Además de aportar un significado nuevo, también pueden cambiar su categoría gramatical.

  paz (sustantivo) → *pac**ífico**, pac**ífica*** (adjetivo)
  hábil (adjetivo) → *habil**itar*** (verbo)
  rosa (sustantivo) → *ros**al*** (sustantivo)

SUFIJOS PARA FORMAR SUSTANTIVOS	Sufijos de nombres abstractos (***-ía***, ***-dad***, ***-ez***, ***-eza***, ***-ura***): *valent**ía**, mal**dad**, escas**ez**, bell**eza**, anch**ura**...*
	Sufijos de sustantivos que significan acción (***-ación***, ***-ición***, ***-amiento***, ***-imiento***): *grab**ación**, part**ición**, levant**amiento**, conoc**imiento**...*
	Sufijos de profesión u oficio (***-ante***, ***-ario***, ***-aria***, ***-ero***, ***-era***, ***-ista***): *cant**ante**, secret**ario**, bibliotec**aria**, jardin**ero**, bomb**era**, eban**ista**...*
	Sufijos aumentativos, diminutivos y despectivos (***-ón***, ***-azo***, ***-ito***, ***-ita***, ***-illo***, ***-illa***, ***-ucho***, ***-ucha***, ***-aco***): *taz**ón**, pistolet**azo**, gat**ito**, chiqu**illo**, cuart**ucho**, cas**ucha**, libr**aco**...*
SUFIJOS PARA FORMAR ADJETIVOS	Sufijos que indican la posesión de una cualidad (***-ico***, ***-ica***, ***-oso***, ***-osa***, ***-al***, ***-il***, ***-izo***, ***iza***): *problemát**ico**, sistemát**ica**, bondad**oso**, peligr**osa**, quincen**al**, juven**il**, olvidad**izo**...*
	Sufijos que forman gentilicios (***-ano***, ***-ana***, ***-ense***, ***-eño***, ***-eña***, ***-és***, ***-esa***): *bolivi**ano**, peru**ana**, canadi**ense**, extrem**eño**, puertorriqu**eña**, portugu**és**, irland**esa**...*
SUFIJOS PARA FORMAR VERBOS	***-ar***, ***-izar***, ***-ecer***, ***-ear***, ***-ificar***: *aclar**ar**, aterr**izar**, fortal**ecer**, amarill**ear**, ampl**ificar**...*

» ACTIVIDADES

52. Relaciona los prefijos del primer recuadro con las palabras que aparecen a continuación:

sub- • des- • in- • trans- • super- • em- pro- • re- • pre- • ante-

seguir • peinar • poner • mercado determinar • creíble • vivir • acuático blanquecer • oceánico

- ¿Qué tipo de palabras has formado?

53. Completa las oraciones con la forma verbal adecuada de los verbos que te proponemos en el recuadro. ¿De qué verbo derivan todos ellos?

revivir • sobrevivir • malvivir • convivir pervivir • desvivirse

a) Mis abuelos se ▮ por nosotros; no quieren que nos falte de nada.
b) La pareja de ancianos contó cómo lograron ▮ al hundimiento del Titanic.
c) Cristóbal ▮ en un piso que apenas puede costearse.
d) Cuando volví a ver a mi amiga, ▮ juntas todos los buenos momentos de aquel verano.
e) Todos los compañeros de clase ▮ tres días en una casa de colonias el curso pasado.
f) Aquel viaje siempre ▮ en mi memoria.

54. En las siguientes oraciones, sustituye los complementos del nombre destacados por un adjetivo equivalente. Por ejemplo:

Las algas ***del mar*** *son muy saludables.*
Las algas ***marinas*** *son muy saludables.*

a) Mi hermana pequeña se queda hipnotizada cuando ve sus dibujos **de animación** preferidos.
b) En la película, los habitantes **de Marte** pretendían colonizar la Tierra.
c) ¡Por fin he podido resolver el problema **de matemáticas**!
d) El *Cantar de Mio Cid* es un poema narrativo **de la Edad Media**.
e) ¿Te gusta la comida **de Asia**?
f) Siente pasión por las series **de detectives**.
g) En verano practicamos deportes **de agua**.

55. Convierte los adjetivos en sustantivos abstractos añadiéndoles uno de los sufijos propuestos. Por ejemplo: *amable* → *amabilidad*

tierno • malo • melancólico • escaso • valiente idiota • crudo • bueno • agudo

-eza • -dad • -ez • -ía • -ura

56. Transforma los verbos en sustantivos añadiéndoles los sufijos *-ación*, *-ición*, *-amiento* o *-imiento*. Por ejemplo: *pensar* → *pens**amiento***

a) conocer	e) aburrir	i) meditar
b) actuar	f) levantar	j) encoger
c) interpretar	g) medicar	k) atrever
d) adecuar	h) desplazar	l) sufrir

57. Completa estas oraciones con los sustantivos adecuados de la actividad anterior:

a) El ▮ de pesas es un ejercicio muy común en los gimnasios.
b) ¡Qué ▮, no puedo dejar de bostezar!
c) Cada día realiza un largo ▮ en coche para ir a trabajar.
d) ¿Te has tomado la ▮ que te recetaron?
e) Me respondió con un ▮ de hombros.

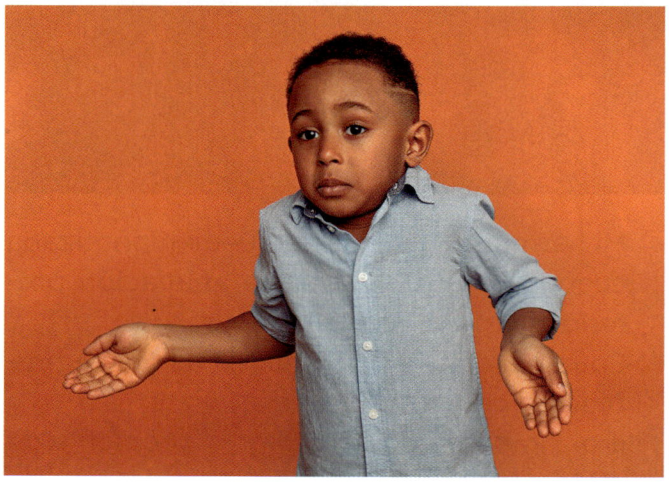

58. Escribe los gentilicios, en masculino y en femenino, correspondientes a los países que verás a continuación:

a) Uruguay
b) Venezuela
c) Estados Unidos
d) Rusia
e) Francia
f) Portugal
g) Perú
h) Guatemala
i) Suecia
j) Marruecos
k) Japón
l) Pakistán

59. Transforma las palabras destacadas en aumentativos (*-ón*, *-azo*), diminutivos (*-ito*, *-ita*, *-illo*, *-illa*) o despectivos (*-ucho*, *-ucha*, *-aco*), según el contexto:

a) ¡Menudo **estuche**, no te cabe en la mochila!
b) Pasamos el fin de semana en un **hotel** pequeño de la costa.
c) Me entregó un **papel** sucio para que anotara mi dirección.
d) ¡Qué **pelma**, siempre está con lo mismo!
e) Tiene una **gata** muy juguetona, siempre anda detrás de sus piernas.
f) ¿Te vas a leer todo ese **libro**? ¡Debe de tener más de quinientas páginas!

60. Escribe un antónimo para cada adjetivo utilizando uno de los siguientes prefijos: *in-*, *i-*, *des-*, *a-*. Si desconoces el significado, búscalo en el diccionario. Después, completa las oraciones con ellos.

deseable • accesible • racional • preocupada
típica • leal • transigente • perecedero
arreglado • lógico • legal

a) No soporto su compañía, ¡es una persona ▮!
b) Por muchos años que pasen, su recuerdo será ▮.
c) Una manera de evitar el tráfico ▮ de animales es no comprándolos.
d) Andrea es una chica ▮: le gusta conducir los días de lluvia.
e) Suele vestir algo ▮, nunca le han preocupado las apariencias.
f) Por más que intentó comprenderlo, su actitud le pareció del todo ▮.
g) No aceptar la opinión de los demás es propio de alguien ▮.
h) Es una persona muy ▮, siempre tienen que decirle lo que debe hacer.
i) Me parece ▮ que sigas quejándote si no piensas cambiar nada.
j) La zona es ▮ para la mayoría de los vehículos.
k) Ha bajado los precios y lo acusan de competencia ▮.

» ORTOGRAFÍA

1. Los signos de puntuación (I): el punto, la coma y el punto y coma

USO DEL PUNTO

• Después de **punto**, se escribe siempre mayúscula. • El **punto y seguido** separa oraciones dentro de un mismo párrafo. • El **punto y aparte** separa párrafos dentro de un texto e indica un cambio en el discurso. • El **punto final** se escribe al terminar un texto.	*El animal más veloz del mundo es el guepardo, un mamífero carnívoro de la familia de los félidos, que vive en África y el sudoeste de Asia.* *El guepardo posee una extraordinaria adaptación para la caza y suele recorrer grandes distancias para atrapar a su presa. Puede alcanzar entonces una velocidad de 130 kilómetros por hora.*

USO DE LA COMA

• Separa los elementos de una **enumeración**.	*Para arreglar la bicicleta, necesitaré unos alicates, una llave inglesa, un destornillador y lubricante.*
• Introduce **aclaraciones** en una oración.	*Lope de Vega, famoso dramaturgo del siglo XVII, escribió más de un millar de comedias.*
• Separa el **vocativo**, es decir, el nombre de la persona o personas a quienes nos dirigimos.	*Señoras y señores, la función va a empezar...* *Antonio, abre la puerta por favor.*
• Separan **series de oraciones** independientes, aunque vayan enlazadas por conjunciones.	*Salimos de casa a las cinco y media, llegamos a la cafetería, esperamos, y Pablo no apareció.*
• Señala el **cambio de orden** cuando la oración subordinada se coloca delante de la principal.	*Cuando comprobaron que estaba diciendo la verdad, dejaron que se marchara de la comisaría.*
• Sustituye a un **verbo que se ha elidido** porque se sobreentiende.	*José Ramón vive en Barcelona; Helena, en Santander; y Francisco, en Palma de Mallorca.*
• Se escriben entre comas **expresiones** como: *es decir, o sea, por consiguiente, sin embargo, por lo tanto, en efecto, por ejemplo...*	*Incumplió las normas de circulación, por consiguiente, le retiraron el permiso de conducir.*

USO DEL PUNTO Y COMA

• Separa **oraciones** que ya tienen comas.	*Pusimos las fotografías encima de la mesa, después de haberlas imprimido; escogimos entre todos una en la que apareciéramos sonriendo, pues queríamos que fuera alegre; la enmarcamos, se la dedicamos y se la regalamos.*
• Une **oraciones relacionadas** por el sentido y sin elementos de enlace.	*Los asistentes al teatro aplaudieron al final de la obra: unos, con fuertes palmoteos; otros, más tímidamente.*
• En oraciones largas, se escribe punto y coma delante de las **conjunciones** *pero, sin embargo, no obstante, aunque.*	*Apenas tuvimos tiempo de decirnos adiós; sin embargo, lo prefiero, no me gustan las despedidas.*

» ACTIVIDADES

61. Copia el siguiente texto escribiendo los puntos que faltan. Realiza las modificaciones que sean necesarias.

La torre Eiffel

Sin duda alguna, la torre Eiffel es el símbolo mundial de París fue un ingeniero francés, Alexandre Gustave Eiffel, quien, en 1889, con motivo de una importantísima Exposición Internacional en París, construyó esta colosal torre de 300 metros de altura su base es un cuadrado de 102 metros de lado, sus escaleras tienen 1.927 peldaños y en aquella época costó un millón de dólares la torre Eiffel, que aún después de tantos años sigue siendo el monumento más alto de la ciudad, inmortaliza el nombre de su visionario creador

62. Escribe punto y coma en el lugar adecuado de cada oración:

a) Decidimos posponer el viaje a Turquía ▮ porque no estábamos seguras de poder llevarlo a cabo en esas fechas ▮ aunque, ahora que lo pienso, deberíamos haber ido.
b) Fueron entrando uno a uno al despacho. La primera en llegar llamó a la puerta con aire decidido ▮ el siguiente decidió esperar en el umbral ▮ por último, acudió Almudena, y se sentó a esperar en un banco.
c) Es necesario que esta noche ▮ todos podamos descansar un rato ▮ estableceremos turnos de vigilancia.
d) Cada uno de los grupos realizará un taller distinto: el primer grupo, el taller de taichi ▮ el segundo, el de danza del vientre ▮ el tercero, el taller de percusión.

63. Indica qué dos significados tienen las siguientes parejas de oraciones, en función de la colocación de las comas:

a) **1.** No, tengo miedo, de veras.
   2. No tengo miedo, de veras.
b) **1.** Me gustaría poder llamarte amiga.
   2. Me gustaría poder llamarte, amiga.
c) **1.** Eso solo, él lo puede resolver.
   2. Eso, solo él lo puede resolver.
d) **1.** La niña asustada salió corriendo.
   2. La niña, asustada, salió corriendo.
e) **1.** Si no podemos ir, no importa.
   2. Si no, podemos ir, no importa.

64. Escoge la opción que está bien puntuada:

a) **1.** La dieta mediterránea incluye legumbres, pescado, hortalizas frescas, y fruta.
   2. La dieta mediterránea incluye legumbres, pescado, hortalizas frescas y fruta.
b) **1.** Llegamos cansados; abrimos la despensa; cogimos un par de manzanas y salimos al jardín a respirar.
   2. Llegamos cansados, abrimos la despensa, cogimos un par de manzanas y salimos al jardín a respirar.
c) **1.** Carmen la mujer de mi hermano está estudiando Veterinaria.
   2. Carmen, la mujer de mi hermano, está estudiando Veterinaria.

DICTADO

Premisa: Cuando copies el texto, marca con un color diferente los signos de puntuación.

Salían a cantar los escribanos como salió la gente a los caminos tras días y días, que parecieron siglos, de lluvia. El mismo sol al que se ponen a clarear las sábanas volvía blanco el verde del pasto, del brillo de las gotas de agua sobre las briznas, mientras la tierra exhalaba un vaho que era como un suspirar de alivio.

MÓNICA FERNÁNDEZ-ACEYTUNO:
El país de los pájaros que duermen en el aire.

» DILO POR ESCRITO

Tu opinión cuenta

¿Qué tienes que hacer?

Supón que has comprado por internet un artículo deportivo. Una semana después de que lo tengas en casa, recibes un correo de la tienda en línea donde lo adquiriste pidiéndote que des tu opinión sobre el producto y valores la compra. El correo electrónico es el siguiente:

Nuevo mensaje

Para: clienteuno@gmail.com　　Cc　Bcc

Asunto: Tu opinión también cuenta

Apreciado cliente:

¡Gracias por tu compra en nuestra tienda virtual! Esperamos que nuestros productos cumplan con tus expectativas y te ayuden a disfrutar de tu deporte favorito.

Ahora tienes la oportunidad de dejar un comentario en *penthalon.es* sobre el artículo que compraste y así ayudar a otros usuarios deportistas en su elección.

Además, tu experiencia nos sirve para seguir mejorando.

¡Tu opinión es muy importante para nosotros!

Deportivamente,

El equipo **Penthalon**

Send

¿Cómo puedes hacerlo?

A la hora de contestar este correo, ten en cuenta los distintos puntos que se detallan en el siguiente recuadro:

- Saludar
- Exponer los argumentos por los que valoras positiva o negativamente el producto.
- Explicar si lo recomendarías o no a otros clientes.
- Sugerir mejoras.
- Despedirte.

» PONTE A PRUEBA

Lee y comprueba si lo has comprendido

¿Cuál es la bolsa para hacer la compra más sostenible?

Ya existe una normativa que prohíbe la distribución de bolsas de plástico de un solo uso. Su objetivo es desterrar de nuestro día a día un producto que se genera a partir de un combustible fósil, el petróleo, y que, tras un uso totalmente efímero, contamina mares y océanos y daña la fauna. Como alternativa, los comercios ponen a nuestro alcance opciones aparentemente más sostenibles, pero ¿lo son realmente?

Las bolsas de plástico **compostables** solo se descomponen en ciertas condiciones que se dan exclusivamente en las instalaciones de compostaje industrial. «No todos los municipios tienen compostaje industrial y, por lo tanto, es más probable que este tipo de plástico acabe en un vertedero o se incinere», como señala Greenpeace en su informe *Tirando el futuro*.

Con las bolsas **biodegradables** ocurre algo muy parecido. Aunque su nombre puede dar a entender que por su composición —lleva parte de materia orgánica— pueden descomponerse fácilmente en la naturaleza, «las condiciones de calor y humedad necesarias rara vez se dan en el entorno natural, y cuando el plástico biodegradable se desintegra, puede que no lo haga por completo, sino que se fragmente en pedazos más pequeños como los microplásticos, que los animales pueden ingerir y así entran en la cadena alimentaria».

Otras alternativas como las bolsas de **papel** tampoco son mucho mejores y fomentar su uso solo supone trasladar el problema a un ecosistema diferente, el de los bosques, ya de por sí muy degradado. «Además, los sistemas de reciclaje de papel de muchos países son incapaces de producir suficiente fibra de calidad, por lo que papel y cartón terminan inservibles en vertederos e incineradoras», señala el estudio.

Las bolsas de **tela** se perfilan, por su durabilidad, como las más sostenibles, pero solo si se reutilizan lo suficiente. No obstante, el algodón con el que se fabrican suele proceder de campos de cultivo intensivo, en los que se emplean abundantes recursos naturales, fertilizantes y pesticidas. Por tanto, lo más aconsejable es tener solo dos o tres en casa y reutilizarlas lo máximo posible.

La bolsa perfecta no existe, la única alternativa realmente sostenible es reutilizar las que ya tenemos en casa tantas veces como sea posible y acordarnos de llevarlas siempre con nosotros. Cambiar nuestros hábitos requiere un pequeño esfuerzo, pero supone mucho para el planeta.

ANA M.ª NIMO: *https://planetainteligente.elmundo.es/tu-huella/cual-es-la-bolsa-mas-sostenible-para-hacer-la-compra* (texto adaptado).

1. ¿Qué inconvenientes presentan las bolsas de plástico compostables?

a) Solo se descomponen en instalaciones de compostaje industrial.
b) Es probable que terminen incineradas o en un vertedero, en lugar de ser transformadas en compost.
c) Ambas respuestas son válidas.

2. ¿Qué ocurre con las bolsas biodegradables? Señala las respuestas correctas.

a) Es difícil que se den las condiciones para que se descompongan en la naturaleza.
b) Están compuestas exclusivamente por materia orgánica.
c) Si se fragmentan en microplásticos, estos pueden ser ingeridos por los animales y entrar en la cadena alimentaria.

3. Las bolsas de tela son...

a) las más sostenibles si tenemos pocas y las reutilizamos lo suficiente.
b) las más sostenibles porque están hechas de algodón natural.

4. Las bolsas más sostenibles son...

a) las de papel, porque este es un material menos contaminante.
b) las que ya tenemos y llevamos siempre con nosotros.
c) las bolsas de tela, porque duran más.
d) las compostables o biodegradables, porque se descomponen fácilmente.

5. Escribe en pocas palabras cuál es la intención del texto.

6. En la expresión *un uso efímero*, la palabra *efímero* significa:

a) De corta duración.
b) Que no es necesario.
c) Que no es definitivo.

7. Analiza sintácticamente esta oración:

Los comercios ofrecen a los clientes opciones más sostenibles.

8. ¿A qué palabras del texto corresponden las siguientes definiciones?

a) Lugar en que se vierten basuras.
b) Reducir algo a cenizas.

9. Busca en el texto dos palabras que contengan un prefijo.

10. Explica las diferencias de significado entre estas dos oraciones:

a) Se emplean abundantes recursos naturales fertilizantes y pesticidas.
b) Se emplean abundantes recursos naturales, fertilizantes y pesticidas.

Comprende y explica

Una de las metas del objetivo de desarrollo sostenible número 12 es: «Lograr la gestión ecológicamente racional de los productos químicos y de todos los desechos a lo largo de su ciclo de vida, de conformidad con los marcos internacionales convenidos, y reducir significativamente su liberación a la atmósfera, el agua y el suelo a fin de minimizar sus efectos adversos en la salud humana y el medio ambiente». Explícalo oralmente y con palabras más sencillas.

Crea

Por parejas, imaginad que formáis parte del equipo creativo de una agencia que debe promover formas de consumo sostenible. Pensad un eslogan para vuestra campaña y explicad cómo lo daréis a conocer (de la forma menos contaminante posible).

UNIDAD 8

Preparamos la lectura

1. ¿Te gusta el mar?
2. ¿Qué sabes de las ballenas y otros animales marinos?
3. ¿Sabes qué es un maremoto y qué consecuencias puede tener? Comentadlo en clase.

¿ME VES O NO ME VES?

Si leéis el siguiente texto atentamente, encontraréis 'ocultos' los nombres de seis animales marinos. ¿Quién los encontrará todos? Luego, podéis preparar un texto similar para seguir jugando.

Hemos salido a navegar. Nuestra barca iba llena de gente. El agua era tan transparente que podíamos ver el fondo marino. Ojalá tuviéramos un batiscafo capaz de sumergirnos. Nosotras hemos nadado hasta una roca la mar de contentas. No hemos necesitado usar dinamita para tirarnos en bomba. Hemos oído que alguien nos decía a lo lejos: «¡Cuidado, que no os traguen las olas!». Y hemos vuelto a la barca con la cara colorada por el esfuerzo. ¡Qué pena que ya estemos cerca del final del verano! ¡Vamos a echar mucho de menos estos días tan felices!

» CLUB DE LECTURA

El brujo del viento

Durante toda la mañana estuvimos echando agua sobre el cuerpo del animal. Pero la ballena parecía cada vez más débil y todos los esfuerzos de la gente resultaban inútiles.

—Tal vez cuando suba la marea podamos empujarla hacia el mar —decían algunos con esperanza.

Por la tarde, después de comer, vinieron unos expertos de Greenpeace. Hablaron con la policía y, después, estuvieron examinando a la ballena. Trepa se fue con los de Greenpeace y estuvo escuchando lo que decían. Luego, vino corriendo a contárnoslo.

—Dicen que se necesitaría un milagro para que la ballena pueda volver al mar. Que aunque suba la marea, no habrá suficiente cantidad de agua para que comience a flotar debido a su gran peso. No podrá regresar.

—¡Al final, el carnicero Cirilo se saldrá con la suya y la hará trocitos! —se lamentó Inés.

—¡No es justo! Deberíamos ayudarla [...] —dijo Trepa.

Trepa era un gran ecologista y amante de los animales. Durante toda la mañana había estado siguiendo a los de Greenpeace, fijándose en todo lo que hacían. Su mayor ilusión, además de rescatar a alguien, era ser un ecologista de Greenpeace.

El Indio, en cambio, estuvo muy callado la mayor parte del tiempo, como preocupado. [...] De repente, se volvió hacia nosotros y nos dijo:

—¿Os fiais de mí?

Nos miramos entre nosotros. ¿Adónde quería ir a parar?

—Pues... sí, claro, Indio, nos fiamos de ti —dijimos.

—Entonces, Trepa, tendrás que ayudarme a subir a lo alto de aquellos **acantilados**.

—Pero es muy difícil subir por allí. Yo lo tengo prohibido —se quejó Zampa.

Los acantilados adonde quería subir el Indio eran bastante **escarpados** y muy peligrosos. Eran los más altos de toda la costa. Ninguno de

VOCABULARIO

acantilado *m.* Parte de la costa cortada verticalmente.

escarpado, da *adj.* Empinado. Que tiene una gran pendiente.

nosotros los había subido jamás. Bueno, ninguno excepto Trepa, que se subió una vez y se llevó una buena reprimenda de su padre.

—Yo te acompañaré, Indio. No hace falta que subamos todos —dijo Trepa tranquilizando a Zampa.

Y mientras nosotros nos quedábamos remojando a la ballena en la playa, el Indio y Trepa comenzaron a subir. Trepa iba delante, volviéndose a cada instante para darle la mano al Indio o para indicarle dónde debía agarrarse o dónde era mejor poner los pies.

Al cabo de una media hora, los dos estaban en lo más alto del acantilado. Desde abajo los veíamos y nos saludaron con la mano. El Indio se colocó de pie mirando hacia el mar, mientras Trepa se sentó a su lado, a esperar. Así permanecieron largo rato, hasta que una suave brisa comenzó a soplar. No nos cabía la menor duda de que el Indio estaba hablando con el viento.

Al principio el viento soplaba suavemente, como una caricia, pero luego se hizo cada vez más fuerte. Mucha de la gente que había en la playa comenzó a marcharse. El cielo se volvía más y más oscuro, con unas nubes negras que indicaban que en poco tiempo una tormenta iba a estallar. Pero ¿qué se proponía el Indio? ¡Desde luego, la ballena no iba a salir volando por mucho viento que hiciera!

Al cabo de una hora, el viento se había vuelto tan fuerte que era imposible estar en la playa. [...]

Durante toda la noche sopló un viento infernal. Parecía un huracán y en las noticias dijeron que en la costa se había desatado una fuerte tormenta. Aquella noche mi padre no salió a pescar, ni ningún pescador del pueblo, pues en el mar las olas se habían vuelto gigantescas y podían volcar las embarcaciones.

Me pasé toda la noche pensando en la ballena, sola en la playa, con esa fuerte tormenta. [...]

Cuando amaneció, la tormenta había **amainado** y tan solo llovía débilmente, pero ya sin viento.

Todos nos levantamos temprano aquel día, a pesar de que apenas habíamos dormido. [...] Mi padre estaba preocupado.

—Voy a acercarme al puerto a ver el estado de las embarcaciones, seguro que hay algún destrozo.

Yo pensé en la ballena.

—¿Puedo ir a ver la ballena? —pregunté.

—No creo que sea buena idea —dijo mi madre—. Seguro que con la tormenta no ha sobrevivido a esta noche.

Entonces recordé al carnicero Cirilo. ¡Seguro que ya estaba allí con su enorme cuchillo, haciéndola trocitos!

—Déjame ir, mamá, ¡por favor! [...]

Cuando llegué a la playa, ya había mucha gente que al igual que yo habían ido a ver cómo seguía la ballena. Desde lejos la gente arremolinada

VOCABULARIO

amainar *v.* Aflojar, perder su fuerza.

en la orilla me impedía ver al enorme animal. A medida que me acercaba al grupo, mi corazón comenzó a latir con fuerza. ¿Y si la ballena había muerto? No debía de ser muy agradable ver a un animal tan grande muerto. ¿Y si el carnicero Cirilo ya la estaba haciendo trocitos con su afilado cuchillo?

Oí que alguien detrás de mí me llamaba. Me volví y vi a Trepa y al Indio que corrían hacia mí.

—Hemos ido a buscarte, pero ya habías salido. Inés, Zampa y Camaleón vienen de camino.

Los tres corrimos hacia la gente. Allí estaban los de Greenpeace, hablando con la policía. La playa estaba algo cambiada a causa de la tormenta. Algunos de los árboles que había en el camino de la entrada habían sido arrancados. Un poste de la luz también estaba en el suelo y la policía había colocado unas vallas metálicas a su alrededor para impedir que nadie se acercara al cable y acabara electrocutado. ¿Qué habría pasado con la ballena?

Nos acercamos al grupo. Los de Greenpeace estaban ahora mirando al mar con unos prismáticos, y se los pasaban unos a otros. Yo también miré hacia el mar, pero no vi nada que me llamara la atención.

Cuando logramos ponernos en primera fila, comprobamos que la ballena ya no estaba allí.

—¿Dónde se la han llevado? —preguntó Trepa a una mujer de Greenpeace.

Tal vez había muerto durante la noche y la habían recogido de la playa con una grúa para quitarla de en medio cuanto antes. La mujer se volvió y nos sonrió.

—Nadie se la ha llevado a ninguna parte. Se ha ido ella sola. ¿No os habéis enterado de que esta noche una ola gigante ha inundado la playa? Una especie de pequeño **maremoto**. La ola debió de cubrir a la ballena y la arrastró mar adentro. Ha sido un milagro, desde luego.

Miramos al Indio y nos empezamos a reír. ¡El Indio nunca se daba por vencido! Claro que esta vez había recibido ayuda de Trepa.

—¡Eh, chicos! ¿Queréis ver algo interesante?

Nos dejó los prismáticos indicándonos hacia dónde debíamos mirar. Vimos algo espectacular. Tres ballenas saltaban y se alejaban mar adentro. La familia de la ballena varada había estado esperándola frente a la costa.

PALOMA SÁNCHEZ: *El brujo del viento.*

VOCABULARIO

maremoto *m.* Acción violenta de las aguas del mar a causa de una sacudida del fondo, que a veces provoca inundaciones en las costas.

¿SABÍAS QUE...?

Las grandes ballenas pueden medir más de 30 metros y pesar hasta 200 toneladas (el equivalente a 33 elefantes). Son mamíferos de sangre caliente que tienen que subir a la superficie para respirar, aunque algunas pueden permanecer bajo el agua más de una hora. Se alimentan de pequeños crustáceos (kril) que obtienen de la filtración del agua del mar a través de sus barbas. Las ballenas están consideradas animales vulnerables o en peligro de extinción. Sus principales amenazas son la caza para la obtención de carne y aceite, la crisis climática que pone en peligro su alimentación, la contamina-ción del mar que destruye su hábitat, las colisiones con barcos, etc.

BuScA eN eL tExTo...

¿Qué palabra o palabras no figuran en la lectura?

marea • brisa • tormenta • tornado • huracán • maremoto • embarcaciones • olas puerto • playa • viento • acantilado

» ACTIVIDADES

Comprensión de la lectura

1. Al comienzo de la narración, ¿qué están haciendo los protagonistas para salvar la vida de la ballena?

2. Dos de los chicos suben a un acantilado. ¿Cuál es su intención? ¿Qué crees que le pide el Indio al viento?

3. Al día siguiente la ballena ya no está. ¿Qué ha ocurrido?

4. ¿Cuál es el final de esta historia? ¿Adónde ha ido a parar la ballena?

5. Relaciona los siguientes personajes con las características que encontrarás debajo:

Trepa • Inés • Zampa • Indio
narrador • Camaleón

a) Le han prohibido que suba al acantilado.
b) También irá a ver a la ballena.
c) Quiere ser ecologista cuando sea mayor.
d) Habla con el viento.
e) Teme que el carnicero Cirilo despedace a la ballena.
f) Es hijo de un pescador.

Expresión personal

6. En la lectura se mencionan algunos fenómenos meteorológicos y geológicos. Clasifica los siguientes en un cuadro como el que encontrarás a continuación:

maremoto • ciclón • huracán • oleaje • seísmo
terremoto • brisa • tsunami • temblor

TIERRA	MAR	AIRE

7. ¿Qué aspectos de la lectura te han parecido realistas? ¿Cuáles son fantasiosos o resultan menos creíbles? ¿Con qué expresiones de entre las que te ofrecemos a continuación calificarías el relato? Justifica tu respuesta.

a) humorístico y de misterio
b) lento y aburrido
c) entretenido y didáctico
d) imaginativo y de aventuras

8. Señala cuál de las dos opciones siguientes describe al tipo de narrador que aparece en la lectura. Razona tu respuesta.

a) El narrador cuenta una historia que conoce, pero no forma parte de ella. Utiliza verbos en tercera persona.
b) El narrador cuenta una historia en la cual participa como personaje. Utiliza verbos en primera persona.

9. En ocasiones, confundimos la expresión *a ver* (*Habían ido* ***a ver*** *cómo seguía la ballena*) con el verbo *haber*. Completa estas oraciones con la forma adecuada en cada caso.

a) ▮ si tenemos suerte y nos toca la lotería.
b) Deberíais ▮ ido a visitarlo al hospital.
c) Buscó empleo después de ▮ cumplido la mayoría de edad.
d) Hemos ido ▮ un espectáculo muy divertido.
e) Estamos esperando ▮ si acaban las obras.
f) Tiene que ▮ una solución a tu problema.

10. Relaciona las series de palabras de la columna superior con las características que encontrarás en la columna inferior:

a) grúa, había, parecía
b) volvió, también, salió
c) fijándose, metálicas, prismáticos
d) volviéndose, haciéndola
e) huracán, ningún, arrastró
f) reír, oí, Camaleón

1. Son palabras agudas, con diptongo y tilde.
2. Son esdrújulas y contienen un diptongo.
3. Son palabras llanas y tienen hiato.
4. Son palabras agudas y tienen hiato.
5. Son palabras agudas y llevan tilde.
6. Son palabras esdrújulas.

11. ¿Qué sabes de las ballenas? Por parejas, averiguad los datos principales de este mamífero y elaborad un informe, con imágenes, de una página de extensión. Podéis completar vuestra investigación viendo algún documental sobre estos animales.

12. Busca en la hemeroteca de algún periódico electrónico noticias protagonizadas por ballenas. Escoge una de ellas, imprímela y contesta a las siguientes preguntas: ¿qué ocurrió?, ¿cuándo?, ¿dónde?, ¿cómo?, ¿por qué?

13. Greenpeace es una ONG preocupada por los problemas medioambientales. ¿Qué significan estas siglas? Busca información sobre alguna ONG y explica cuál es su labor.

14. Escribe un sinónimo para cada una de las siguientes palabras destacadas en negrita:

a) Pero la ballena parecía cada vez más **débil**...
b) **Hablaron** con la policía y, después, estuvieron **examinando** a la ballena
c) ... no habrá **suficiente** cantidad de agua para que comience a flotar debido a su gran peso.
d) ... subió una vez y se llevó una buena **reprimenda** de su padre.
e) ... el Indio y Trepa comenzaron a **subir**.

15. Busca en la sopa de letras el nombre de los once mamíferos marinos siguientes:

león marino • oso polar • ballena
cachalote • nutria • delfín • foca • morsa
manatí • marsopa • beluga

S	D	G	U	Y	M	A	R	S	O	P	A
L	E	O	N	M	A	R	I	N	O	X	K
W	L	E	H	S	N	F	D	Ñ	V	Q	L
A	F	T	J	B	E	L	U	G	A	W	E
Ñ	I	Y	R	X	L	M	G	H	S	T	R
M	N	E	M	R	L	S	F	Y	O	J	A
A	Q	F	O	C	A	D	M	L	Z	P	L
N	O	G	R	W	B	C	A	S	D	X	O
A	P	R	S	Z	N	H	J	W	R	B	P
T	C	H	A	U	C	N	F	Ñ	T	J	O
I	D	Y	W	A	I	R	T	U	N	G	S
U	L	X	C	Q	H	I	K	S	Z	M	O

» LENGUA Y SOCIEDAD

1. Las lenguas de España

1.1. Origen de las lenguas peninsulares

Antes de la llegada de los romanos (siglo III a. C.), en la península ibérica habitaban diferentes pueblos: iberos, celtas, fenicios, tartesios, cartagineses, vascos, etc. Cada uno contaba con su lengua propia. Todas ellas, salvo el vasco o euskera, desaparecieron absorbidas por el latín, lengua que impusieron los invasores romanos.

En castellano, encontramos varias palabras de origen prerromano. *Arroyo* es una de ellas; también son **palabras prerromanas** *perro*, *izquierda*, *vega*, *balsa*, *carrasca*, *pizarra*, *Iberia*, *Rosas*, *Ampurias*, *Cádiz*... **¿Sabrías decir alguna más?**

La romanización

La **romanización** es un proceso que duró varios siglos, por el cual diferentes pueblos europeos aceptaron las leyes, la cultura, las costumbres y la lengua de Roma, el **latín**. A lo largo de este proceso, el latín acabó con las lenguas peninsulares, a excepción del vasco o euskera, que ha sobrevivido hasta hoy. La romanización, por tanto, consiguió la unificación lingüística y el latín se convirtió en la lengua culta de la Península.

Los visigodos y los árabes

La unidad lingüística de la romanización no duró mucho, pues poco a poco el latín fue evolucionando en las diferentes regiones de la Península. A ello hay que añadir diversas invasiones de pueblos germánicos. Destaca la llegada de los visigodos en el siglo V y la de los árabes, que penetraron en la Península en el año 711 y mantuvieron su hegemonía durante ocho siglos. El castellano cuenta con abundantes **germanismos** (*albergue*, *escatimar*, *espía*, *ganso*, *guerra*, *Gonzalo*, *Elvira*, *Álvaro*...) y más de cuatro mil **arabismos**.

Son **arabismos**: *aceite*, *aduana*, *albañil*, *albornoz*, *alcachofa*, *alcalde*, *alcohol*, *alfombra*, *algodón*, *almacén*, *azafrán*, *azotea*, *azucena*, *berenjena*, *Alcalá*, *Calatayud*, *Guadalquivir*, *Medina*... **¿Encuentras alguna característica común a la mayoría de estas palabras?**

Nacimiento de las lenguas romances

En su evolución, el latín dio lugar a las siguientes modalidades lingüísticas: **catalán**, **navarroaragonés**, **castellano**, **asturleonés**, **gallegoportugués** y **mozárabe**. El mozárabe desapareció; el catalán, el castellano, el gallego y el portugués desarrollaron una gramática propia y se convirtieron en lenguas diferenciadas. El asturleonés y el navarroaragonés no llegaron a desarrollarse: acabaron absorbidos por el castellano y hoy se consideran dialectos históricos del latín.

BARCANOVA EDITORIAL

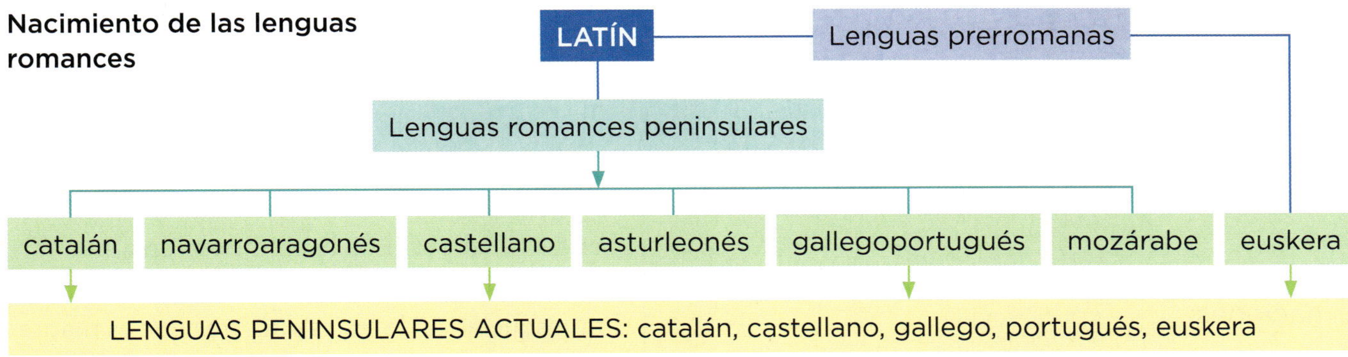

Nacimiento de las lenguas romances

En el Valle de Arán se habla también el **aranés**. Esta lengua es una variedad del **occitano** (lengua derivada del latín surgida en el sur de Francia). El aranés es lengua cooficial en Cataluña.

1.2. Las lenguas de España en la actualidad

Hoy en día se hablan cuatro lenguas en España: **castellano**, **catalán**, **gallego** y **vasco** o **euskera**. Las tres primeras son lenguas **romances** o **románicas**, es decir, derivadas del latín; el vasco es prerromana, pues ya existía antes de la llegada de los romanos a la península ibérica.

CASTELLANO	CATALÁN	GALLEGO	VASCO O EUSKERA
• Después del chino mandarín, el **castellano** y el inglés son las lenguas más habladas en el mundo. • El castellano es la lengua oficial en España, en toda América del Sur (salvo Brasil), en América Central (excepto Belice) y en México. • Es la segunda lengua más hablada en Estados Unidos y también se habla en el Sáhara Occidental, en Guinea Ecuatorial y en Filipinas. • En la actualidad, los términos *castellano* y *español* se usan como sinónimos.	• El **catalán** es lengua oficial, junto con el castellano, en Cataluña. • También se habla en Andorra (donde es lengua oficial), en la Comunidad Valenciana (valenciano), en Baleares (balear); en Cerdeña, en la ciudad de Alguer (alguerés), y en algunas poblaciones de Aragón limítrofes con Cataluña. • Actualmente lo hablan más de nueve millones de personas. Son **catalanismos** (palabras que proceden del catalán): *alioli*, *butifarra*, *cantimplora*, *capicúa*, *chuleta*, *cohete*, *convite*, *escarola*, *esquirol*, *faena*, *fideuá*, *forastero*, *manjar*, *masía*, *masovero*, *muelle*, *paella*, *payés*...	• El **gallego** se habla en la comunidad de Galicia, donde es lengua oficial junto con el español. • También lo hablan en poblaciones de Asturias, León y Zamora, y en un área del norte de Portugal. • En la actualidad, cuenta con unos tres millones de hablantes. Son **galleguismos** (palabras que proceden del gallego): *albariño*, *cantiga*, *chubasco*, *meiga*, *morriña*, *pazo*, *queimada*, *rapaz*, *ribeiro*, *sarao*, *vieira*...	• El **vasco** o **euskera** es lengua oficial, junto con el castellano, en el País Vasco (Euskadi). • Se habla también en el noroeste de Navarra y en áreas del sureste de Francia. • Lo hablan aproximadamente un millón de personas. Son **vasquismos** (palabras que proceden del euskera): *aquelarre*, *bacalao*, *boina*, *cencerro*, *chapela*, *chatarra*, *chistorra*, *lendakari*, *pelotari*, *zulo*, *zurrón*...

» ACTIVIDADES

16. ¿Qué son lenguas romances o románicas? ¿Cuáles se hablan en la península ibérica?

17. Di si son verdaderas o falsas las siguientes afirmaciones:

a) El mozárabe es una lengua procedente del árabe.
b) Los visigodos reinaron en la Península durante ocho siglos.
c) Los árabes entraron en la Península en el año 711.
d) Los romanos llegaron a la península ibérica en el siglo III a. C.
e) Todos los pueblos que habitaban la península ibérica antes de la llegada de los romanos hablaban la misma lengua.

18. Completa un cuadro como el siguiente con la palabra correspondiente procedente del latín en las diferentes lenguas románicas:

Latín	Castellano	Catalán	Gallego
nocte(m)		nit	
muliere(m)			muller
plovere		ploure	
facere	hacer		
primariu(m)	primero		
hortu(m)		hort	
arbore(m)			árbore
amicu(m)		amic	
ponte(m)			ponte
filiu(m)	hijo		

19. ✔ Busca en el *Diccionario de la lengua española* seis palabras de origen árabe y tradúcelas a las otras lenguas de España.

20. Lee los siguientes fragmentos en catalán, gallego y euskera, y contesta a las preguntas que se plantean a continuación:

Catalán — A

L'endemà, el perfil de la ciutat era una línia discontínua de destrucció que accentuava la verticalitat esquelètica de les estructures que es mantenien dempeus.

MARIA ÀNGELS JUANMIQUEL: *El dia del voltor.*

Gallego — B

Esa noite si que agardei con ansia a chegada da Pencada, a salamántiga que nos visitaba de cando en cando, sempre amparándose na noite, para que non se desen conta os habitantes do mundo dos de arriba.

ÁNXELA GRACIÁN: *A toupiña cegarata.*

Euskera — B

Ilargiaren adarrak:
Handik zintzilik abarrak.
Gogoangarriak dira
Zure bi begi nabarrak.

GABRIEL ARESTI: *Maldan behera. Harri eta herri.*

a) ¿Qué texto has entendido en su totalidad? ¿Cuál de ellos has entendido parcialmente? ¿De qué texto has entendido nada o casi nada? ¿A qué se debe todo ello?
b) ¿Qué lenguas se parecen más entre sí? ¿A qué crees que se debe?

21. Lee las siguientes palabras y clasifícalas según sean galleguismos, arabismos, catalanismos o vasquismos:

cantiga • pazo • lendakari • morriña • zulo
berenjena • alcalde • forastero

» TOMA LA PALABRA

Reunión de vecinos

Vais a participar en una reunión de vecinos en la que se tratarán diversos asuntos y se tomarán las decisiones que apruebe por votación la mayoría. Antes de empezar, leed la convocatoria de reunión:

CONVOCATORIA DE REUNIÓN

Muy Sr./Sra. mío/mía:

Me permito convocarle a la Junta General Ordinaria de esta comunidad que tendrá lugar el próximo día 15 de abril a las 20.00 h, con arreglo al siguiente ORDEN DEL DÍA:

- Aprobación del presupuesto para la instalación de fibra óptica en la finca a cargo de la compañía PAZZTEL.
- Adecuación del cuarto del vestíbulo para el aparcamiento de patinetes y bicicletas.
- Ruegos y preguntas.

Esperando contar con su asistencia dada la importancia de los temas que se van a tratar, le saluda atentamente,

La presidenta

Procedimiento

1. Por grupos os repartiréis los pisos que componen esta comunidad. Decidid qué postura adoptaréis en cuanto a los temas de la reunión y pensad quejas o sugerencias que plantearéis.

SRA. ANTONIA TURBIO Presidenta de la comunidad	1.º 1.ª	• Tiene una empresa de instalaciones, reparaciones y mantenimiento. • Viaja siempre en coche. • Vive con dos hijos gemelos de trece años.
SR. ALFONSO BUENO Secretario	1.º 2.ª	• Está jubilado y no oye muy bien. • Un sobrino que se dedica a probar videojuegos pasa temporadas con él.
SRES. RAMÓN LEZA Y MANUEL CANO Y SRA. PILAR PLEITOS	1.º 3.ª	• Son abogados. • Quieren reformar el vestíbulo para que tenga aspecto señorial.
SRES. BAUER	2.º 1.ª	• Matrimonio alemán ecologista. • Tienen cuatro hijos pequeños y un perro.
SRA. TECLA BLANCA Y SR. ROQUE ROL	2.º 2.ª	• Son músicos y ponen música a todas horas. • Han provocado algún escape de agua.
SR. EDUARDO INDURÁIN Y SRA. ELENA GLES	2.º 3.ª	• Pareja aficionada al ciclismo. • No disponen de mucho dinero.
SRES. RACANÓS	3.º 1.ª	• Son hermanos, muy tacaños y se llevan mal con todo el mundo. • Tienen un loro bastante escandaloso.
ALBERTO, JAVIER, ADRIÁN Y SANTI	3.º 2.ª	• Son estudiantes que comparten el piso de los padres de uno de ellos. • Suelen organizar fiestas y van siempre en patinete.
SR. PRIMITIVO PÉREZ Y SRA. VETUSTA MADRIGAL	3.º 3.ª	• No tienen ordenador. • Quieren prohibir la presencia de animales en el edificio.
SUPERMERCADOS TEISY	Local	• Poseen su propia instalación informática y tienen goteras. • Están hartos de las derramas comunitarias.

2. La presidenta planteará el orden del día con los puntos sobre los que es necesario llegar a un acuerdo y moderará el debate. Defended vuestras opiniones según el rol que desempeñáis. El secretario propondrá las votaciones, tomará nota de los acuerdos y dará por acabada la reunión cuando lo considere oportuno.

» LITERATURA

1. La literatura del siglo XV (II). Lírica popular

1.1. El romancero

Un **romance** es una composición poética que consta de un número indeterminado de **versos octosílabos** con **rima asonante** en los versos pares, mientras que los impares quedan sueltos. Así, su esquema métrico es el siguiente:

8-, 8a, 8-, 8a, 8-, 8a, 8-, 8a...

Recibe el nombre de ***romancero*** el conjunto o colección de romances. Hay dos tipos de romanceros:

- **Romancero viejo.** Está constituido por aquellos romances **anónimos** cantados y difundidos por los juglares y por el pueblo, probablemente desde mediados o finales del siglo XIV, y recogidos durante los siglos XV, XVI y parte del XVII. Se transmitían **oralmente**.
- **Romancero nuevo.** Está formado por los romances compuestos por autores **cultos** durante los siglos XVI y XVII (Cervantes, Lope de Vega, Góngora, Quevedo, etc.).

En el siglo pasado, todavía se recogieron algunos romances, que habían pervivido oralmente en Hispanoamérica y entre los judíos sefardíes (los descendientes de los judíos que fueron expulsados de España en 1492).

Origen de los romances

Sobre el origen de los romances, destacan dos teorías:

- **Teoría individualista**. Afirma que el romance fue invención de un poeta, cuyo nombre desconocemos, que creó un nuevo género poético.
- **Teoría neotradicionalista**. Considera que los romances son fragmentos de antiguos cantares de gesta que el pueblo recordaba de memoria. Sus defensores creen que los versos de los antiguos cantares de gesta, regularizados a 16 sílabas, se percibieron como si fueran dos versos octosílabos. De esta forma, ya no rimaban todos, sino solo los versos pares. El proceso sería el que se representa en el esquema de la derecha:

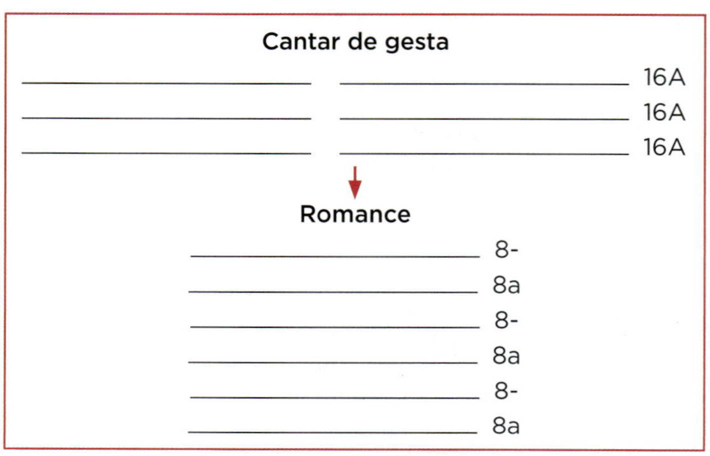

¿SABÍAS QUE...?

El romance más antiguo que se conserva escrito es de 1421. Ese año el joven mallorquín Jaume de Olesa, que estudiaba Derecho Civil en la Universidad de Bolonia, lo copió y lo guardó en su cartapacio, junto con otros papeles. Actualmente, se conserva en la Biblioteca Nacional de Florencia. Este es un fragmento del romance:

—Gentil dona, gentil dona,
dona de bell parasser,
los pies tengo en la verdure
esperando este plazer.
Por hi passà ll'escudero
mesurado e cortés;
les paraules que me dixo
todes eren d'emorés.
—Tate, escudero, este cuerpo,
este cuerpo a tu plazer,
las tetillas agudillas
qu'el brial quieren fender.

Anónimo (texto adaptado).

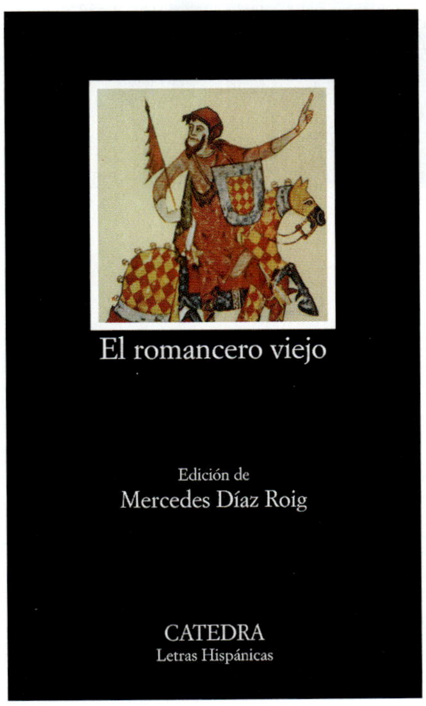

Ejemplo de cómo un fragmento de cantar de gesta da forma a un romance

En los primeros versos del romance *Visión del rey Rodrigo*, puedes comprobar cómo se pasa de un verso de 16 sílabas a dos octosílabos.

Los vientos eran contrarios, / la luna estaba crecida,	16 A
los peces daban gemidos / por el mal tiempo que hacía,	16 A
cuando el buen rey don Rodrigo / junto a la Cava dormía,	16 A
dentro de una rica tienda / de oro bien guarnecida.	16 A

Los vientos eran contrarios,	8-
la luna estaba crecida,	8a
los peces daban gemidos	8-
por el mal tiempo que hacía,	8a
cuando el buen rey don Rodrigo	8-
junto a la Cava dormía,	8a
dentro de una rica tienda	8-
de oro bien guarnecida.	8a

Clasificación de los romances viejos

Según el tema que traten, los romances se pueden clasificar de la siguiente manera:

ROMANCES VIEJOS	
HISTÓRICOS	Se basan en hechos reales. Los **fronterizos** narran acontecimientos ocurridos en la frontera entre moros y cristianos durante la Reconquista.
ÉPICOS Y LEGENDARIOS	Narran sucesos protagonizados por héroes de los cantares de gesta o personajes legendarios: el Cid, Fernán González, los infantes de Lara, etc.
LÍRICOS	Apenas contienen elementos narrativos. Se centran en los sentimientos.
NOVELESCOS	Son de asunto inventado, con elementos líricos. A veces, es difícil distinguir los líricos de los novelescos.
CAROLINGIOS	Se basan en cantares de gesta franceses y en sus protagonistas: el emperador Carlomagno, de quien toman el nombre (en latín, *Carolus*); Roldán, uno de sus héroes, etc.
BRETONES	Giran en torno al rey Arturo y los caballeros de la Mesa Redonda.
CLÁSICOS Y BÍBLICOS	Se inspiran en la mitología grecolatina y en la Biblia, respectivamente.

Lee el siguiente ejemplo de **romance lírico**, en el que un joven se lamenta de que no puede amar en el mes de mayo, época propicia para el amor:

Romance del prisionero

Que por mayo era por mayo,
cuando hace la calor,
cuando los trigos encañan
y están los campos en flor;
cuando canta la calandria
y responde el ruiseñor;
cuando los enamorados
van a servir al amor;
sino yo, triste, **cuitado**,
que vivo en esta prisión,
que ni sé cuándo es de día,
ni cuándo las noches son,
sino por una avecilla
que me cantaba **al albor**.
Matómela un **ballestero**;
dele Dios mal **galardón**.

VOCABULARIO

cuitado, da *adj.* Apenado.

al albor Al amanecer.

ballestero *m.* Persona que dispara con una ballesta.

galardón *m.* Recompensa o premio.

Y ahora observa el siguiente romance en el que se combinan partes narrativas y partes dialogadas:

Romance de la doncella guerrera

En Sevilla a un sevillano
siete hijos le dio Dios,
y tuvo la mala suerte
que ninguno fue varón.
La más chiquita de ellas
le llevó la inclinación
de ir a servir al rey
vestidita de varón.
—No vayas, hija, no vayas,
que te van a conocer;
que tienes pelo muy largo,
y dirán que eres mujer.
—Si tengo el pelito largo,
madre, córtemelo usted,
y con el pelo cortado
un varón pareceré.
Y al subir al caballo
la espada se le cayó;
por decir «¡maldita sea!»
dijo «maldita sea yo»;
siete años estuvo en guerra
y nadie la conoció,
tan solo el hijo del rey
que de ella se enamoró.

Características formales de los romances

Además de los versos octosílabos y de la rima asonante en los pares, los romances presentan otras características.

- **Fragmentarismo:** muchos romances son fragmentos de historias largas y carecen de principio o de final.
- Presencia de **arcaísmos** o palabras antiguas: *falcón* por *halcón*, *aqueste* por *este*, etc.
- **Alternancia de tiempos verbales:** *¿Qué castillos* ***son*** *aquellos? / Altos* ***son*** *y* ***relucían***.
- Uso de los verbos ***ver***, ***oír***, ***decir***, ***hablar***, propios de la **literatura oral**: *Allí* ***habló*** *el rey don Juan, / bien* ***oiréis*** *lo que* ***decía***.

» ACTIVIDADES

22. Completa el siguiente cuadro con las diferencias entre el romancero viejo y el romancero nuevo:

	Romances viejos	Romances nuevos
Se crearon en los siglos...		XVI, XVII
Sus autores eran...	desconocidos. Eran anónimos.	
Se transmitían...		por escrito

23. Repasa la clasificación de los romances y completa un cuadro como el siguiente:

Definición	Tipo de romance
Tienen una fuerte carga emotiva.	
Giran en torno al rey Arturo y su corte.	
Tratan asuntos bíblicos.	
Sus personajes son héroes de los cantares de gesta o legendarios.	
Se basan en hechos reales.	
Tratan sobre Carlomagno y su corte.	

24. Lee los primeros versos de los siguientes romances y di a qué grupo pertenecen:

A

Mira Nero de Tarpeya
a Roma cómo se ardía.
Gritos dan niños y viejos,
y él de nada se dolía.

B

En París está doña Alda,
la esposa de don Roldán.
Trescientas damas con ella
para la acompañar.

C

Paseábase el rey moro
por la ciudad de Granada,
cuando le vinieron cartas
cómo Alhama era ganada.

D

Compañero, compañero,
casose mi linda amiga,
casose con un villano,
que es lo que más me dolía.

E

—Rey don Sancho, rey don Sancho,
no digas que no te aviso,
que de dentro de Zamora
un alevoso ha salido.
Llámase Vellido Dolfos,
hijo de Dolfos Vellido:
cuatro traiciones ha hecho,
y con esta serán cinco.

25. Lee el siguiente romance y contesta a las preguntas que se formulan a continuación:

—¡**Abenámar**, Abenámar,
moro de la morería,
el día que tú naciste
grandes señales había!
Estaba la mar en calma,
la luna estaba crecida,
moro que en tal signo nace
no debe decir mentira.
Allí respondiera el moro,
bien oiréis lo que decía:
—**Yo te la diré**, señor,
aunque me cueste la vida,
porque soy hijo de un moro
y una cristiana cautiva;
siendo yo niño y muchacho
mi madre me lo decía
que mentira no dijese,
que era grande villanía;
por tanto, pregunta, rey,
que la verdad te diría.
—Yo te agradezco, Abenámar,
aquesta tu cortesía.
¿Qué castillos son aquellos?
¡Altos son y relucían!
—El Alhambra era, señor,
y la otra la Mezquita,
los otros los Alixares,
labrados a maravilla.
El moro que los labraba
cien doblas ganaba al día,
y el día que no los labra,
otras tantas se perdía.
El otro es Generalife,
huerta que par no tenía,
el otro Torres Bermejas,
castillo de gran valía.
Allí habló el rey don Juan,
bien oiréis lo que decía:
—Si tú quisieses, Granada,
contigo me casaría;
darete en arras y dote
a Córdoba y a Sevilla.
—Casada soy, rey don Juan,
casada soy, que no viuda;
el moro que a mí me tiene
muy grande bien me quería.

VOCABULARIO

Abenámar Nombre del protagonista del romance.

yo te la diré Yo te diré la verdad.

darete *v.* Te daré.

a) ¿Por qué podemos afirmar que el romance carece de los versos iniciales?
b) El romance combina elementos narrativos y dialogados. Distínguelos.
c) ¿Cuántos personajes dialogan en él? ¿Quiénes son?
d) El poema se basa en un hecho real que sucedió en 1431: el rey castellano Juan II intenta reconquistar Granada, pero no lo consigue. En el romance, el rey don Juan le pide a Granada que se case con él y la ciudad le dice que está casada con un moro que la quiere mucho. ¿Qué significa, en realidad, este pasaje que has leído?
e) ¿En qué grupo clasificarías este romance? ¿Por qué?
f) Localiza algún verbo que demuestre que el romance se transmitía oralmente y escríbelo en tu cuaderno.
g) Indica algún ejemplo en el que se observe la alternancia de tiempos verbales en este romance.

En el espacio personal de la página web *www.barcanova.cat*, encontrarás enlaces que te ayudarán a profundizar en el tema.

26. Lee el siguiente romance y contesta las preguntas:

Romance de Rosafresca

—Rosafresca, Rosafresca,
tan **garrida** y con amor,
cuando yo os tuve en mis brazos
no vos supe **servir**, no,
y ahora que os serviría
no vos puedo **haber**, no.
—Vuestra fue la culpa, amigo,
vuestra fue, que mía no:
enviásteisme una carta
con un vuestro servidor
y en lugar de **recaudar**
él dijera otra razón:
que **érades** casado, amigo,
allá en tierras de León,
que tenéis mujer hermosa
y hijos como una flor.
—Quien os lo dijo, señora,
no vos dijo verdad, no,
que yo nunca entré en Castilla
ni allá en tierras de León,
sino cuando era pequeño
que no sabía de amor.

VOCABULARIO

garrido, da *adj.* Hermoso y lozano.

servir *v.* Amar.

haber *v.* Tener, poseer.

enviáisteisme *v.* Me enviasteis.

recaudar *v.* Tratar del contenido de la carta. Dar el recado.

él dijera otra razón Él dijo cosas distintas a las que contenía la carta.

érades *v.* Erais, estabais.

a) ¿Cuántas personas intervienen en este romance dialogado? ¿Quiénes son?
b) El joven se lamenta de que ha perdido a su amada. ¿Por qué la ha perdido?
c) ¿Quién ha sido el responsable de esta situación? ¿Por qué crees que actuó así?
d) ¿En qué grupo del romancero viejo clasificarías esta composición?
e) Escribe, en un máximo de cinco líneas, el contenido del romance.
f) Analiza la métrica del poema: indica el número de sílabas de los versos y la rima.

27. A continuación te presentamos un romance novelesco de asunto inventado, con una cierta dosis de gracia y de malicia. Léelo y responde a las preguntas que se formulan.

La ermita de San Simón

En Sevilla está una ermita
cual dicen de San Simón,
adonde todas las damas
iban a hacer oración.
Allá va la mi señora,
sobre todas la mejor.
Saya lleva sobre saya,
mantillo de un **tornasol**,
en la su boca muy linda
lleva un poco de dulzor,
en la su cara muy blanca
lleva un poco de color,
y en los sus ojuelos **garzos**
lleva un poco de **alcohol**;
a la entrada de la ermita,
relumbrando como el sol,
el **abad** que dice misa
no la puede decir, no;
monacillos que le ayudan
no aciertan responder, no;
por decir: amén, amén,
decían: amor, amor.

VOCABULARIO

saya *f.* Falda.

mantillo *m.* Puede tratarse de una capa, de un manto o de una mantilla que las mujeres llevaban en la cabeza para ir a misa.

tornasol *m.* Reflejo que produce el sol o la luz en algunas telas.

garzo *m.* Azul.

alcohol *m.* Especie de polvo que usaban las mujeres para oscurecer los párpados.

abad *m.* Superior de una abadía o de un monasterio.

monacillo *m.* Monaguillo; niño que ayuda en misa al sacerdote.

por decir *expr.* En lugar de decir.

a) ¿Quién es el narrador del romance?
b) ¿Qué efecto produce en el sacerdote la entrada de la joven en la iglesia? ¿Y en los monaguillos?
c) ¿Qué tienen de particular las siguientes construcciones: «la mi señora», «la su boca», «la su cara», «los sus ojuelos»? ¿Cómo las decimos hoy?

» GRAMÁTICA

1. Los complementos verbales (II)

1.1. El complemento circunstancial (CC)

El **complemento circunstancial** (CC) expresa todo tipo de circunstancias en las que se produce la acción expresada por el verbo: lugar, tiempo, modo, cantidad, instrumento, compañía, causa, materia, etc. Compruébalo en los siguientes ejemplos:

PRINCIPALES TIPOS DE COMPLEMENTO CIRCUNSTANCIAL	
CC DE LUGAR	*Un joven circulaba en patinete* ***por el carril bici****.*
CC DE TIEMPO	*Me avisaron* ***tarde*** *y no llegué a tiempo a la conferencia.*
CC DE MANERA O MODO	*Ana montó el armario* ***con gran facilidad****.*
CC DE CANTIDAD O GRADO	*Los jugadores lucharon* ***mucho*** *para conseguir el ascenso.*
CC DE INSTRUMENTO	*Rompieron la puerta del garaje* ***con una palanca****.*
CC DE COMPAÑÍA	*Alejandro fue a la playa* ***con sus compañeros de clase****.*
CC DE CAUSA	*Suspendieron los partidos* ***por la pandemia del coronavirus****.*
CC DE MATERIA	*Nos hicimos un banco* ***con madera reciclada****.*
CC DE FINALIDAD	*Compré el pastel* ***para la celebración****.*
CC DE BENEFICIARIO	*He traído un regalo* ***para tu hijo****.*

El complemento circunstancial puede aparecer en cualquier posición dentro de la oración:

Hoy *veremos una película de miedo.*
Veremos ***hoy*** *una película de miedo.*
Veremos una película de miedo ***hoy****.*

Además, en un mismo predicado puede haber varios complementos circunstanciales. Compruébalo en el ejemplo:

Esta semana (CC de tiempo) *hemos visto películas de miedo* ***todos los días*** (CC de tiempo) ***en casa****.* (CC de lugar).

Una misma oración puede tener varios complementos circunstanciales. **¿Cuántos CC cuentas en la siguiente frase?** *Este mes hemos visto películas de miedo con mis padres todos los fines de semana.*

Palabras que pueden ejercer la función de complemento circunstancial

- Un **adverbio** (o locución adverbial): *El perro ladra* ***mucho****; Acabó* ***en un santiamén****.*
- Un **sintagma nominal**: ***El martes*** *me encontré con tu hermano.*
- Un **sintagma preposicional**: *El gato saltó* ***por la ventana****.*

1.2. El complemento de régimen (CR)

Al complemento de régimen preposicional (abreviadamente, complemento de régimen), también se le llama **complemento de régimen verbal**, **complemento regido** y **suplemento**.

Son muchos los verbos castellanos que necesitan un complemento de régimen. En los siguientes ejemplos, ponemos entre paréntesis la preposición regida por el verbo: *arrepentirse* (*de*), *pensar* (*en*), *obligar* (*a*), *soñar* (*con*), *insistir* (*en*), *preguntar* (*por*), *informar* (*de*), *prevenir* (*contra*), *renunciar* (*a*), *hablar* (*de*), *acceder* (*a*), *negarse* (*a*), *consistir* (*en*), *quejarse* (*de*), *atreverse* (*a*), *ocuparse* (*de*), *contar* (*con*), *dedicarse* (*a*), *avergonzarse* (*de*), etc.

El **complemento de régimen** (CR) es un **sintagma preposicional** que acompaña a algunos verbos predicativos para que el predicado y, por tanto, la oración tengan sentido completo. La preposición viene regida (exigida, impuesta) por el verbo, de ahí el nombre del complemento.

Observa cómo el verbo de las siguientes oraciones necesita un sintagma preposicional para tener un sentido completo:

Andrea se ocupa. → *Andrea se ocupa* (V) ***de** la contratación* (CR)*.*

Mi vecino se dedica. → *Mi vecino se dedica* (V) ***a** la actuación* (CR)*.*

El complemento de régimen verbal puede sustituirse por un **pronombre tónico** (*él*, *ella*, *ellos*, *ellas*, *ello*, *eso*, etc.), pero, al hacerlo, la preposición se mantiene:

El agente informó del suceso (CR) *a su superiora.*

↓

El agente informó de ello (CR) *a su superiora.*

1.3. El complemento agente (CAg)

El **complemento agente** (CAg) es un **sintagma preposicional** introducido por la preposición *por,* que solo aparece en las oraciones expresadas en **voz pasiva**. Su estructura es ***por* + SN**.

Recuerda cómo se transforma una oración activa en pasiva: el CD pasa a sujeto paciente; el verbo se pone en pasiva con el auxiliar *ser* más el participio del verbo activo; el sujeto pasa a CAg, precedido de la preposición *por*. Fíjate en el ejemplo:

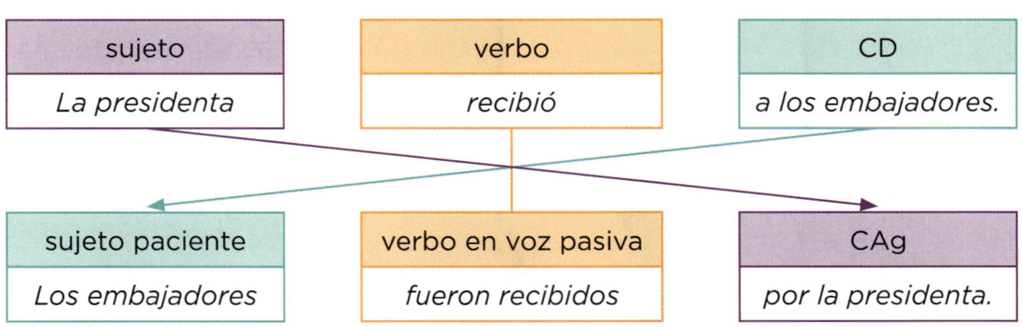

En la voz pasiva debe conjugarse el verbo auxiliar *ser* en la misma forma que el verbo de la oración activa: ***recibió*** → ***fueron** recibidos* (pretérito perfecto simple de indicativo).

» ACTIVIDADES

28. ¿De qué tipo son los CC subrayados de las siguientes oraciones?

a) <u>En el oscuro callejón</u>, los murciélagos volaban <u>sobre nuestras cabezas</u>.
b) Me levanté <u>de madrugada</u> y fui <u>al río</u> <u>por un camino diferente</u>.
c) <u>El mes pasado</u> construyeron un nuevo edificio <u>en la avenida principal</u>.
d) Levántate <u>inmediatamente</u> y ve <u>a la farmacia</u> por el medicamento del abuelo.
e) El grupo de moda actuó <u>en una vieja fábrica reconstruida junto a la iglesia</u>.
f) Procurad no llegar <u>tarde</u> <u>mañana</u> <u>a la clase</u>.
g) Andrés pasea <u>todas las tardes</u> <u>con su pareja</u> <u>por las estrechas callejuelas del pueblo</u>.

29. Sustituye los cuadratines de color por el CC que se indica en cada caso:

a) El ladrón entró ■ (de lugar) ■ (de tiempo).
b) Nos perdimos ■ (de lugar) y llegamos ■ (de tiempo) ■ (de lugar).
c) Los niños moldearon una figura ■ (de materia) ■ (de lugar).
d) No actúes ■ (de modo), si no quieres acabar ■ (de modo).
e) Clavé una escarpia ■ (de instrumento) ■ (de lugar) y colgué un cuadro ■ (de lugar).

30. Escribe la preposición adecuada en los CR de las siguientes oraciones:

a) Todos nos olvidamos ■ nuestros propósitos.
b) Los trabajadores de la empresa preguntaron ■ la subida salarial.
c) Su responsabilidad consiste ■ la recogida de datos sobre personas infectadas.
d) Como nos sentimos estafados, nos dirigimos ■ la OCU (Organización de Consumidores y Usuarios).
e) Por mucho que te ofrezcan a cambio, nunca renuncies ■ tus principios.
f) El responsable de la compañía informó ■ la crítica situación a mediodía.
g) La conferencia del escritor trató ■ los elementos narrativos.
h) Las autoridades sanitarias insisten ■ el uso de la mascarilla.
i) Nunca te olvides ■ lo que aprendiste.

31. Completa estas oraciones con un SPrep que funcione como CR. Fíjate en el ejemplo:

Nunca está conforme: se queja ■. → *Nunca está conforme: se queja* ***de todo****.*

a) No te olvides ■ cuando vayas a comprar.
b) Si no quieres dar positivo en el control, no abuses ■ en la comida.
c) Alfredo nunca habla ■. Es muy reservado.
d) Deja de pensar ■ y céntrate en tu trabajo.
e) Nunca nos hemos fiado ■. Es muy mentiroso.
f) El despistado turista me preguntó ■.

32. Transforma en pasiva las siguientes oraciones expresadas en voz activa:

a) La policía encontró un paquete sospechoso en casa del detenido.
b) El alcalde presentó el plan de actuación anual a los concejales.
c) Los periódicos publicarán la noticia del secuestro mañana.
d) La florista entregó el ramo de rosas al homenajeado a la hora convenida.
e) María recibió el paquete por la mañana.

33. Di si son verdaderos o falsos los siguientes enunciados:

a) El CD siempre lleva preposición.
b) Los verbos transitivos necesitan un CD.
c) El CI siempre lleva la preposición *a*.
d) En un predicado puede haber varios CC.
e) El CPred complementa solo al verbo y al sujeto.
f) El CR siempre lleva la preposición *por*.
g) El CAg va precedido de la preposición *por*.

34. ¿Qué función sintáctica desempeñan en cada caso los sintagmas destacados en estas oraciones?

a) El camarero sirvió varios refrescos **a los jóvenes clientes**.
b) El arquitecto municipal informó **del nuevo proyecto** a la corporación.
c) Los aficionados celebraron **el ascenso de categoría del equipo**.
d) La inspectora pidió **al director del centro** la lista de los alumnos matriculados.
e) Los trabajos fueron dirigidos **por el ingeniero de caminos**.
f) La reunión de los delegados se celebrará **en el salón de actos**.
g) Julia se dedica **al paisajismo** desde hace varios años.

35. Di de qué tipo son los complementos subrayados en las siguientes oraciones:

a) Nunca me he olvidado de mis buenos profesores de la universidad.
b) Los vecinos escucharon sorprendidos las declaraciones del alcalde.
c) El director de carrera dio las instrucciones precisas a los pilotos.
d) Los enfermos esperaban inquietos los resultados de los análisis.
e) Íbamos por la ladera del monte y nos atacaron unas abejas.
f) No insistas en tus pretensiones y ocúpate de tus asuntos.
g) No entiendo el porqué de su reacción.

36. Lee la siguiente fábula de Esopo y contesta a las preguntas que se formulan:

El perro que llevaba carne a través del río

Quien apetece lo ajeno, pierde merecidamente lo propio.

Un perro, cuando, nadando a través del río, llevaba carne, vio su imagen en el espejo de las aguas y, creyendo que otra presa era transportada por otro perro, quiso quitársela; pero su avidez fue burlada y cayó de su boca el alimento que poseía y no pudo, por tanto, alcanzar lo que deseaba.

a) Di qué función desempeñan los sintagmas *carne* y *su imagen* subrayados en el texto y a qué verbo complementan.
b) Localiza dos complementos circunstanciales en el texto y escribe de qué tipo son.
c) La oración «otra presa era transportada por otro perro» está expresada en voz pasiva. Señala el sujeto paciente y el complemento agente, y después pasa la oración a voz activa.

37. Analiza la siguiente oración morfosintácticamente:

El jurado entregará los premios a los ganadores del concurso esta noche.

38. Analiza las funciones sintácticas de las siguientes oraciones y explica las diferencias de significado entre ellas:

a) Yo ocupo la habitación grande.
b) Yo me ocupo de la habitación grande.

» LÉXICO

1. La composición

Son **palabras compuestas** las que se forman mediante la unión de dos o más raíces o palabras. Por ejemplo:

cascanueces (cascar + nueces) **puntiagudo** (punta + agudo)

Observa que pueden formarse términos compuestos a partir de palabras de la misma o de diferente categoría gramatical: *puntapié* (dos sustantivos); *verdinegro* (dos adjetivos); *medianoche* (adjetivo y sustantivo); *pelirrojo* (sustantivo y adjetivo); *espantapájaros* (verbo y sustantivo); *menospreciar* (adverbio y verbo); *anteayer* (dos adverbios).

A veces, el primer elemento de la palabra compuesta puede sufrir alguna variación: en *cascanueces* se ha suprimido la *r* final del verbo, y en *puntiagudo* la *a* de *punta* se ha transformado en una *i*.

1.1. Palabras compuestas con raíces griegas o latinas

Algunas palabras, especialmente del lenguaje culto y científico, se han formado mediante la unión de raíces procedentes del griego o del latín. Por ejemplo: *zoología*, *claustrofobia*... Fíjate en estos ejemplos:

ELEMENTOS COMPOSITIVOS CULTOS Y SU SIGNIFICADO	
bio- (vida): ***bio**logía*	*-cidio* (acción de matar): *homi**cidio***
cardio- (corazón): ***cardio**logía*	*-fobia* (miedo): *hidro**fobia***
cosmo- (universo): ***cosmo**logía*	*-itis* (inflamación): *apendic**itis***
crono- (tiempo): ***cronó**metro*	*-manía* (locura): *biblio**manía***
foto- (luz): ***foto**grafía*	*-patía* (enfermedad): *cardio**patía***
geo- (tierra): ***geo**grafía*	*-voro* (que come): *carní**voro***
hidro- (agua): ***hidro**terapia*	*-grafía* (escritura): *bio**grafía***
psico- (alma o actividad mental): ***psico**logía*	*-logía* (ciencia o estudio): *geo**logía***
xeno- (extranjero): ***xeno**fobia*	*-metría* (medida): *geo**metría***
zoo- (animal): ***zoo**morfo*	*-terapia* (tratamiento): *psico**terapia***

» ACTIVIDADES

39. Deduce el significado de las siguientes palabras que contienen raíces grecolatinas:

a) fotofobia
b) hidroterapia
c) psicopatía
d) aracnofobia
e) biodiversidad
f) cronómetro
g) granívoro
h) hidroavión

40. Por parejas, inventad una palabra nueva con cada uno de los siguientes elementos: *-voro*, *-terapia*, *-fobia*, *-itis*. Por ejemplo:

alarmafobia → *Pánico a que suene la alarma del despertador por las mañanas.*

41. Une las palabras de ambos recuadros para formar palabras compuestas. Realiza las modificaciones que consideres necesarias.

pica • balón • pelo • cien • cara • mapa • hierba
quita • tira • rompe • guarda • busca

vidas • buena • dura • chinas • mundo • rojo
porte • manchas • pies • cesto • ropa • olas

42. Escribe la categoría gramatical de los componentes de las siguientes palabras compuestas y, a continuación, escribe una frase con cada una de ellas:

salvapantallas • contratiempo • boquiabierto
vaivén • maniatar

43. Busca las cinco palabras compuestas que encontrarás enlazadas. La última letra de cada palabra es la primera de la siguiente.

malhumorascacielosalpicarectilíneaerosolimpiacristales

★ LUDOLENGUA

44. Observa las siguientes imágenes y palabras durante 1 minuto. Luego, cierra el libro e intenta decir en voz alta todo lo que has visto. Puedes competir con tu compañero o compañera para ver quién es capaz de recordar un mayor número de palabras compuestas.

» ORTOGRAFÍA

1. Los signos de puntuación (II): los dos puntos, los puntos suspensivos y los signos de interrogación y exclamación

USO DE LOS DOS PUNTOS

• Indican que lo que sigue a continuación completa el sentido de la oración.	*Puedes hacerte una idea de cómo terminó la fiesta: empezó a llover y tuvimos que salir corriendo.*
• Se escriben delante de una enumeración.	*Los colores que componen el arcoíris son: el rojo, el naranja, el amarillo, el verde, el azul, el añil y el violeta.*
• Se escriben detrás del saludo de las cartas, los discursos u otros documentos.	*Querido Iván:* *Te escribo para desearte un feliz cumpleaños.*
• Introducen citas textuales.	*Dice un proverbio árabe: «Si lo que vas a decir no es más bello que el silencio, no lo digas».*
• Introducen una oración que resume lo dicho anteriormente.	*Le gusta sentarse en el rompeolas, mirar al cielo y contar las estrellas: es un soñador.*

USO DE LOS PUNTOS SUSPENSIVOS

• Indican que se deja incompleta una oración.	*«En un lugar La Mancha de cuyo nombre...».*
• Van al final de una enumeración incompleta.	*Podemos ir al cine, a patinar, a correr... lo que quieras.*
• Se escriben al final de una oración que no se quiere terminar porque se sobreentiende.	*Ya conoces el refrán: «A palabras necias...».*
• Expresan temor, duda, sorpresa, enfado, etc.	*¿De verdad... vas a hacerlo? ¿Estás... segura?*

USO DE LOS SIGNOS DE INTERROGACIÓN Y EXCLAMACIÓN

• Se escriben al principio y al final de las oraciones interrogativas y exclamativas. No se escribe punto detrás de estos signos.	*¿Has visto lo rápida que es?* *¡Es una campeona!*
• Se colocan donde empiece la pregunta o exclamación, aunque la oración no comience exactamente en ese lugar.	*Si te llamo esta noche, ¿podré contactar contigo?*
• Cuando el sentido de una oración es interrogativo y exclamativo a la vez, pueden combinarse ambos signos. En ocasiones, es posible escribir dos o tres signos de exclamación para indicar mayor énfasis.	*¿¡Qué estás diciendo!?* *¡¡¡Cállate!!!*

» ACTIVIDADES

45. Copia las siguientes oraciones escribiendo dos puntos donde sea necesario:

a) John Lennon, componente de The Beatles, dijo «La vida es aquello que nos va sucediendo mientras nos empeñamos en hacer otros planes».
b) Esto es lo que ocurrió empezamos a correr detrás del balón y varios de nosotros caímos al suelo al tropezarnos.
c) Querida Gabriela ¿Cómo estás? Te deseo unas apacibles vacaciones. ¡Un abrazo!
d) Tiene una larga barba, siempre va vestido de negro y lleva unas gafas estrafalarias es un tipo de lo más peculiar.
e) Ya sabes «No por mucho madrugar...».

46. En estas oraciones los dos puntos están mal colocados. Sitúalos correctamente:

a) Toma nota: de lo que tienes que comprar lápices, cartulina, papel y un rollo de cinta.
b) El marcador ha quedado: 0-3 ¡hemos vuelto a ganar!
c) Apreciado Sr. Duarte reciba: el cheque que acordamos y un cordial saludo.
d) Esto es lo que dijo «No hablaré: si no es en presencia de mi abogado».

47. Copia las siguientes oraciones y escribe puntos suspensivos donde sea necesario:

a) Tal vez mañana No sé, en estos momentos no puedo asegurártelo.
b) Ya sabes lo que dicen en estos casos «Más vale prevenir».
c) Buenas tardes, soy Jaime Pizarro, del departamento de administración. ¿Usted es?
d) Durante la acampada, nuestra tienda de campaña fue visitada por todo tipo de insectos: moscas, mosquitos, hormigas
e) En voz alta, repetíamos en clase las tablas de multiplicar: dos por uno, dos; dos por dos, cuatro; dos por tres, seis

48. Escribe los signos de interrogación y de exclamación que faltan en cada una de las siguientes oraciones:

a) Qué te ha parecido Yo creo que ha sido una actuación genial
b) Si nos portamos bien, nos llevarás al parque de atracciones, mamá
c) Madre mía, cuánto tiempo Cómo estás
d) Tienes cara de preocupación, quieres que charlemos un rato
e) —Excelente, magnífico —vociferó el director de orquesta, emocionado.
f) Adelante, por favor, pasen, les apetece tomar un cóctel de bienvenida

49. En cada recuadro solo hay dos expresiones que están escritas correctamente. Señala cuáles son y justifica tu respuesta:

¡¡¡Bravo!!! • Bravo!!! • ¡Bravo! • Bravo!

¿¡De verdad!? • De verdad?
¿De verdad? • ¡De verdad???

50. Coloca los puntos suspensivos en el lugar correcto en cada caso:

a) Me ha dicho que■ será mejor que■ te lo cuente él.
b) Pero■ ¿puede saberse■ qué estás haciendo aquí?
c) Estoy■ pensando que■ será mejor que lo hablemos en persona.
d) Recuerda que■ mal de muchos■
e) En el huerto, vamos a plantar■ judías, tomates, cebollas, pimientos■ de todo.

51. Escribe los signos de interrogación y de exclamación que faltan en el siguiente diálogo:

—Papá, oye, que no podré ir a comer...
—Dónde estás
—Por ahí...
—Por ahí Dónde queda exactamente por ahí
—En el Corte Inglés —improvisé—. Estoy mirando regalos para Navidad.
—Y a qué hora volverás
—No lo sé.
—Pues tienes que saberlo.
—A las siete.
—De acuerdo. A las siete aquí, como un clavo.
—Siete, siete y media, ocho —corregí, por si las moscas.
—En qué quedamos
—Digamos las ocho y media
—Como no estés en casa a las nueve, ya verás el regalo que te hago yo

ANDREU MARTÍN Y JAUME RIBERA: *Todos los detectives se llaman Flanagan.*

52. Copia el siguiente texto en tu cuaderno y coloca el signo de puntuación adecuado en los lugares que te indicamos:

Un libro

Allí están■ en tus cajones■ junto a los petardos que te sobraron de Navidad y las canicas de cristal■ tus libros■ Un libro■ piensas■ es una cajita milagrosa■ puedes meterlo en el bolsillo de tu abrigo y en él caben■ sin embargo■ muchas más cosas de las que existen en el mundo■ En un libro cabe un dragón■ por ejemplo■ o un duende con pantuflas y nariz en forma de anzuelo o un gigante de cinco metros de altura que calza zapatos del número veintinueve■ Un libro cruje cuando lo abres■ como una galleta■ y los negros regueros de tinta■ sobre el frágil papel■ despiden un olor sutil y sabroso■ semejante al de ciertas frutas livianas■

ROALD DALH: *Charlie y la fábrica de chocolate.*

53. Busca información e indica si los siguientes enunciados son verdaderos o falsos:

a) En castellano, el uso de dos signos (el de apertura y el de cierre) en las preguntas y en las exclamaciones es obligatorio.
b) El signo de apertura se usa en todas las lenguas románicas.
c) Los signos de apertura son un invento español del siglo XVIII.
d) Se pueden repetir los signos como énfasis: «¡¡¡Olé!!!».
e) Se pueden combinar los signos de interrogación con los de exclamación, pero su colocación ha de ser simétrica: «¿¡Gol!?, ¡¿Gol?!».
f) Detrás de los signos de interrogación y de exclamación se escribe punto para terminar la oración.

DICTADO

Premisa. Lee el texto atentamente y apunta todos los signos de puntuación que tiene. Por ejemplo: un punto, tres comas, etc. El profesor o la profesora os dictará el texto sin indicar los signos de puntuación. Comprueba si los has colocado todos y, finalmente, compara tu texto con el modelo.

A veces, raramente, escucho de nuevo la vieja llamada del viaje, y siento que debería salir de casa, del barrio, de la ciudad, de mi país; lo siento con tanto apremio que me espanto ante la inminencia de mi partida, ante una fuerza superior a mí contra la que nada puedo hacer. Pero en el último instante, cuando ya estoy listo para partir hacia una agencia de viajes, me digo: ¡Alto ahí! ¿Dónde vas y con qué objeto?

LUIS LANDERO: *El balcón en invierno* (texto adaptado).

» DILO POR ESCRITO

Cómo nos ven

¿Qué tienes que hacer?

✓ Vas a escribir un texto de unas doscientas palabras. En él describirás la apariencia de una persona y luego tendrás que explicar cómo es su carácter a partir de los rasgos físicos que has destacado. Además, podrás imaginar o inventar otros aspectos de su vida.

¿Cómo puedes hacerlo?

Escoge una de las siguientes imágenes:

- Describe los elementos principales de la fotografía: ¿qué se ve?, ¿quién aparece?, ¿qué está haciendo?, ¿dónde está?, ¿en qué momento del día?, etc.
- Describe la apariencia física de la persona elegida. Además de su aspecto físico, no olvides detalles como los gestos, el modo de vestir...
- Inventa los rasgos más importantes de su forma de ser:

cariñosa • sincera • compasiva • tolerante • trabajadora • humilde • alegre
generoso • inteligente • ordenado • sensible • íntegra • ambicioso • emprendedora • idealista
tímido • triste • desconfiada • antipático • cobarde • bondadoso

- Para terminar, explica cómo imaginas la vida de este personaje: ¿a qué se dedica?, ¿cómo es su familia?, ¿cuáles son sus deseos e inquietudes?, ¿cuándo y por qué se tomó la fotografía?
- Antes de entregarlo, revisa bien el texto, corrígelo y pásalo a limpio.

Y para acabar...

Lee y comenta la descripción con tus compañeros. ¿Habéis coincidido? ¿Se puede juzgar a una persona por su aspecto? ¿Qué opináis de ello?

» PONTE A PRUEBA

Lee y comprueba si lo has comprendido

El cerebro y el ordenador: ¿juntos?

¿Qué hay dentro de nuestra cabeza?

Todo el mundo sabe qué hay dentro de nuestra cabeza, hasta quienes lo usan poco: el cerebro. Es el órgano principal del sistema nervioso central. Utiliza el *input* (del inglés *to put in*, 'poner dentro') de nuestros cinco sentidos, que hacen de unión entre el cerebro y el resto del mundo, para sentir las emociones, acumular datos y tomar decisiones. Del análisis del *input* es capaz de producir el *output (to put out*, 'poner fuera'), a modo de órdenes enviadas por sus neuronas al resto del organismo en las formas más variadas: se nos hace la boca agua cuando vemos un rico pastel; nos ruborizamos cuando nos miran con interés; nos vienen palabras a borbotones cuando tenemos que hacer valer lo que pensamos...

¿El cerebro se parece a un helado de cucurucho?

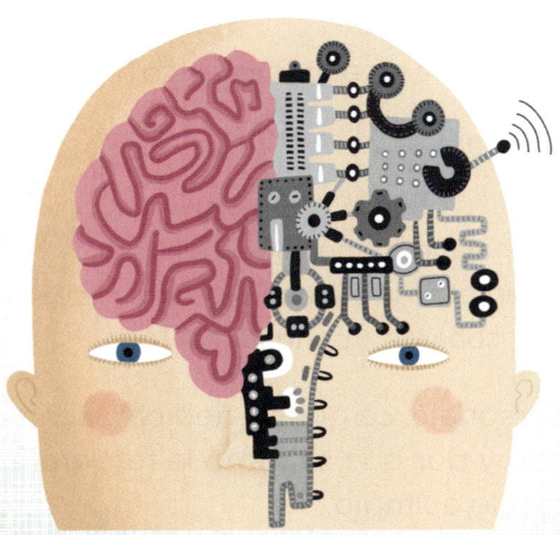

La comparación resulta rara, pero es así. El cerebro humano no ha evolucionado modificándose cada vez, sino añadiendo un nuevo estrato a los existentes en cada paso evolutivo como un cucurucho de sabores superpuestos.

En el cerebro humano hay tres «estratos» evolutivos. El cercano a la base craneana es el más antiguo y contiene, además del cerebelo, el tronco encefálico, con el bulbo y el mesoencéfalo. En su conjunto, este primer estrato no es muy diferente del de una rana y desarrolla funciones esenciales para la vida, por ejemplo, la respiración.

El estrato intermedio, constituido por el tálamo, el hipotálamo y el sistema límbico, hace cosas más complejas: administra partes de la memoria y de la emotividad y también el sentido más primario que tenemos, el olfato. Hemos llegado así, más o menos, al cerebro de un ratón, que se las apaña de maravilla para encontrar el queso cuando tiene hambre.

Para que el cerebro sea un cerebro humano, tenemos que añadir el tercer sabor al helado de cucurucho: la corteza, el último estrato de la evolución.

En el futuro, ¿podría el cerebro tener un estrato más?

La tecnología de vanguardia podría llevar a incorporar partes mecánicas al cerebro humano, fundiendo personas y máquinas. Las integraciones robóticas en un cuerpo humano no son ciencia ficción; por el momento hemos construido miembros para quien no tiene piernas o brazos, por ejemplo: combinando física, mecánica y robótica. Pero integrar prótesis cibernéticas en el cerebro podría ser una deriva peligrosa...

Giovanni Bignami y Cristina Bellon:
El futuro explicado a los niños (texto adaptado).

1. Indica cuál de estos dos enunciados es verdadero:

a) El cerebro es el órgano principal del sistema nervioso central.
b) El cerebro es el órgano principal del cuerpo humano.

2. Según el texto, ¿por qué el cerebro se parece a un helado de cucurucho?

a) Porque ha ido evolucionando a lo largo de miles de años.
b) Porque tiene varias capas con distintas funciones (sabores superpuestos).

3. Las funciones esenciales para la vida, como la respiración, se encuentran...

a) en el estrato más antiguo, cerca de la base craneana.
b) en la corteza, el último estrato evolutivo.
c) repartidas entre los diferentes estratos.

4. En el futuro, ¿podría el cerebro tener un estrato más?

a) No, porque eso convertiría a los seres humanos en robots.
b) Sí, la tecnología podría incorporar partes mecánicas al cerebro humano.
c) No, todo eso es ciencia ficción.

5. El texto que acabas de leer es...

a) literario.
b) publicitario.
c) científico y divulgativo.
d) humanístico.

6. En la última frase del texto la palabra *deriva* puede ser sinónimo de:

a) evolución, desvío.
b) alejamiento, abandono.
c) consecuencia, resultado.
d) anticipación, iniciativa.

7. Señala el significado correcto de las dos expresiones siguientes:

se nos hace la boca agua
a) Nos sentimos muy hambrientos.
b) Deseamos probar algo muy apetecible.

nos vienen palabras a borbotones
c) Hablamos de manera impetuosa.
d) Hablamos con poca fluidez, con lentitud.

8. Señala qué palabra sobra en cada serie:

a) sentir, llevar, incorporar, construido
b) mundo, cabeza, cerebro, datos, último
c) rara, nuevo, antiguo, esencial, hambre
d) entre, de, para, por, todo

9. Busca en el texto un ejemplo de:

a) Puntos suspensivos usados al final de una enumeración incompleta.
b) Dos puntos que indiquen que lo que sigue completa el sentido de la frase.
c) Signos de interrogación que no coinciden con el inicio de la oración.

10. Analiza la siguiente oración:

En pocos años, la tecnología agregará fácilmente partes mecánicas al cerebro humano.

Mira

Fíjate en el enlace que encontrarás en el espacio personal de la página web *www.barcanova.cat* y explica las características del cerebro de la personas políglotas.

Averigua

En grupos, buscad información sobre cómo ha evolucionado el cerebro y cómo se ha estudiado a lo largo del tiempo. Compartid la información en clase.

UNIDAD 9

Preparamos la lectura

1. ¿Has viajado alguna vez a Nueva York? ¿Te gustaría hacerlo? ¿Por qué?
2. ¿Qué sabes de esa ciudad?
3. Fíjate en el título de la lectura. ¿Podrías anticipar de qué se trata? Apunta algunas ideas por escrito. Después podrás comprobar si habías acertado.

★ EL JUEGO DE LAS CIUDADES

Dividid la clase en cuatro grupos y elegid un número del 1 al 4. En tres minutos debéis buscar:

Grupo 1. Nombres de ciudades que tengan más de cinco millones de habitantes.
Grupo 2. Nombres de ciudades del continente asiático.
Grupo 3. Nombres de ciudades que estén en una isla.
Grupo 4. Nombres de ciudades que tengan río.

Ya sabéis que gana el equipo que consiga apuntar más nombres correctos. Cuidado, los fallos restan puntos.

» CLUB DE LECTURA

Un gran error

VOCABULARIO

atestar *v.* Llenar (algo, especialmente un lugar) hasta el límite de su capacidad.

manjar *m.* Comida o alimento, especialmente si son exquisitos.

lujurioso, sa *adj.* Aquí se refiere a que los manjares eran atrayentes, apetitosos, tentadores.

omnipotencia *f.* Cualidad que se aplica a quien todo lo puede.

absorto, ta *adj.* Pasmado, abstraído.

Un italiano tenía un puesto de frutas en una esquina desde donde podía atraer a aquellos que bajaban de la estación elevada y a aquellos que pasaban por dos calles **atestadas**. El tendero se sentaba la mayor parte del día en un taburete que tenía colocado de manera estratégica.

Había un chiquillo que vivía cerca, cinco plantas por encima, y que consideraba a aquel italiano como un ser tremendo. El niño había investigado el puesto de frutas. Lo había impresionado como pocas cosas que hubiese visto antes en sus viajes. Allí, dispuestos en asombrosas hileras, se encontraban todos los **manjares** del mundo en **lujuriosos** montones. Cuando observaba al italiano sentado en medio de tesoro tan espléndido, el labio inferior se le descolgaba y alzaba los ojos, llenos de un profundo respeto, hacia el rostro del vendedor. Lo adoraba como si estuviese contemplando la **omnipotencia**.

El niño iba a menudo a la esquina, merodeaba por el puesto y observaba cada detalle del negocio. Estaba fascinado por la tranquilidad del vendedor, su majestad de poder y posesión. A veces, estaba tan **absorto** en la contemplación del puesto que la gente, a toda prisa, tenía que tener cuidado para no atropellarlo.

Nunca se había atrevido a acercarse demasiado. Tenía el hábito de acechar cautelosamente desde el bordillo. Incluso allí parecía un niño que contemplase, sin estar invitado, un banquete de dioses.

Un día, sin embargo, mientras el niño estaba absorto, el vendedor se alzó y, pasando por la parte delantera del puesto, comenzó a dar brillo a las naranjas con un pañuelo rojo. El espectador, sin aliento, avanzó por la acera hasta que su rostro casi tocó la manga del vendedor. Con los dedos se agarró un pliegue del traje.

Por fin, el italiano acabó con las naranjas y volvió a su taburete, de detrás de un racimo de plátanos sacó un periódico escrito en su idioma, se removió hasta conseguir una postura cómoda y clavó los ojos con fiereza en el periódico. El niño se quedó frente a frente con los innumerables dones del mundo.

Durante un rato fue un simple **idólatra** de aquel santuario dorado. Después se apoderaron de él unos deseos **tumultuosos**. Tenía sueños de conquista. Sus labios temblaron. Entonces se formó en su cabeza un pequeño plan.

Se acercó sigilosamente lanzando furtivas miradas al italiano. Luchó por mantener una actitud convencional, pero la conspiración estaba escrita en sus facciones.

Por fin se había acercado lo suficiente como para tocar la fruta. De debajo del **andrajoso** faldón sacó una manita sucia. Aún tenía los ojos clavados en el vendedor con el gesto totalmente rígido, excepto por el labio inferior, que mostraba un ligero aleteo. Extendió la mano.

Los trenes elevados atronaban de camino a la estación y la escalera derramaba gente sobre las aceras. Se podía oír un profundo rugido marino procedente de los pies y de las ruedas que pasaban sin cesar. Nadie parecía ver a aquel chico sumido en tan magnífica aventura.

El italiano dio la vuelta al periódico. De repente el pánico golpeó al niño. Bajó la mano y dejó escapar un suspiro de desesperanza. Durante un instante siguió mirando al vendedor. Era evidente que en su cabeza se producía un gran debate. Su intelecto infantil había definido al italiano. Sin duda era un hombre capaz de comerse a los niños que lo provocaran, y la alarma que le había producido el vendedor al girar el periódico le hizo ver con **nitidez** las consecuencias que acarrearía el ser detectado.

VOCABULARIO

idólatra *adj.* Adorador, devoto, admirador.

tumultuoso, sa *adj.* Impetuoso, incontenible.

andrajoso, sa *adj.* Viejo y roto.

nitidez *f.* Claridad.

Pero en aquel momento, el vendedor emitió un gruñido de placer e inclinando el taburete contra la pared, cerró los ojos. El periódico cayó ignorado.

El niño dejó el **escrutinio** y de nuevo alzó la mano. Se movía con suprema precaución hacia la fruta, con los dedos doblados, como una garra, dominados por una **codicia** arrebatadora.

En un momento se detuvo y los dientes le castañearon convulsivamente pues el vendedor se movió en sueños. El chiquillo, con la mirada aún fija en el italiano, volvió a extender la mano y los rapaces dedos se cerraron sobre un fruto redondo.

Y estaba escrito que el italiano abriría en aquel instante los ojos. Atravesó al pequeño con una mirada **inquisitiva** y el niño, con una expresión en el rostro de profunda culpa, puso inmediatamente el fruto redondo en su espalda y comenzó a realizar una serie de enloquecidos y elaborados gestos declarando su inocencia.

El italiano aulló, se puso de pie de un salto, y en tres pasos alcanzó al niño. Lo zarandeó fieramente y de sus deditos arrancó un limón.

STEPHEN CRANE: «Un gran error», en *Historias de Nueva York*.

VOCABULARIO

escrutinio *m.* Examen que se hace de algo para valorarlo.

codicia *f.* Deseo vehemente de poseer algo.

inquisitivo, va *adj.* Con intención de investigar o averiguar algo.

¿SABÍAS QUE...?

El cuento que has leído forma parte del libro *Historias de Nueva York*, del escritor y periodista estadounidense Stephen Crane (Newark, Nueva Jersey, 1871-Badenweiler, Alemania, 1900). En esta obra, se recogen once relatos ambientados en las calles del Nueva York de principios del siglo XX que reflejan la dureza de la vida de las clases pobres. Son historias de gente trabajadora y anónima que, agrupadas, componen el retrato de esta gran ciudad.

BuScA eN eL tExTo...

El vendedor italiano abrillantaba las naranjas con:

- un pañuelo blanco
- un pañuelo amarillo
- un pañuelo rojo
- un pañuelo morado
- un periódico escrito en su idioma
- la manga de su camisa

» ACTIVIDADES

Comprensión de la lectura

1. ¿Dónde transcurre el relato?

2. ¿Quiénes son los protagonistas?

3. Desde el punto de vista del niño, ¿cómo es el propietario del puesto de frutas?

4. ¿Qué impresiones le causa al niño la contemplación del puesto de frutas?

5. ¿Con qué frecuencia se acercaba al lugar?

6. ¿En qué momento el niño se decide a coger una fruta? ¿Está seguro de lo que hace? ¿Cómo actúa?

7. ¿Cómo termina el relato?

Expresión personal

8. Resume el argumento del relato y explica cómo empieza, cuál es el momento más importante y cómo termina.

9. Inventa otros dos títulos para esta historia.

10. ¿Cuál es el punto de vista narrativo? Selecciona una de las dos opciones siguientes y justifica tu elección.

a) Se trata de un narrador interno.
b) La historia está contada por un narrador externo omnisciente.

11. Consulta el diccionario y explica el significado de las palabras y expresiones que aparecen destacadas en las siguientes frases:

a) Allí se encontraban todos **los manjares del mundo**.
b) El niño **merodeaba por el puesto**.
c) Tenía el hábito de **acechar cautelosamente** desde el bordillo.
d) Se acercó **sigilosamente** lanzando **furtivas** miradas al italiano.
e) Volvió a extender la mano y los **rapaces** dedos se cerraron sobre un fruto redondo.

12. Copia una tabla como la siguiente y complétala con las formas verbales de los párrafos que se indican, y di cuál es el tiempo verbal más usado en cada caso:

	Formas verbales	Tiempo verbal dominante	Características
Párrafos 1-4			Acciones inacabadas en el pasado y descripciones.
Párrafos 5-6			Acciones terminadas en el pasado.

13. Escoge de entre los siguientes sustantivos abstractos los que te parezcan más próximos a los sentimientos del niño. Comenta tu selección con la de tu compañero o compañera y justifícala oralmente.

miedo • pánico • ira • pasión • sorpresa • enfado
alegría • ilusión • nerviosismo • añoranza
paciencia • serenidad • entusiasmo • admiración
tranquilidad • tristeza • enfado • asombro
arrobamiento • atrevimiento • valentía

14. Lee las siguientes frases y selecciona el sinónimo que te parezca más adecuado en cada caso para sustituir las palabras destacadas en negrita:

a) concentrado • preocupado • intranquilo

El chiquillo estaba **absorto** en la contemplación del puesto.

b) rapidez • claridad • precipitación

Le hizo ver con **nitidez** las consecuencias de ser detectado.

c) observación • curiosidad • entendimiento

Su **intelecto** infantil había definido al italiano.

d) prodigiosos • glotones • incontenibles

Después se apoderaron de él unos deseos **tumultuosos**.

15. Elabora un cómic de unas seis viñetas con los momentos más representativos del relato. Previamente, prepara un guion indicando el contenido de cada viñeta así como el tipo de plano y los diálogos que vas a utilizar.

16. ¿Cómo crees que podría acabar la historia? Inventa una continuación de la narración siguiendo el mismo estilo. Por ejemplo:

a) El comerciante italiano llama a la policía y...
b) El comerciante italiano se compadece del niño y le regala fruta.
c) El comerciante italiano invita al niño a que le ayude en el puesto siempre que quiera.
d) Un transeúnte que ha visto la escena interviene y...

17. Sabemos que Nueva York es el escenario del relato. ¿Con qué otros nombres o expresiones nos referimos a esta ciudad? Escríbelos en inglés y en castellano.

18. Averigua los datos principales de la ciudad de Nueva York (ubicación, habitantes, festividades, etc.) y su historia. Redacta un texto expositivo de una página de extensión a partir de la información que hayas recogido. Además, en el espacio personal de la página web *www.barcanova.cat*, puedes encontrar algunos enlaces interesantes.

19. A los habitantes de Nueva York se les llama neoyorquinos. Escribe el gentilicio (adjetivo que indica el lugar al que pertenecen sus habitantes) de las ciudades o estados siguientes:

a) California
b) Texas
c) Puerto Rico
d) Hawái
e) Managua
f) Ciudad de Panamá
g) Moscú
h) El Cairo
i) Buenos Aires
j) Túnez
k) Atenas
l) Berlín
m) Bruselas
n) Londres
ñ) París
o) Kuwait
p) La Habana
q) Lima
r) Viena
s) Bogotá

» LENGUA Y SOCIEDAD

1. Las variedades geográficas del castellano

1.1. Dialectos del castellano

Un **dialecto** es una variedad de un idioma en un territorio determinado que no ha alcanzado la categoría social de lengua.

A lo largo de su historia, el castellano ha dado lugar a distintos dialectos que se hablan en diferentes zonas de España.

Las diferencias dialectales más llamativas del castellano se aprecian en el léxico y en la pronunciación. En la escritura, sin embargo, no se reflejan con tanta claridad pues los hablantes utilizan un modelo común, que es normativo para todos.

Los principales dialectos del castellano son los dialectos **septentrionales** y los **meridionales**. En la siguiente tabla se destacan sus rasgos principales:

- El *laísmo* es el uso de los pronombres *la* y *las* como CI femenino, en lugar de *le* y *les*.
- El *leísmo* es el uso de los pronombres *le* y *les* como CD, en lugar de las formas *lo*, *la*, *los* y *las*.
- El *loísmo* es el uso de los pronombres *lo* y *los* como CI masculino, en lugar de *le* y *les*.

LOS DIALECTOS SEPTENTRIONALES	LOS DIALECTOS MERIDIONALES
• **Se hablan en la mitad norte de la España peninsular**: Castilla, Aragón, Navarra, La Rioja, Cantabria y Asturias.	• Los dialectos meridionales del castellano son el **andaluz**, el **murciano**, el **extremeño** y el **canario**.
• El **laísmo** (***La*** *regalé un libro*, en lugar de ***Le*** *regalé un libro*); el **leísmo** (*El jarrón* ***le*** *he dejado allí*, en lugar de *...* ***lo*** *he dejado allí*); y el **loísmo** (***Lo*** *dio una manzana*, en lugar de ***Le*** *dio una manzana*). Estos usos son frecuentes en la zona central de Castilla y León, y en Madrid. • La pronunciación de *-d* final de palabra como *-z* (***verdaz***) o su pérdida (***verdá***). • En la zona noroeste (León, Zamora y Salamanca) se aprecian rasgos asturleoneses: tendencia a cerrar la vocal *-o* de final de palabra en *-u* (***perru***); uso de los diminutivos *-ín*, *-ina* (***guapín***, ***guapina***). • En la zona nordeste (La Rioja, Navarra y Aragón) es frecuente el diminutivo *-ico*, *-ica* (***pequeñico***, ***ratico***); y la pronunciación de palabras esdrújulas como si fueran llanas: ***medico***, ***pajaro*** (por *médico*, *pájaro*).	• El **seseo**, pronunciación del sonido *z* como *s* (***sapato***, por *zapato*; ***serrar*** por *cerrar*). • El **ceceo**, pronunciación del sonido *s* como *z* (***zaco***, por *saco*; ***zaber*** por *saber*). • El **yeísmo**, pronunciación del sonido *ll* como *y* (***y****ave*, por *llave*; ***y****over* por *llover*). • Alternancia *-r*/*-l* al final de sílaba (***almario*** por *armario*; ***alma*** por *arma*). • Aspiración de *-s* al final de palabra (*mi****h*** *amigo* por *mis amigos*) y de *-j-* intervocálica (*mu****h****é* por *mujer*, *ca****h****a* por *caja*). • Pérdida de *-r* y *-l* finales (***saltá***, por *saltar*, ***carté*** por *cartel*) y de *-d* final e intervocálica (*piedá* por *piedad*, *sentao* por *sentado*, *sentío* por *sentido*). • Asimilación de las consonantes *s*, *r* a la consonante siguiente (*lo****d*** *día* por *los días*, *mi****m****mo* por *mismo*, *ca****n****ne* por *carne*).

RECUERDA

Los dialectos no tienen un modelo propio de lengua ya que adoptan el de otra. Así, el andaluz, a pesar de sus peculiaridades léxicas, fonéticas, etc., se considera dialecto del castellano porque este es su modelo ideal de lengua.

En cuanto al **léxico**, cada dialecto cuenta con palabras propias. El andaluz usa términos como *malaje* ('persona desagradable'), *candela* o *lumbre* ('fuego'), *lagareta* ('pocilga'), *camelar* ('enamorar'), *jindama* ('miedo'); el murciano, *escullir* ('resbalar'), *llampo* ('relámpago'), *cieca* ('acequia'); el extremeño, *pipo* ('grano o semilla de ciertas legumbres'), *cho* (interjección que indica extrañeza), *quedar* ('dejar'); *merendillar* ('merendar'), *presta* ('hierbabuena').

El canario presenta un léxico muy rico debido a la influencia del **guanche** (lengua autóctona). Usa palabras como *cañoto* ('zurdo'), *guagua* ('autobús'), *papa* ('patata'), *choni* ('inglés'), *gago* ('tartamudo'), *alegador* ('discutidor'), *picar* ('guiñar un ojo'), *godo* ('español peninsular'), etc.

1.2. El español de América

El español se habla en la mayor parte de América Central y del Sur y en México. Aunque presenta numerosas variantes, se admiten algunos rasgos comunes:

RASGOS COMUNES DEL ESPAÑOL DE AMÉRICA
FONÉTICOS
Comparte rasgos con los dialectos meridionales de España: el **seseo**, el **ceceo**, el **yeísmo**, la aspiración o pérdida de la *-s* en final de sílaba y palabra, la alternancia de *r* y *l* en final de sílaba y palabra, etc. En países como Argentina y Uruguay, los sonidos *y* y *ll* se pronuncian como la *ch* del francés (*chambre*) o la *sh* del inglés (*show*).
GRAMATICALES
Destacan el **voseo**, el uso del pronombre *vos* en lugar de *tú* o *ti* (***Vos** tenés cinco hermanos*); el uso de *ustedes* en lugar de *vosotros* (***Ustedes** se vienen conmigo*); la preferencia del pretérito perfecto simple en lugar del compuesto (*Te **llamé** esta mañana* por *Te he llamado esta mañana)*; el uso adverbial del adjetivo (*Suena muy **lindo***); el empleo particular del diminutivo *-ito* (***ahorita***, ***adiosito***). Asimismo, la segunda persona del singular del presente de indicativo y la segunda del imperativo presentan una acentuación especial: *¿Qué **querés**? **Vení** y **sentate***.
LÉXICOS
Cuenta con abundantes términos propios: *naipear* ('barajar'), *pedalero* ('ciclista'), *guardavida* ('socorrista'), *pollera* ('falda'), *cuadra* ('manzana'); así como extranjerismos: *zíper* ('cremallera'), *rentar* ('alquilar'), *parquear* ('aparcar'), etc. Incluye, además, abundantes palabras procedentes de las lenguas indígenas: *canoa*, *barbacoa*, *huracán*, *tabaco*, *cacahuete*, *aguacate*, *cóndor*, *puma*, *jaguar*, etc., presentes todas ellas en el español hablado en España.

El ***espanglish*** es una modalidad de habla de algunos grupos hispanos que viven en Estados Unidos. Se caracteriza por mezclar elementos léxicos y gramaticales del español y del inglés. Así, por ejemplo, usa verbos ingleses conjugados en castellano (*culear*, de *cool*, 'enfriar'), y numerosos anglicismos (*guindou*, por *window*, 'ventana'); también traduce literalmente expresiones inglesas (*llamar pa'trás* por *call back*, 'devolver la llamada'), etc. Es importante recordar que no puede ser considerado como una variante dialectal del español. **¿Se te ocurre algún ejemplo más de *espanglish*?** Comentadlos en clase.

» ACTIVIDADES

20. Explica la diferencia entre *lengua* y *dialecto*.

21. Di si son verdaderas o falsas las siguientes afirmaciones:

a) Es lo mismo *lengua* que *dialecto*.
b) El dialecto toma su modelo lingüístico de otra lengua.
c) El laísmo consiste en usar los pronombres *la* y *las* como CI.
d) El *espanglish* mezcla elementos del español y del inglés.
e) Todos los dialectos del español se hablan en la España peninsular.

22. Completa un cuadro como el siguiente:

Fenómeno	Definición	Ejemplos
		zábado, zoñar, pizo
	Pronunciación de *z* como *s*	
Yeísmo		
		Vos siempre te callás.
		Juan la dedicó una canción.

23. Señala los casos de laísmo, leísmo y loísmo de las siguientes oraciones y propón la solución correcta:

a) El médico la miró los oídos.
b) Los aconsejó que fueran de vacaciones a la montaña.
c) El novelista la dedicó su último libro.
d) Ese programa le he visto tres veces.
e) Luisa lo dio un beso en la mejilla.
f) Su madre la regaló un gran ramo de rosas por su cumpleaños.

24. Lee el siguiente texto, anota los rasgos fonéticos especiales que se aprecian y di a qué dialecto pertenecen:

> Guardó silencio la concurrencia y declamó la **tarasca**: *¡Buena noche, querío público, buena noche y bienvenío a La Taberna de Mañué, el tablao ma distinguío de lo sinco continente!* Chifló la concurrencia y siguió diciendo la tarasca con voz gutural y temblorosa: *Me llaman la Fresca y como vai a vé, soy artista del cante y del baile españó. Pero ante de empesá mi actuación quiero desiro que estoy mu felí, pero que mu felí de aztuá de nuevo ante este mi querío público de Barcelona, que tanto quiero y me quiere, a mi regreso de una gira triunfá por lo mejore teatro de varieté de Londre, Parí y Bueno Aire.*
>
> EDUARDO MENDOZA: *Una comedia ligera.*

VOCABULARIO

tarasca *adj.* Mujer de excesiva fealdad.

25. Explica en qué consisten los rasgos del español de América destacados en este fragmento:

> —¿Por qué no **trajeron** a Silvia? —pregunté, tirando un poco del hilo.
>
> Me miró de reojo entre sorprendido y socarrón y me sacó el hilo de las manos, degradándome sutilmente.
>
> —Silvia viene cuando quiere —dijo recogiendo el hilo.
>
> —Bueno, hoy no **vino**, entonces.
>
> —¿Qué **sabés** vos? Ella viene cuando quiere, te digo.
>
> —Ah. ¿Y por qué tu mamá dice que **vos** la inventaste a Silvia?
>
> —Mira cómo colea —dijo Álvaro—. **Che**, es un barrilete fenómeno, el mejor de todos.
>
> —¿Por qué no me **contestás**, Álvaro?
>
> —Mamá se cree que yo la inventé —dijo Álvaro—. ¿Y vos por qué no lo creés, eh?
>
> JULIO CORTÁZAR: *Último round.*

» TOMA LA PALABRA

Hablamos la misma lengua

Vais a realizar una exposición oral de unos cinco minutos de duración aproximadamente sobre un país de habla hispana. Podéis hacerlo individualmente o por parejas.

Procedimiento

1. Escoged un país cuya lengua oficial sea el español. Poneos de acuerdo para que la mayoría de los países estén representados y no repitáis ninguno.

2. Buscad información sobre los siguientes aspectos u otros que os interesen:

- situación geográfica;
- capital;
- extensión;
- número de habitantes;
- historia;
- otras lenguas que se hablan…

3. Con todos los datos recogidos, preparad la exposición. Tened en cuenta qué queréis decir y en qué orden vais a hacerlo. Recordad que las exposiciones suelen ordenarse de la siguiente manera:

TÍTULO → INTRODUCCIÓN → DESARROLLO → CONCLUSIÓN

Si tenéis alguna duda, podéis repasar la unidad 3, en la que se hablaba del texto expositivo. Asimismo, podéis utilizar como soporte algún programa de presentación e incluir contenidos audiovisuales, si lo deseáis. En el espacio personal de la página web *www.barcanova.cat*, encontraréis algunos enlaces que os pueden resultar útiles.

4. Memorizad los datos y ensayad vuestra exposición las veces que sea necesario antes de presentarla ante el resto de la clase.

» LITERATURA

1. *La Celestina*

La primera edición de *La Celestina* (1499), de Fernando de Rojas, constaba de 16 actos y se titulaba *Comedia de Calisto y Melibea*. La edición posterior, de 1507, se tituló *Tragicomedia de Calisto y Melibea,* y tenía cinco actos más.

Al principio de la obra figuran una **carta del autor** a un amigo suyo y unos **versos acrósticos** (versos cuyas letras iniciales, medias o finales forman una palabra o un mensaje) donde se lee: ***El bachiller Fernando de Rojas acabó la comedia de Calisto y Melibea y fue nacido en la puebla de Montalbán***. En la carta, el autor dice que, estudiando en la universidad de Salamanca, se encontró unos papeles que contenían el primer acto de la obra. Fascinado por la historia, decidió alargarla y escribió 15 actos más en 15 días de vacaciones. Hoy en día, la mayor parte de los especialistas aceptan que el primer acto es de autor desconocido, como afirma Fernando de Rojas.

Fernando de Rojas nació hacia 1476 en La Puebla de Montalbán (Toledo). Era descendiente de judíos conversos y estudió en la Universidad de Salamanca, donde se graduó en Leyes. Ejerció su profesión de jurista en Talavera de la Reina, ciudad de la que llegó a ser alcalde. Murió en esta población en abril de 1541.

1.1. Argumento de la obra

El joven Calisto se encuentra accidentalmente con Melibea, al instante se enamora de ella y le declara su amor. Melibea le afea su comportamiento y despide al joven airada. Calisto llega a su casa desconsolado y, aconsejado por su criado Sempronio, recurre a la **alcahueta** Celestina para que interceda por él ante Melibea. Otro de los criados, Pármeno, le previene contra Celestina. Pero esta lo convence y, junto con Sempronio, acuerdan repartirse entre los tres la recompensa que obtengan de Calisto. Con su habilidad, su astucia y sus conocimientos de magia, Celestina consigue que Melibea se entregue a Calisto. Como pago final por sus servicios, Calisto entrega a Celestina una cadena de oro.

Sempronio y Pármeno acuden a casa de Celestina a reclamar su parte del pago y, al negarse la vieja a entregársela, los criados la asesinan. Enseguida son apresados y ajusticiados.

Calisto y Melibea mantienen su relación hasta que, una noche, Calisto, creyendo que sus criados Tristán y Sosia están en peligro, va en su ayuda, cae accidentalmente de un muro y muere. Melibea, desconsolada, se arroja al vacío desde la torre de su casa, tras contarle a su padre lo sucedido. La obra termina con el llanto de Pleberio, padre de Melibea, que culpa de la desgracia al mundo, a la fortuna, a la muerte y al amor.

Celestina es el prototipo de **alcahueta**, persona que concierta, encubre o facilita una relación amorosa, generalmente ilícita.

El siguiente fragmento corresponde al comienzo de la obra: Calisto ha entrado accidentalmente en el huerto de Melibea, encuentra allí a la joven y le declara su amor.

CALISTO. En esto veo, Melibea, la grandeza de Dios.
MELIBEA. ¿En qué, Calisto?
CALISTO. En haber dado tal poder a la naturaleza para que te dotase de tal hermosura y hacerme a mí, sin merecerlo, tanta merced que alcanzase a verte y en un lugar tan apropiado para que pudiese manifestarte mi secreto dolor. Sin duda este premio es incomparablemente mayor que el servicio, sacrificio, devoción y obras piadosas que por alcanzar este lugar he ofrecido a Dios. [...] ¿Quién vio, en esta vida, cuerpo glorificado de ningún hombre, como ahora el mío? Por cierto, los gloriosos santos que se deleitan contemplando a Dios no gozan más que yo ahora contemplándote a ti. Mas, ¡triste de mí!, que nos diferenciamos en esto: ellos se glorifican puramente sin temor de perder tal bienaventuranza, y yo, mortal, me alegro con recelo del amargo tormento que tu ausencia me va a causar.
MELIBEA. ¿Por gran premio tienes este, Calisto?
CALISTO. [...] si Dios me diese en el cielo la silla sobre sus santos, no lo tendría por tanta felicidad.
MELIBEA. Pues mayor recompensa te daré yo si perseveras.
CALISTO. ¡Oh, bienaventuradas orejas mías, que indignamente tan gran palabra habéis oído!
MELIBEA. Más desventuradas de que me acabes de oír, porque la paga será tan terrible como merece tu loco atrevimiento y el intento de tus palabras, Calisto, ha sido haber salido del ingenio de tal hombre como tú para perderse en la virtud de tal mujer como yo. ¡Vete, vete de ahí, torpe, que mi paciencia no puede tolerar que hayas pretendido gozar conmigo de un amor ilícito!

FERNANDO DE ROJAS: *La Celestina* (texto adaptado).

1.2. Temas de *La Celestina*

La Celestina trata los grandes temas de la literatura medieval: el **amor**, la **fortuna** y la **muerte**.

- El **amor** se trata como una **pasión carnal**: Calisto y Melibea están enamorados; Pármeno y Sempronio mantienen relaciones amorosas con las prostitutas Areúsa y Elicia, en casa de Celestina, que también fue prostituta de joven. Así pues, este **amor-pasión** desencadena todas las acciones que conducirán al final trágico de la obra.
- La **fortuna** ya no es solo una rueda caprichosa que rige los destinos de las personas, sino que es algo fatal, origen de desgracias que nadie puede evitar.
- La **muerte** está presente a lo largo de toda la obra: Calisto muere accidentalmente; Celestina, asesinada por Pármeno y Sempronio; estos son ajusticiados; Melibea se suicida. Ya no se ve la muerte como una liberación ni como igualitaria, sino como una consecuencia directa del comportamiento de los personajes.

En *La Celestina*, además, se tratan otros temas, como la **magia** y la **brujería** (Celestina las practica); la **lealtad** de los criados hacia los señores; la **riqueza** y el **dinero**; la **fugacidad de la vida** y la **caducidad de las cosas**; el ***carpe diem*** (el goce del momento presente), etc.

1.3. Género literario de *La Celestina*

La obra presenta rasgos propios del teatro y de la novela:

RASGOS PROPIOS DEL TEATRO	RASGOS PROPIOS DE LA NOVELA
• Los primeros **títulos** de la obra: *Comedia* y *Tragicomedia*. • El **diálogo**: la obra está enteramente dialogada. • La **estructura**, ya que está dividida en actos. • También contiene **apartes**.	• Su gran extensión. • La gran cantidad de escenarios. • Los saltos temporales.

RECUERDA

En el teatro, un **aparte** es lo que dice un personaje fingiendo hablar consigo mismo o dirigiéndose a otro u otros, y dando por supuesto que no lo oyen los personajes con los que comparte la escena.

La crítica actual no la considera ni una obra de teatro ni una novela, sino una **comedia humanística**, género creado por Petrarca en el siglo XIV y que presenta las siguientes características: está escrita en **prosa** y totalmente **dialogada**; **no respeta las reglas clásicas de unidad** de acción, lugar y tiempo; está concebida para ser **leída**, no representada.

1.4. Intención y estilo de la obra

- Fernando de Rojas repite en varias ocasiones que la **intención** de la obra es totalmente moralizante. Muchos estudiosos así lo creen también: al final todos los protagonistas acaban muriendo por sus pecados. Para el lector de la época, el mensaje estaba claro: si no quieres acabar así, no actúes como ellos.
  No obstante, hay especialistas que piensan que la obra no es más que el reflejo de una sociedad hipócrita, egoísta, dominada por las pasiones, en la que cada uno busca su propio beneficio. Una sociedad llena de deslealtad, lujuria y mentira.
- El **estilo** de *La Celestina* es muy variado. Los jóvenes enamorados y los padres de Melibea usan un **lenguaje culto** y **elevado**, como corresponde a su condición social. En el entorno de los sirvientes y de Celestina, se emplea un nivel **coloquial** y **vulgar**.

La crítica actual considera que *La Celestina* es una comedia humanística que comparte rasgos con la novela y con el teatro.

RECURSOS LITERARIOS UTILIZADOS EN *LA CELESTINA*

NIVEL CULTO	NIVEL COLOQUIAL O VULGAR
• **Tendencia latinizante:** cultismos, latinismos, hipérbaton, verbo al final de la oración, etc. • **Figuras retóricas:** paronomasia, derivación, antítesis, anáfora, paralelismo, polisíndeton...	• **Lenguaje popular:** es un lenguaje vivo, ágil y directo, de oraciones cortas; con abundancia de refranes y frases hechas; utiliza vulgarismos, insultos, palabras soeces, etc.

» ACTIVIDADES

26. Completa la siguiente oración con la opción correcta: *Fernando de Rojas era...*

a) escritor.
b) militar.
c) abogado.
d) clérigo.

27. Escribe dos características propias del teatro y otras dos propias de la novela que presenta *La Celestina*.

28. Di si son verdaderas o falsas las siguientes afirmaciones sobre Fernando de Rojas:

a) Nació en Talavera de la Reina.
b) Escribió todos los actos de *La Celestina*.
c) Afirma, en repetidas ocasiones, que su obra es una crítica a la sociedad.
d) Era descendiente de judíos conversos.
e) Murió en 1476, en La Puebla de Montalbán (Toledo).

29. ✓ Después de conocer a Melibea, Calisto llega a su casa y le cuenta su dolor a su criado Sempronio que, con disimulo, se burla de su amo. Este le describe pormenorizadamente a Melibea. Lee el siguiente fragmento y contesta las preguntas que se plantean a continuación.

CALISTO. Comienzo por los cabellos. ¿Ves tú las madejas del oro delgado que hilan en Arabia? Más lindos son, y no resplandecen menos. Le llegan hasta los pies; después, peinados y atados con la delgada cuerda, como ella se los pone, no necesita nada más para convertir los hombres en piedras.

SEMPRONIO. (¡Más en asnos!)

CALISTO. ¿Qué dices?

SEMPRONIO. Dije que esos tales no serían **cerdas** de asno.

CALISTO. ¡Ved qué torpe y qué comparación!

SEMPRONIO. (¿Tú cuerdo?)

CALISTO. Los ojos verdes, rasgados; las pestañas, largas; las cejas, delgadas y alzadas; la nariz, mediana; la boca pequeña; los dientes, menudos y blancos; los labios, colorados y **grosezuelos**; el contorno del rostro, un poco más largo que redondo; el pecho, alto; la redondez y forma de las pequeñas tetas, ¿quién te la podría describir? ¡Que se despereza el hombre cuando las mira! El rostro, liso, lustroso; su piel oscurece la nieve; el color, **mezclado, como ella lo escogió para sí**.

SEMPRONIO. (¡En sus trece está este necio!).

CALISTO. Las manos pequeñas en mediana manera, de dulce carne acompañadas; los dedos, largos; las uñas en ellos, largas y coloradas, que parecen rubíes entre perlas.

FERNANDO DE ROJAS:
La Celestina
(texto adaptado).

a) Calisto describe a Melibea siguiendo el canon o modelo de belleza femenina de la Edad Media. ¿Cuál era este modelo?
b) En las descripciones se aconseja seguir un orden (de arriba abajo, de izquierda a derecha, de mayor a menor, etc.). ¿Qué orden ha seguido aquí Calisto?
c) A partir de lo que has leído, describe a Melibea con tus propias palabras.
d) En las obras de teatro y, en general, en las obras dialogadas, se usan con frecuencia los **apartes**. Localiza los que aparecen en el texto. ¿En boca de quién están puestos? ¿Para qué se utilizan?

VOCABULARIO

cerda *f.* Pelo grueso, duro y largo que tienen las caballerías en la cola y en la cima del cuello.

grosezuelo, la *adj.* Grueso.

mezclado, como ella lo escogió para sí El color del rostro combina el blanco de la piel con el rojo de los cosméticos, según su gusto y elección.

30. Gracias a su astucia, a su habilidad y a la práctica de la magia y la hechicería, Celestina consigue que Melibea le confiese su amor por Calisto. Lee el siguiente fragmento de *La Celestina* y contesta las preguntas.

MELIBEA. Ya se ha quebrado mi honestidad, se ha quebrado mi resistencia, desapareció mi mucha vergüenza. [...] Muchos y muchos días han pasado desde que ese noble caballero me habló de amor; tan enojosa me fue su habla entonces, como alegre ahora, después de habérmelo vuelto tú a nombrar. [...]
¡Oh, mi Calisto y mi señor, mi dulce y suave alegría! Si tu corazón siente lo que siente el mío ahora, estoy maravillada por cómo la ausencia te permite vivir. ¡Oh, mi madre y mi señora, haz que pueda verlo cuanto antes, si mi vida quieres!

CELESTINA. Ver y hablar. [...]

MELIBEA. ¿Cuándo?

CELESTINA. Esta noche.

MELIBEA. Gloriosa me serás si lo ordenas; di a qué hora.

CELESTINA. A las doce.

MELIBEA. Pues ve, mi señora, mi leal amiga, y habla con aquel señor, y que venga en silencio, y de allí se dará concierto, según su voluntad, a la hora que has ordenado.

a) ¿Cómo llama ahora Melibea a Calisto?
b) ¿En qué términos se dirige Melibea a Celestina?
c) ¿Qué le pide Melibea a Celestina?
d) ¿Qué le responde esta?

31. Como pago final por sus servicios, Calisto entrega a Celestina una cadena de oro. Pármeno y Sempronio van a su casa a exigirle la tercera parte de las ganancias, según lo acordado, pero ella se niega a dárselo.

SEMPRONIO. ¡Oh, vieja avarienta, garganta muerta de sed por dinero! ¿No estás contenta con la tercera parte de lo ganado?

CELESTINA. ¿Qué tercera parte? Vete con Dios de mi casa tú y ese otro no dé voces, no vayan a venir los vecinos. No me saquéis de mis casillas; no queráis que se hagan públicos los asuntos de Calisto y los vuestros.

SEMPRONIO. Da voces, o gritos, que tú cumplirás lo que prometiste o se acabarán hoy tus días.

ELICIA. Envaina, por Dios, la espada. Detenlo, Pármeno, detenlo; no la mate ese desvariado.

CELESTINA. ¡Justicia, justicia, señores vecinos! ¡Justicia, que me matan en mi casa estos rufianes!

SEMPRONIO. ¿Rufianes o qué? Espera, doña hechicera, que yo te haré ir al infierno con **cartas**.

CELESTINA. ¡Ay, que me ha matado! ¡Ay, ay, confesión, confesión!

PÁRMENO. ¡Dale, dale, acaba con ella, pues comenzaste, que nos oirán! ¡Muera, muera! ¡De los enemigos, los menos!

CELESTINA. ¡Confesión!

ELICIA. ¡Oh, crueles enemigos!, ¡en mal poder os veáis!, ¡y para quién tuvisteis manos! Muerta es mi madre y mi bien todo.

SEMPRONIO. ¡Huye, huye, Pármeno, que viene mucha gente! ¡**Guarte**, guarte, que viene el alguacil!

PÁRMENO. ¡Oh, pecador de mí, que no hay por dónde escapar, que está tomada la puerta!

SEMPRONIO. ¡Saltemos de estas ventanas! ¡No muramos en poder de la justicia!

PÁRMENO. Salta, que yo tras ti voy.

VOCABULARIO

carta *f.* Se refiere a cartas de recomendación para que la admitan en el infierno.

guarte Contracción de *¡guárdate!*, es decir, ponte a salvo.

a) ¿Qué le exigen los criados a Celestina?
b) ¿Qué les responde esta?
c) ¿Cómo reaccionan ellos?

32. Pármeno y Sempronio son apresados y ajusticiados en la plaza por su crimen. Calisto y Melibea gozan de su amor en sus encuentros nocturnos y secretos. Una noche, estando Calisto con su amada, se dispone a ayudar a sus criados, Tristán y Sosia, a quienes cree en peligro. Resbala, cae del muro y pierde la vida. Melibea sube a la torre de su casa, le cuenta todo a su padre, se lanza al vacío y muere. La obra termina con el llanto del padre de la joven, Pleberio. He aquí un fragmento:

> … ¡Oh, amor, amor, que no pensé que tenías fuerza ni poder para matar a tus seguidores! […] ¿Quién te dio tanto poder? ¿Quién te puso nombre que no te conviene? Si amor fueses, amarías a tus sirvientes; si los amases, no les darías pena; si alegres viviesen, no se matarían como ahora mi amada hija. ¿Adónde fueron a parar tus sirvientes y sus ministros? La falsa alcahueta Celestina murió a manos de los más fieles compañeros que ella jamás halló para su servicio envenenado; ellos murieron degollados, Calisto despeñado. Mi triste hija quiso tomar la misma muerte por seguirle. Esto todo causas. Dulce nombre te dieron, amargos hechos haces. […] Enemigo de amigos, amigo de enemigos, ¿por qué te riges sin orden ni concierto? Ciego te pintan, pobre mozo. Te ponen un arco en la mano con el que tires a tiento. […] Tu fuego es ardiente rayo que jamás hace señal adonde llega. La leña que gasta tu llama son almas y vidas de criaturas humanas, las cuales son tantas que apenas se me ocurre por quién comenzar; no solo de cristianos, sino de gentiles y judíos y todo en pago de buenos servicios. […] Del mundo me quejo porque en él me creó, porque si no me hubiera dado la vida, yo no hubiera engendrado en él a Melibea; si ella no hubiera nacido, no habría amado; y no amando, acabaría mi quejosa y desconsolada vejez.

a) ¿A quién se dirige Pleberio?

b) ¿Qué le reprocha?

c) ¿Quién es ese personaje a quien pintan ciego y con un arco en la mano?

33. El fragmento de la actividad 29 mostraba la visión que Calisto tiene de Melibea. Ahora, explica el significado de las palabras de Elicia y Areúsa a propósito de la hermosura de la joven.

> ELICIA. Aquella hermosura por una moneda se compra en la tienda. […] Que si algo tiene de hermosa es por buenos **atavíos** que trae. Ponedlos en un palo, también diréis que es gentil.
>
> AREÚSA: Las riquezas las hacen a estas hermosas y ser alabadas, que no las gracias de su cuerpo.

VOCABULARIO

atavío *m.* Vestido y adorno.

34. Localiza en la sopa de letras los nombres relacionados con la obra de Rojas correspondientes a las siguientes definiciones:

- Joven enamorado de Melibea.
- Criado que aconseja al joven que recurra a la alcahueta.
- Nombre del otro criado del joven.
- Nombre de la persona a la que asesinan los criados.
- Ciudad donde estudió Fernando de Rojas.
- Nombre de la ciudad de donde fue alcalde.
- Nombres de las jóvenes que mantienen relaciones amorosas con los criados de Calisto.
- Nombre que sustituyó a *Comedia* en la edición de 1507.

T	R	A	G	I	C	O	M	E	D	I	A
D	H	W	Q	R	Y	K	J	Ñ	S	F	H
J	Y	X	Z	C	T	F	L	P	U	C	R
A	Q	S	A	L	A	M	A	N	C	A	Y
N	R	E	K	G	L	S	E	Z	X	L	Q
I	H	M	J	X	A	R	A	T	W	I	K
T	W	P	F	C	V	U	G	A	R	S	Ñ
S	Ñ	R	S	Z	E	K	H	S	Q	T	S
E	J	O	Y	Q	R	W	L	U	P	O	J
L	Y	N	X	P	A	R	M	E	N	O	R
E	L	I	C	I	A	Q	F	R	S	C	X
C	H	O	R	K	C	Z	Ñ	A	Y	Q	W

» GRAMÁTICA

1. Enunciado y oración

El **enunciado** es la unidad mínima de comunicación con sentido completo. Es independiente sintácticamente y tiene una entonación propia. Hay dos tipos de enunciados:

- **Enunciados oracionales:** tienen estructura de oración, es decir, constan de sujeto y predicado. Por ejemplo: *Alejandro ha escrito un poema.*
- **Enunciados no oracionales:** no presentan estructura oracional. Por ejemplo: *¡Hala!, ¡Ay!, ¡Bravo!, ¡Adelante!*

La **oración** es una unidad gramatical, con sentido completo, autonomía sintáctica y entonación propia. Normalmente presenta la estructura de sujeto y predicado, aunque puede haber estructuras oracionales sin sujeto: las **oraciones impersonales**.

Los tucanes *descansaban en la rama.*
Sujeto Predicado

Ø *Hay un pajarillo en la ventana.*
Sujeto Predicado

1.1. Clasificación de la oración

Las oraciones pueden clasificarse según tres criterios:

- La naturaleza gramatical de su predicado.
- La modalidad que expresen.
- El número de predicados verbales que contienen.

TIPOS DE ORACIONES SEGÚN LA NATURALEZA GRAMATICAL DE SU PREDICADO		
Copulativas: llevan un verbo copulativo (*ser*, *estar* o *parecer*).		*El suelo está reluciente.*
Predicativas: su núcleo es un verbo predicativo, es decir, con significado pleno. Pueden ser:	**Transitivas** (tienen CD)	*Raúl ha aprobado el curso.*
	Intransitivas (no tienen CD)	*Me he levantado a las ocho.*

TIPOS DE ORACIONES SEGÚN LA MODALIDAD O LA ACTITUD DEL HABLANTE		
Declarativas: expresan un juicio afirmando o negando algún estado de cosas.		*Anoche presenciamos un eclipse de luna.*
Exclamativas: expresan emociones, sentimientos, estados de ánimo. En la escritura van entre signos de exclamación.		*¡Qué fácil ha sido la prueba de acceso a la universidad!*
Interrogativas: se emplean, en general, para preguntar sobre algún hecho.	**Directas:** son sintácticamente independientes y van entre signos de interrogación.	*¿Ya te has matriculado en la universidad?*
	Indirectas: son oraciones subordinadas sustantivas y no van entre interrogantes.	*Ya sé cómo solucionar el problema de la humedad en mi casa.*
Imperativas o exhortativas: expresan mandatos, órdenes, ruegos, prohibiciones, recomendaciones...		*Apúntate hoy sin falta en la lista de espera.*
Dubitativas: manifiestan duda o probabilidad. Van introducidas por adverbios o locuciones adverbiales que expresan duda.		*Tal vez este año vayamos a Nueva York.*
Desiderativas: expresan deseos y se construyen en modo subjuntivo.		*Ojalá me admitan en la nueva empresa.*

Todas las modalidades oracionales pueden ser **afirmativas** o **negativas**. Aquí tienes varios ejemplos:

Iremos de excursión. ↔ *No iremos de excursión.*
¿Ha llegado el autobús? ↔ *¿No ha llegado el autobús?*
Coge el coche. ↔ *No cojas el coche.*
Ojalá me llamen hoy. ↔ *Ojalá no me llamen hoy.*
¡Ha venido a la hora! ↔ *¡No ha venido a la hora!*

TIPOS DE ORACIONES SEGÚN EL NÚMERO DE PREDICADOS VERBALES QUE CONTIENEN		
Simples: contienen un solo predicado verbal.		*El ventilador nuevo se ha estropeado.*
Compuestas: contienen más de un predicado verbal. Pueden ser:	**Coordinadas:** formadas por oraciones independientes unidas por una conjunción.	*Fuimos al mercado, pero estaba cerrado.*
	Subordinadas: dependen de una oración principal.	*No sé dónde he dejado las llaves.*
	Yuxtapuestas: formadas por oraciones simples unidas por comas, puntos y coma o dos puntos; sin otros nexos de unión.	*Llegamos muy pronto al museo; aún no habían abierto.*

1.2. Oraciones con sujeto elíptico o tácito

Hay oraciones que no llevan sujeto expreso porque se deduce, bien por el contexto, bien por la desinencia verbal. Se trata de oraciones con **sujeto tácito** (**elíptico** o **elidido**). La oración <u>*Presenciamos un espectáculo extraordinario en el circo*</u> es un sintagma verbal. De la desinencia verbal (primera persona del plural) deducimos que el sujeto es *nosotros*.

1.3. Oraciones impersonales

Las **oraciones impersonales** son las que carecen de sujeto porque no existe, porque se desconoce, porque no es necesario o porque no interesa expresarlo. Hay cuatro tipos de oraciones impersonales, fíjate en la siguiente tabla:

TIPOS DE ORACIONES IMPERSONALES	
Unipersonales: se construyen con verbos que expresan fenómenos naturales, atmosféricos, etc. Por ejemplo: *llover, nevar, granizar, anochecer...*	***Llueve** todos los días.* *En invierno **anochece** pronto.* ***Ha nevado** en cotas bajas.*
Gramaticalizadas: se construyen con los verbos *haber* y *hacer* en tercera persona del singular y con el verbo *ser* en tercera persona del singular o del plural.	*Ayer **había** mucha gente en la playa.* *Este verano **hace** mucho calor.* ***Es** muy tarde: ya **son** las tres de la madrugada.*
Reflejas: se construyen con la palabra *se* más un verbo en tercera persona del singular.	*En esta pequeña cala **se está** muy tranquilo.*
Eventuales: se construyen con verbos en tercera persona del plural.	***Llaman** a la puerta.*

1.4. Modelos de análisis morfosintáctico

A continuación, te ofrecemos dos modelos de análisis morfosintáctico de oraciones simples.

Primer modelo

Mis	vecinos	han vendido	su	apartamento	de	la	playa.
Det.	N	V	Det.	N	Prep.	Det.	N
SN		V	SN		Prep.	SN	
SN		V	SN		SPrep (CN)		
SN (sujeto)		V	SN (CD)				
SN (sujeto)		SV (Predicado)					
Oración							

Segundo modelo

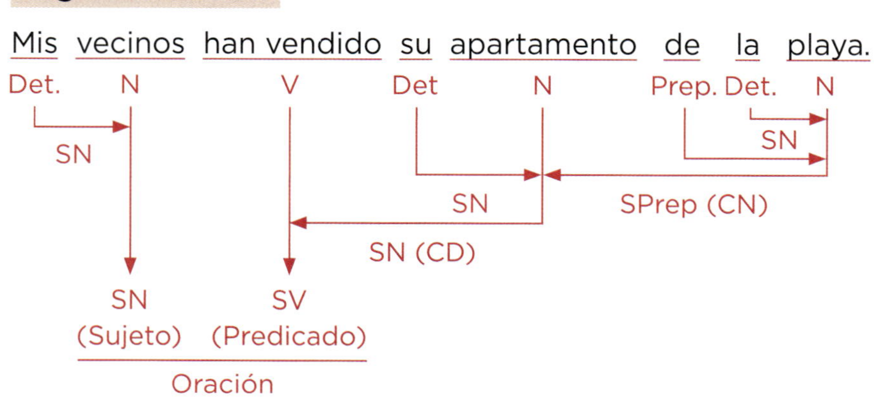

Pasos que debes seguir para analizar sintácticamente una oración simple:

1. Identifica el verbo de la oración.
2. Señala el sujeto y delimita el predicado.
3. Determina los complementos verbales y precisa su función (CD, CI, atributo, etc.).

BARCANOVA EDITORIAL

» ACTIVIDADES

35. Señala el sujeto y el predicado de las siguientes oraciones, indica su núcleo y di si son copulativas o predicativas:

a) El agua de la piscina está muy fría.
b) El personal ha realizado una gran labor.
c) Los asistentes estaban entusiasmados con la actuación de los acróbatas.
d) Saldremos hacia París esta noche.
e) Tu coche parece un cascarón con ruedas.
f) Vosotros sois los únicos responsables de la desaparición de las maletas.
g) Los atletas corrían sin descanso.

36. Di si las siguientes oraciones son copulativas, transitivas o intransitivas:

a) Esa empresa ha construido un centro de reciclaje en la ciudad.
b) El mono del parque saltaba sin parar.
c) Todas tus ideas me parecen interesantes.
d) Los sábados de agosto llevamos a los niños a la piscina municipal.
e) Las autoridades suspendieron el concierto.
f) Los miembros del jurado estaban convencidos de la inocencia del acusado.
g) El técnico reparó la antena de televisión.

37. Señala el sujeto de los verbos destacados en negrita y di si es expreso o tácito:

> Mamá **había conocido** a un hombre unos meses antes, en plena primavera, y ya se sabe: la primavera la sangre **altera**. **Había salido** con él en varias ocasiones, y un par de veces nos **había invitado** a cenar a mi madre y a mí. Estaba muy claro que él **quería** ser amable conmigo. **Era** un tipo alto y moreno, más o menos de la misma edad que ella, cirujano; **estaba** divorciado y no **tenía** hijos. La expresión del rostro de mamá **cambiaba** cuando Jorge **llamaba** por teléfono.
>
> ANA ALCOLEA: *El medallón perdido.*

38. Di de qué tipo son las siguientes oraciones impersonales:

a) Este invierno ha nevado en el litoral.
b) Han derribado la vieja estación.
c) En este piso hace un calor sofocante.
d) Ya es muy tarde.
e) Había demasiada gente en la playa.
f) En el pueblo de mi madre se vive muy bien.

39. Indica la modalidad de las siguientes oraciones, según la actitud del emisor:

a) El presidente de ese partido político ha sido condenado por corrupción.
b) Deja ya de protestar y acaba el trabajo.
c) Mari Carmen trabaja en el juzgado de paz.
d) Ojalá acabe de una vez esta ola de calor.
e) ¿Habéis encontrado las cartas del abuelo?
f) El año próximo quizás vayamos a Italia.
g) Aún no has dicho en qué vas a matricularte.
h) ¡Cómo ha sufrido el ciclista en la subida!
i) A ver si dejas de fumar de una vez.
j) Preparad los bocadillos y coged las toallas.

40. Di si las siguientes afirmaciones son verdaderas o falsas:

a) Todas las oraciones copulativas se construyen con el verbo *ser*.
b) Los verbos predicativos tienen significado léxico.
c) Las oraciones predicativas pueden ser transitivas o intransitivas.
d) Las oraciones impersonales no tienen sujeto, pero puede deducirse por el contexto.
e) El núcleo del predicado nominal es un verbo predicativo.
f) Las oraciones desiderativas expresan órdenes o prohibiciones.

41. Indica la diferencia de significado de las siguientes oraciones impersonales:

a) Esta semana solo ha habido 200 nuevos contagios de coronavirus.
b) Solo esta semana ha habido 200 nuevos contagios de coronavirus.

» LÉXICO

1. Siglas, abreviaturas y onomatopeyas

LAS SIGLAS

- Una **sigla** es una palabra formada por las letras iniciales de varias palabras. Así ***UE*** es la sigla de *Unión Europea*; ***OMS*** es la sigla de *Organización Mundial de la Salud*, etc.
- Normalmente, cuando se usa una sigla en un escrito, se explica su significado la primera vez que se cita.

La Asociación de Clubes de Baloncesto (ACB) gestiona la principal liga de baloncesto profesional de España. El Estudiantes pertenece a la ACB desde hace años.

LAS ABREVIATURAS

- Algunas palabras pueden escribirse de manera abreviada. Esto ocurre con los tratamientos (***Sr.*** *García*) o en la escritura de direcciones (***Rbla.*** *Marina*, ***C.*** *Abedul*), etc.
- Una abreviatura es la representación gráfica de una palabra por medio de una letra o de algunas de las letras que componen su escritura completa. Por ejemplo: ***tel.*** (teléfono), ***Dra.*** (doctora), ***Ud.*** (usted), etc.
- Las abreviaturas se escriben siempre seguidas de punto *pág.* (página), *dcha.* (derecha); sin embargo, los símbolos como las unidades de medida no lo llevan: ***m*** (metro), ***km*** (kilómetro), etc.

LAS ONOMATOPEYAS

- La **onomatopeya** consiste en la imitación de un sonido o ruido mediante una palabra que recuerda lo que la palabra designa. Por ejemplo, la palabra ***achís***, que imita el sonido de un estornudo, es una onomatopeya.
- Los términos que reflejan este fenómeno se llaman **palabras onomatopéyicas o imitativas**: ***tictac*** para el sonido del reloj, ***crac*** para imitar el sonido de algo que se rompe, ***bang*** para el disparo de una pistola, etc.

» ACTIVIDADES

42. Completa las siguientes oraciones con el nombre completo que representa la sigla que verás entre paréntesis:

a) El ▮ (COI) ha organizado una votación para elegir al mejor deportista olímpico.
b) La ▮ (OMS) se ocupa de la salud de la población mundial.
c) El ▮ (NIF) es el número que sirve en España para el control fiscal de cada contribuyente.
d) Colaboramos con ▮ (MSF): es una organización de acción médico-humanitaria que asiste a personas amenazadas por conflictos armados, epidemias y desastres naturales.

43. Escribe la sigla correspondiente a cada una de las siguientes definiciones:

a) ▮ Sistema que permite conocer la posición de un objeto o de una persona gracias a la recepción de señales emitidas por una red de satélites.
b) ▮ Organización de iniciativa social, independiente de la administración pública, que se dedica a actividades humanitarias, sin fines lucrativos.
c) ▮ Servicio de telefonía que permite enviar y recibir mensajes que se escriben en la pantalla de un teléfono móvil.
d) ▮ Unidad hospitalaria donde se atiende a los enfermos muy graves.

★ LUDOLENGUA

44. Inventa el nombre de una entidad (asociación, organismo, movimiento, etc.) con intención o tono humorístico y luego escribe su sigla. Por ejemplo:

Movimiento para la erradicación de las faltas de ortografía (MEFO).
Comité a favor de la ampliación del recreo escolar (CARE)

45. Cuando escribimos la dirección de una persona o una entidad, utilizamos las siguientes abreviaturas. Escribe el significado de cada una de ellas:

a) c/; c.; cl.
b) av.; avd.; avda.
c) s/n
d) n.º
e) pza.; plza.
f) ppal.; pral.
g) C. P.
h) entlo.

46. Copia las siguientes oraciones sustituyendo las palabras destacadas por abreviaturas:

a) Compraremos calabacines, berenjenas, pimientos, cebollas, **etcétera**.
b) Abrid el libro por la **página** 225.
c) Me dirijo a **usted** para pedirle un grandísimo favor.
d) La mesa medía 150 **centímetros** de diámetro.

47. Indica con qué sonidos o ruidos se pueden relacionar las siguientes onomatopeyas:

cataplum • crac • tac • tan • tintín • zas

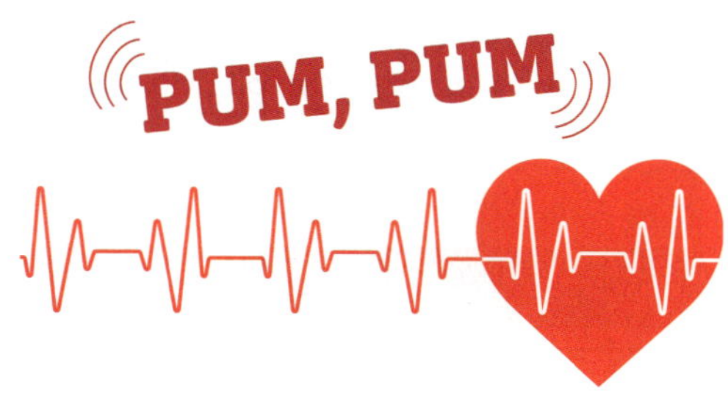

48. Relaciona cada voz de animal con su onomatopeya correspondiente:

el balido del cordero •	• cricrí
el canto del grillo •	• guau
el mugido de la vaca •	• be
la voz del pollo •	• clo clo
el canto del gallo •	• pío pío
el ladrido del perro •	• miau
el maullido del gato •	• quiquiriquí
la voz de la gallina •	• mu

49. En los cómics es muy frecuente el uso de las onomatopeyas. Dibuja una viñeta en la que la onomatopeya ocupe un lugar destacado.

» ORTOGRAFÍA

1. Los signos de puntuación (III): la raya, los paréntesis, el guion y las comillas

PRINCIPALES USOS DE LA RAYA (—)	
• La raya es un guion que se puede utilizar solo o como signo de apertura y cierre. Se escribe raya para señalar las intervenciones de los personajes en un diálogo y para encerrar los comentarios que introduce el narrador.	*—¿Has estado alguna vez en París? —le preguntó con interés.* *—Sí, una o dos veces... —contestó dubitativo— ¿y tú?* *—Una o ninguna... —dijo sonriendo ella.*
• Encierran incisos o aclaraciones. Las rayas suponen un aislamiento mayor que las comas, pero menor que los paréntesis.	*Para él la amistad —afecto que apreciaba por encima de todo— era importante.*

PRINCIPALES USOS DE LOS PARÉNTESIS	
• Los paréntesis se usan para introducir aclaraciones.	*El padre de José (un respetado maestro) tiene una calle a su nombre.*
• Se utilizan los paréntesis para intercalar algún dato, como fechas, lugares, el desarrollo de una sigla, etc.	*Federico García Lorca (1898-1936) fue un poeta nacido en Fuente Vaqueros (Granada) cuya obra es universal.*

PRINCIPALES USOS DEL GUION (-)	
• El guion es una raya pequeña que se usa para unir palabras: adjetivos, nombres, etc.	*Han abierto un restaurante franco-alemán en el barrio. El trayecto Barcelona-Zaragoza dura una hora y media aproximadamente.*
• Se escribe guion para para separar períodos de tiempo.	*Presiento que el curso 2022-2023 será uno de los mejores.*
• Separa una palabra que no cabe a final de línea.	*Si el tiempo os acompaña, esta noche zarpa-remos hacia la isla.*

PRINCIPALES USOS DE LAS COMILLAS (« » / “ ”)	
• Indican que se reproducen textualmente las palabras de alguien o un fragmento breve de un texto.	*La poetisa estadounidense Emily Dickinson dejó escrito: «Para viajar lejos, no hay mejor nave que un libro».*
• Se usan para señalar palabras extrajeras.	*Me gusta mucho el “sushi”.*
• Destacan palabras usadas con un énfasis especial o con sentido irónico.	*Me “encanta” el frío del invierno, más aún cuando se estropea la calefacción.*

» ACTIVIDADES

50. Copia las siguientes oraciones y escribe raya donde convenga:

a) Lo hagas o no me contestó decídete ya.
b) Este verano si todo sale según lo previsto iré a casa de mis tíos en La Coruña.
c) ¿Conoce a esta persona? le preguntó el comisario mostrándole una fotografía.
d) Nos encontramos en la calle la misma en la que nos topamos la primera vez y estuvimos conversando un buen rato.
e) No hay más preguntas sentenció el fiscal, volviendo a tomar asiento.
f) Deberías tomarte un respiro unas pequeñas vacaciones si no quieres perder el poco juicio que te queda.

51. Copia las siguientes oraciones y escribe los paréntesis que faltan:

a) La escritora Carmen Martín Gaite 1925-2000 recibió durante su vida numerosísimos premios literarios entre ellos el Premio Nadal por su novela *Entre visillos*.
b) El Monte Perdido el macizo calcáreo más alto de Europa está en Huesca Aragón.
c) La plaza concurrida como estaba a esas horas se quedó vacía en cuanto empezaron a caer las primeras gotas.
d) La Guerra Civil Española 1936-1939 sumió al país en la más absoluta pobreza.
e) En 2013 se licenció en Criminología en la UB Universidad de Barcelona.
f) El término *eureka* procedente del griego es una interjección que utilizamos cuando descubrimos algo que andábamos buscando con afán.

52. Copia las siguientes oraciones y escribe guion donde sea necesario:

a) Es una película italo francesa en la que participan actores de una gran trayectoria cinematográfica.
b) El vuelo Madrid Lisboa ha sufrido un retraso debido a las inclemencias del tiempo.
c) Los clientes del hotel quedaron satisfechos con la relación calidad precio del servicio prestado.
d) Superó el examen teórico práctico, ¡ya es un entrenador de béisbol titulado!
e) Fíjate en esa mariposa, si la observas detenidamente, verás que tiene una especie de lengua trompa con la que alcanzar el néctar de la flor.

53. El siguiente texto transcribe una conversación telefónica entre un cliente y un cerrajero. Escribe la parte correspondiente al cliente, sin olvidar los signos de puntuación necesarios. A continuación, puedes comparar tu texto con el de tu compañero.

> a) ■
>
> —¡Ah, sí, ya me acuerdo! Pues usted dirá.
>
> b) ■
>
> —No se preocupe por eso. ¡Si le contase todas las cosas que he hecho!
>
> c) ■
>
> —¿Es solo eso? —me interrumpió el cerrajero—. ¡Pues ya podía usted haber venido antes, que se habría evitado muchos sufrimientos!
>
> AGUSTÍN FERNÁNDEZ PAZ: *Cuentos*.

54. Copia las siguientes oraciones y escribe las **comillas** que faltan:

a) Mi abuela siempre me decía: A buen entendedor, pocas palabas bastan.
b) ¿Sabías que la palabra aloha (de origen hawaiano) puede significar indistintamente hola o adiós?
c) Mi vecino y yo tenemos una relación de lo más cordial: no coincidimos nunca.
d) Paseando por la calle, me llamó la atención este grafiti: Cuanto más dura es la lucha, más glorioso es el triunfo.
e) Me encanta su puntualidad: siempre llega tarde.
f) Le puso La Bella Lola a su barca, en memoria de su mujer, a la que tanto quiso.

55. Puntúa el siguiente texto. En total faltan cinco puntos (.); cinco comas (,), seis rayas (—), tres signos de interrogación (¿?); y un punto y coma (;).

Bruno suspiró y abrió la bolsa repleta de ropa interior Le habría encantado meterse dentro y confiar en que cuando saliera habría despertado y se encontraría de nuevo en casa

Tú que piensas de todo esto María preguntó tras un largo silencio siempre había sentido simpatía por María, a quien consideraba una más de la familia pese a que padre dijera que solo era una criada y con un sueldo excesivo por cierto

De qué

De esto dijo él como si fuera lo más obvio del mundo De que hayamos venido a un sitio como este No crees que hemos cometido un grave error

JOHN BOYNE: *El niño con el pijama de rayas.*

56. Vuelve a escribir el texto con los signos de puntuación que faltan (ten en cuenta que, en este caso, se han eliminado las mayúsculas). Faltan: siete puntos; seis comas; dos puntos y coma; tres paréntesis de apertura y tres de cierre.

en las puertas de hoy ya no se usan■ pero en las viejas puertas había siempre alguna mano ■de hierro■ de bronce■ que era antes que nada un llamador■ a Inés le habían atraído estas manos desde que era niña■ y a partir de los quince comenzó a coleccionarlas■ en ocho años había conseguido nada menos que veinte■ seis eran manos derechas ■casi siempre de hierro■ ■ más escasas y en consecuencia más valiosas■ las catorce restantes eran manos izquierdas ■normalmente■ de bronce■ ■ no todas eran originales■ algunas eran copias■ fácilmente reconocibles porque en ellas la palma estaba hueca■ las manos originales tenían las palmas carnosas■ aunque esa carne fuera solo de hierro■

MARIO BENEDETTI: *Cuentos* (texto adaptado).

DICTADO

Premisa: Copia el dictado sin ningún signo de puntuación. A continuación, escribe los signos de puntuación donde corresponda y destácalos con un rotulador fluorescente.

—Pero, ¿y qué pasa con mi valentía? —preguntó con inquietud el León.
—Tú tienes mucha valentía, estoy seguro —respondió Oz—. Todo lo que necesitas es tener confianza en ti mismo. No hay un ser vivo que no se asuste ante el peligro. La verdadera valentía está en hacer frente al peligro cuando se tiene miedo, y ese tipo de valor tú lo tienes en cantidad.

L. FRANK BAUM: *El mago de Oz* (texto adaptado).

» DILO POR ESCRITO

Hacemos balance

¿Qué tienes que hacer?

Ya hemos llegado al final de curso. Por eso te pedimos que redactes una **carta de despedida** para tus compañeros y compañeras y para tu profesor o profesora de lengua. Este texto puede servir también para recordar alguna anécdota del tiempo que habéis compartido, explicar tus propósitos para el verano o expresar tu deseo de reencontraros el curso próximo.

¿Cómo puedes hacerlo?

- Piensa en todo lo que te gustaría decir y toma nota de ello. Luego, podrás ordenarlo y empezar a escribir. Busca también alguna fotografía y decide si vas a darle al texto un formato especial: tipo de letra, color del papel, marcos o bordes, dibujos, etc.
- A la derecha, verás apuntadas diferentes fórmulas que pueden servirte de modelo para redactar tu carta.
- No olvides revisar el texto, corregirlo y pasarlo a limpio antes de entregarlo.

Y para acabar...

Leed en clase las cartas. También podéis compartirlas en un mural en papel o en el ordenador. Hay programas para elaborar murales colaborativos. En el espacio personal de la página web *www.barcanova.cat*, encontraréis el enlace.

» PONTE A PRUEBA

Lee y comprueba si lo has comprendido

Chicle

Como tantas otras realidades que hoy forman parte ineludible de nuestro mundo, el chicle es un producto genuinamente americano. Y no nos referimos a la América anglosajona —aunque esta haya hecho mucho por su difusión internacional—, sino a la hispana, o, mejor, a la indígena, a la América **precolombina**. La palabra *chicle* procede de la voz náhuatl *tzictli*, que designa una **gomorresina** que fluye del tronco del chicozapote, árbol autóctono de México y América Central. Esta goma, de sabor dulce y aromático, era utilizada para mascar por numerosos pueblos amerindios. El concepto del chicle o goma de mascar es, por tanto, antiguo, aunque su industrialización y comercialización a gran escala no se llevara a cabo hasta la segunda mitad del siglo XIX, en Estados Unidos, añadiendo distintas sustancias saborizantes y aromatizantes, y sustituyendo la gomorresina natural por un producto sintético, en un principio la **parafina**. El término que le da nombre, que se documenta ya en Juan de Cárdenas, no es el único préstamo del náhuatl incorporado al español, ya que voces como cacao (*cacáhua*), aguacate (*ahuacatl*, propiamente, 'testículo'), tomate (*tómatl*), cacahuete (*cacáhuatl*),y, probablemente, chocolate (*xocoatl*, 'agua amarga') proceden también de esta lengua.

DRAE

La voz se incluye en la edición de 1925, la decimoquinta, como mexicanismo: «Gomorresina que fluye del tronco del chicozapote, haciéndole incisiones al empezar la estación lluviosa. Es masticatorio, usado por el pueblo y se vende en **panes**».

FRANCISCO JAVIER CLAVIJERO

De esta fruta cuando está verde se extrae una leche glutinosa y fácil a condensarse, que llaman los mexicanos *chictli* y los españoles chicle, la cual mascan por antojo las mujeres y sirve de materia curiosa a algunas estatuas curiosas en Colima.

Historia antigua de México (1780).

ENRIQUE BUENAVENTURA

Sonríe e invita al público a sonreír para fotografiarlo. Luego se para frente a ellos e infla, lentamente, un chicle de bomba, hasta que estalla, bajo la mirada siniestra de los matones.

Los papeles del infierno (1974).

VV. AA., *300 historias de palabras.*

VOCABULARIO

precolombino, na *adj.* Anterior al descubrimiento de América por Cristóbal Colón.

gomorresina *f.* Jugo lechoso que fluye, naturalmente o por incisión, de varias plantas, y se solidifica al aire.

parafina *f.* Sustancia sólida obtenida de derivados del petróleo, que tiene aplicaciones industriales y farmacéuticas.

panes Aquí se refiere a que tenían forma de pan.

1. Indica si los siguientes enunciados son verdaderos (V) o falsos (F):

a) El chicle es un jugo que brota del tronco de un árbol.
b) La palabra *chicle* procede de la voz náhuatl *tzictli*.
c) Originariamente tenía un sabor amargo.
d) La goma de mascar fue un invento de la América anglosajona.
e) En la actualidad el chicle es un producto sintético.

2. La palabra *chicle* se incluyó en el Diccionario de la Real Academia...

a) en 1780.
b) en 1925.
c) durante la segunda mitad del siglo XIX.
d) en el siglo XX.

3. Di a qué obras y autores pertenecen los dos fragmentos finales que sirven como ejemplo de uso de la palabra *chicle*.

4. El texto anterior es...

a) narrativo.
b) descriptivo.
c) expositivo.
d) argumentativo.

5. En el léxico del castellano...

a) hay abundantes palabras procedentes de las lenguas indígenas como el náhuatl.
b) se conservan muy pocas palabras procedentes de las lenguas indígenas.

6. El término DRAE (Diccionario de la Real Academia Española) es...

a) una abreviatura.
b) una onomatopeya.
c) una sigla.

7. En este texto, *ineludible* es sinónimo de...

a) predecible.
b) inevitable.
c) irreemplazable.
d) remediable.

8. Un árbol autóctono es aquel que...

a) se basta a sí mismo, crece libremente y no requiere de los cuidados del ser humano.
b) es originario del lugar en que se encuentra y no ha sido introducido por el ser humano.

9. En la lectura, la oración *—aunque esta haya hecho mucho por su difusión internacional—* está escrita entre rayas porque...

a) se trata de un inciso.
b) contiene una información innecesaria.

10. Analiza sintácticamente e indica de qué clase es la siguiente oración:

El chicle es un producto genuinamente americano.

Mira

Si quieres saber más cosas sobre el chicle, en el espacio personal de la página web *www.barcanova.cat*, encontrarás algunos enlaces de interés.

Averigua y comparte

Busca información sobre las lenguas indígenas de América: ¿cuáles tienen un mayor número de hablantes? ¿Dónde se hablan? ¿Qué influencia han tenido sobre el español de América? ¿Son importantes para la cohesión social? ¿Y para la preservación de la diversidad biológica? Toma nota de todo ello y ponlo en común con tus compañeras y compañeros.

» FIESTA DE FIN DE CURSO

Este proyecto tiene como finalidad que entre toda la clase colaboréis en la organización de la fiesta de fin de curso de vuestro centro educativo. En grupos de cuatro o cinco personas, vais a preparar las actividades que se llevarán a cabo el día de la celebración, redactaréis las invitaciones para las familias y el profesorado, diseñaréis el cartel publicitario... Y lo que consideréis oportuno.

¿Qué tenéis que hacer en este proyecto?

1. **Redactar** una invitación por correo electrónico para las familias y los profesores. En el escrito, informaréis de la fecha de la celebración y del horario e incluiréis un mensaje que los anime a participar en el evento. Además, podéis hacer tarjetas decorativas con la misma finalidad.
2. **Confeccionar** un cartel artístico con los datos principales acerca de la fiesta: día, hora y lugar. Y, si lo creéis oportuno, podéis añadir un mapa de la zona.

3. Elaborar una presentación audiovisual con imágenes de las actividades de la clase a lo largo del curso: los mejores momentos, las excursiones y las competiciones deportivas, las visitas culturales, fotografías de cada uno de vosotros y del grupo, etc. El objetivo de esta presentación es reflejar cómo ha transcurrido el curso para conservar un buen recuerdo. La presentación se proyectará el día de la fiesta.

4. Planificar una actividad o taller para ofrecer a los asistentes a la fiesta: una yincana, un sorteo, un juego de pistas, una actuación musical, un *kahoot*, etc.

5. Crear una orla con vuestros nombres y fotos sobre un dibujo original hecho por vosotros mismos. Será una orla especial, algo distinta a las tradicionales.

6. Diseñar algunos diplomas para reconocer los méritos de los alumnos y las alumnas de la clase. Todo el mundo debe tener su diploma, así que tendréis que poner a prueba vuestra inventiva a la hora de establecer las categorías: «Para la mejor compañera», «Para el alumno más puntual», «Para la mejor deportista», «Para el que más lee», etc.

7. Presentar el trabajo realizado y seleccionar entre toda la clase las mejores propuestas.

Inventad distintas categorías para que todo el mundo pueda tener su diploma personalizado.

¿Cómo lo tenéis que hacer?

Organización

En este trabajo cooperativo, formaréis grupos de cuatro o cinco personas, diferentes de los que hicisteis durante el segundo trimestre.

Es muy importante que todos los miembros del equipo participéis en el planteamiento y en la supervisión de todas las actividades, aunque cada uno de vosotros asuma una responsabilidad distinta según sus gustos e intereses. Si usáis una plantilla de distribución de tareas como las que habéis utilizado en los anteriores proyectos, os resultará más sencillo organizar y entregar a tiempo el trabajo.

Búsqueda de información

Será necesario reunir fotografías y otros documentos relacionados con el curso. Pedid ayuda a vuestros compañeros y a los profesores. Para algunas tareas (las orlas, los diplomas, etc.) podéis encontrar ideas y modelos en internet.

Aplicaciones informáticas

Tendréis que pensar qué programas usaréis en cada tarea y acordarlo con vuestro grupo. Más adelante, en el apartado «Material complementario», encontraréis algunas sugerencias. Repartíos el trabajo de acuerdo con vuestras habilidades.

Trabajo escrito

Escribid vuestro trabajo en el ordenador. Planificad el texto, haced una primera versión que luego revisaréis y corregiréis hasta obtener la versión definitiva. En todos los casos, tened en cuenta quiénes son los destinatarios para redactar un texto adecuado a la situación.

Exposición oral

Preparad una exposición oral de vuestro trabajo en la que participen todos los miembros del grupo. Exponed con orden las tareas que habéis llevado a cabo y explicad los detalles de su elaboración.

Vuestros profesores pueden daros ideas sobre cómo elaborar las orlas o los diplomas. Podéis consultarlo con el profesorado del ámbito artístico de vuestro centro.

Material complementario y modelos

Para hacer la orla

Buscad ideas. No tiene que ser una orla tradicional, intentad ser originales: desde un árbol genealógico que podéis dibujar y donde colocaréis vuestras fotos, a un dibujo divertido, en el que recortaréis y pegaréis fotos de vuestras caras.

Para la presentación y el cartel

En el espacio personal de la página web *www.barcanova.cat*, encontraréis diferentes enlaces con herramientas informáticas para que elaboréis tanto la presentación como el cartel.

Para escribir la invitación

Nuevo mensaje

Asunto Fiesta de fin de curso

De Alumnado de 2.º de ESO

Queridas familias y apreciado equipo de profesores y profesoras:

Os invitamos a nuestra fiesta de fin de curso que tendrá lugar el próximo día 20 de junio de 9.00 a 13.00 h de la mañana, en el patio de nuestro centro escolar.

Queremos agradeceros el apoyo que nos habéis dado a lo largo de este curso que ahora termina.

¡Contamos con vuestra asistencia!

Alumnado de 2.º de ESO

Enviar

APÉNDICE

- » GÉNEROS LITERARIOS
- » PRINCIPALES RECURSOS EXPRESIVOS O LITERARIOS
- » ESCRITURA DE LOS NUMERALES
- » VERBOS REGULARES
- » VERBOS AUXILIARES
- » VERBOS IRREGULARES
- » REFERENCIAS BIBLIOGRÁFICAS

» GÉNEROS LITERARIOS

POESÍA LÍRICA CULTA	EJEMPLOS
Oda. Composición poética de tono elevado, que generalmente ensalza algo o a alguien.	GARCILASO DE LA VEGA: *Oda a la Flor de Gnido*.
Elegía. Composición que manifiesta dolor por la muerte de una persona o por una desgracia, individual o colectiva.	MIGUEL HERNÁNDEZ: *Elegía a Ramón Sijé*.
Égloga. Composición poética del género bucólico, en que unos refinados pastores dialogan acerca de sus amores, en una naturaleza idealizada.	GARCILASO DE LA VEGA: *Églogas*.
Sátira. Composición en verso que censura o ridiculiza a alguien o algo: defectos, vicios individuales o colectivos, etc. También puede darse en prosa.	FRANCISCO DE QUEVEDO: *A un hombre de gran nariz*.
Epístola. Composición poética en forma de carta, en que el autor se dirige o finge dirigirse a una persona real o imaginaria. Tiene una finalidad moralizante, instructiva o satírica.	ANDRÉS FERNÁNDEZ DE ANDRADA: *Epístola moral a Fabio*.
Fábula. Poema breve, de carácter didáctico o crítico, del que se extrae una enseñanza en una moraleja final. Pueden intervenir personas, animales y otros seres animados o inanimados. También pude darse en verso. Narración de asunto mitológico.	TOMÁS DE IRIARTE: *El burro flautista*. LUIS DE GÓNGORA: *Fábula de Polifemo y Galatea*.
Canción. Originariamente, composición de origen trovadoresco de tema amoroso. Antigua composición poética que podía corresponder a distintos géneros, tonos y formas. Muchas presentaban todas las características de la oda.	FEDERICO GARCÍA LORCA: *Canciones*. FRAY LUIS DE LEÓN: «Canción de la vida solitaria».
Himno. Composición poética, de tono solemne y entusiasta, que tiene por objeto la alabanza o la exaltación.	JOSÉ DE ESPRONCEDA: *Himno al sol*

LÍRICA POPULAR	EJEMPLOS
Villancico. Composición tradicional en verso corto, con estribillo. Su contenido es muy variado: de amor, de exaltación de la primavera (mayas), de dolor (plantos), de trabajo, etc.	JUAN RAMÓN JIMÉNEZ: *Verde verderol*.
Letrilla. Composición poética, dividida en estrofas, tras cada una de las cuales se repite un estribillo que contiene el concepto general de la composición. Pueden ser amorosas, satíricas, religiosas, etc.	LUIS DE GÓNGORA: *Ándeme yo caliente*.
Romance lírico. Poema de versos octosílabos, con rima asonante en los pares, que trata temas amorosos.	*Fonte Frida, fonte Frida* (anónimo)

NARRATIVA O ÉPICA EN VERSO	EJEMPLOS
Epopeya. Poema extenso, en estilo elevado, que ensalza las hazañas de un héroe o un hecho grandioso, decisivo para una comunidad (un pueblo, una nación, la humanidad, etc.). Suelen intervenir elementos sobrenaturales o maravillosos: dioses, héroes, etc.	HOMERO: *Odisea*.
Cantar de gesta. Poema medieval extenso en que se narran hazañas de héroes o de personajes históricos o legendarios. Era anónimo y de métrica irregular.	*Cantar de Mio Cid* (anónimo).
Romance. Poema de origen medieval, de versos octosílabos y rima asonante en los pares. Los hay históricos, legendarios, líricos, novelescos, etc. • **Romances viejos**. Eran anónimos y se transmitían oralmente en la Edad Media. • **Romances nuevos**. Son de autor conocido y se compusieron a partir del siglo XVI.	*Romance de Amenábar* (anónimo). LUIS DE GÓNGORA: *Amarrado al duro banco*.

NARRATIVA O ÉPICA EN PROSA	EJEMPLOS
Novela. Relato en prosa, de extensión variable, que narra la vida de unos personajes en un tiempo y en un lugar definidos. Puede ser histórica, picaresca, pastoril, fantástica, de ciencia ficción, policíaca, etc.	Pío Baroja: *El árbol de la ciencia*.
Cuento. Relato breve, de argumento sencillo, que cuenta lo que sucede a unos personajes en un breve período de tiempo. Su principal finalidad es entretener. Si pretenden transmitir alguna enseñanza o moraleja, se denominan ***apólogos***. • **Cuento popular**. Anónimo y de transmisión oral. • **Cuento literario**. Escrito por autor conocido para ser leído.	Don Juan Manuel: *Lo que aconteció a un ciego que adestraba a otro. El cuento de la lechera*. José María Merino: *El niño lobo del Cine Mari*.
Mito. Narración maravillosa situada fuera del tiempo histórico y protagonizada por dioses o héroes.	Ovidio: *Las metamorfosis*.
Leyenda. Narración de sucesos fantasiosos o irreales, pero con apariencia de realidad. Suele estar ambientada en épocas pasadas y lugares misteriosos. Algunas leyendas están basadas en personajes reales o históricos.	Gustavo Adolfo Bécquer: «El rayo de luna», en *Leyendas*.

DRAMÁTICA O TEATRO	EJEMPLOS
Tragedia. Obra teatral que presenta graves conflictos entre personajes de clase social alta (nobles, reyes, grandes señores) que se ven arrastrados por sus pasiones o por un destino adverso que no pueden controlar y que acaba destruyéndolos.	William Shakespeare: *Romeo y Julieta*.
Comedia. Pieza teatral de carácter intrascendente, cuya finalidad es entretener y divertir. Casi siempre presenta un final feliz.	Lope de Vega: *El perro del hortelano*.
Drama. Obra de teatro que contiene rasgos de la tragedia y de la comedia (**tragicomedia**). Presenta acciones y situaciones tensas, y pasiones conflictivas. Aunque suele tener un final desgraciado, puede contener elementos cómicos.	José Zorrilla: *Don Juan Tenorio*.
Entremés. Pieza teatral de carácter cómico y de un solo acto, que originariamente se representaba en los entreactos de las comedias del siglo XVII.	Miguel de Cervantes: *El retablo de las maravillas*.
Auto sacramental. Breve pieza teatral en un acto, de carácter religioso, con personajes alegóricos (el Bien, el Mal, la Muerte, el Pecado, la Virtud, el Amor, la Providencia, etc.), que acababa con una exaltación de la Eucaristía. Alcanzó su máximo esplendor durante los siglos XVI y XVII.	Calderón de la Barca: *El gran teatro del mundo*.
Sainete. Obra teatral de extensión variable, con frecuencia cómica, en uno o más actos, que refleja el habla y las costumbres populares.	Carlos Arniches: *Don Quintín el amargao*. Hermanos Álvarez Quintero: *Mañana de sol*.
Farsa. Obra de teatro cómica, generalmente breve y de carácter satírico, que suele ridiculizar a los personajes.	Carlos Arniches: *La señorita de Trevélez*.
Esperpento. Concepción literaria creada por Ramón M.ª del Valle Inclán hacia 1920, en la que se deforma la realidad acentuando sus rasgos grotescos.	Ramón M.ª del Valle-Inclán: *Luces de bohemia*.

» PRINCIPALES RECURSOS EXPRESIVOS O LITERARIOS

Los recursos expresivos o literarios son procedimientos que se emplean para embellecer la expresión mediante juegos con el sonido de las palabras, con su significado, con su orden dentro del mensaje, etc.

RECURSOS FÓNICOS	
Aliteración. Repetición de uno o más sonidos para conseguir algún efecto sonoro.	*La pata pirata es la pata mejor,* *para bailar,* *para saltar,* *en la reunión,* *y pilotar,* *¡con la madera de boj!* ANTONIO A. GÓMEZ YEBRA
Onomatopeya. Imitación de los sonidos reales mediante los procedimientos fonéticos de la lengua.	*¡Cu, cu, cantaba la rana;* *cu, cu, debajo del agua!* (Cancionero popular)

RECURSOS SINTÁCTICOS	
Hipérbaton. Alteración del orden lógico de las palabras en una oración.	*Coloco la caracola en la oreja:* *el mar respira y se queja.* *En la oreja coloco la caracola:* *en el mar canta una ola.* *En la oreja la caracola coloco:* *el mar juega a lo loco.* JUAN KRUZ IGERABIDE
Enumeración. Sucesión de elementos.	*¡Si me llamaras, sí;* *si me llamaras!* *Lo dejaría todo,* *todo lo tiraría;* *los precios, los catálogos,* *el azul del océano en los mapas,* *los días y sus noches,* *los telegramas viejos* *y un amor.* PEDRO SALINAS
Anáfora. Repetición de una o más palabras al comienzo de varios versos o frases.	*Hemos dicho palabras,* *palabras para despertar muertos,* *palabras para hacer un fuego,* *palabras para poder sentarnos* *y sonreír.* ALEJANDRA PIZARNIK
Paralelismo. Repetición de la misma estructura sintáctica en dos o más versos o frases.	*Yo quiero* *molinos de viento* *que guarden silencio.* *Tú quieres* *algunas tormentas* *que sepan a menta.* ANTONIO GARCÍA TEIJEIRO
Elipsis. Supresión de una o más palabras.	*A unos matas por malicia,* *y a otros por envidia.* FERNANDO DE ROJAS
Interrogación retórica. Pregunta de la que no se espera respuesta.	*¿Quién salvará a este chiquillo* *menor que un grano de avena?* *¿De dónde saldrá el martillo* *verdugo de esta cadena?* MIGUEL HERNÁNDEZ
Polisíndeton. Empleo repetido de conjunciones con fines expresivos.	*Yo te quiero a ti, y a ti* *y a ti.* PEDRO SALINAS
Asíndeton. Supresión u omisión de elementos de enlace.	*Llamas, dolores, guerras,* *muertes, asolamientos,* *fieros males* *entre tus brazos.* FRAY LUIS DE LEÓN

RECURSOS LÉXICO-SEMÁNTICOS

Antítesis o contraste. Contraposición de dos ideas o palabras.	*Es tan corto el amor y tan largo el olvido.* PABLO NERUDA
Símil o comparación. Relación de semejanza que se establece entre dos elementos mediante un nexo comparativo (*como*, *igual que*, *cual*, etc.). El elemento que se compara es el término real (A) y aquel con el que se compara es la imagen (B).	*El sol brillaba entre las palmeras como un pan de fuego.* GERARDO DIEGO *El verano había pasado sin remedio, como los apacibles vuelos rasantes sobre los campos amarillos.* FERNANDO MARÍAS
Metáfora. Identificación entre un elemento real (A) y otro figurado (B) con el que se establece algún tipo de semejanza. • **Metáfora pura**. Se nombra el término real (A) y el figurado (B). • **Metáfora impura**. Solo aparece el término figurado (B).	*¡Amapola, sangre de la tierra; amapola herida del sol!, boca de la primavera azul, amapola de mi corazón* JUAN RAMÓN JIMÉNEZ *Pero en la cárcel el reloj de la vida se detenía como si nadie se ocupara de darle cuerda.* PATXI ZUBIZARRETA
Metonimia. Sustitución de un elemento real (A) por otro figurado (B) con el que se establece una relación de contigüidad, de inclusión, de proximidad, de causalidad, de procedencia, etc.	*De la pared colgaba un Picasso.* *Cuando las estrellas clavan rejones al agua gris.* FEDERICO GARCÍA LORCA *Él tenía un invitado arriba —oí subir a dos voces masculinas.* TRACY CHEVALIER

Hipérbole. Exageración expresiva de una idea.	*Por una mirada, un mundo; por una sonrisa, un cielo; por un beso..., yo no sé qué te diera por un beso.* GUSTAVO ADOLFO BÉCQUER
Personificación. Atribución de acciones o cualidades humanas a objetos, animales o seres inanimados.	*La mar está cerca de ti, muerde a tus piernas.* JOSÉ HIERRO *Chisporroteó el fuego alegremente.* PÍO BAROJA
Juego de palabras. Uso del doble significado de las palabras, ya sea mediante la polisemia o la homonimia.	*Digo, Lucía, que tú antes de nacer luciste, y, con tus ojos, Lucía, el sol.* LUIS QUIÑONES DE BENAVENTE
Perífrasis. Expresión de una idea mediante un rodeo, no de una forma directa.	*Coronaron la cima del mundo* (por el monte Everest). *Era del año la estación florida* (la primavera). LUIS DE GÓNGORA
Sinestesia. Atribución de cualidades propias de un sentido a cosas que se perciben por otro sentido.	*Tenía una voz áspera, ligeramente aguardentosa.* EMILIO PASCUAL

» GRAFÍA DE LOS NUMERALES

NÚMEROS ARÁBIGOS	NÚMEROS CARDINALES	NÚMEROS ORDINALES	NÚMEROS PARTITIVOS O FRACCIONARIOS	NÚMEROS ROMANOS
0	cero			
1	un(o)	primero		I
2	dos	segundo	medio o mitad	II
3	tres	tercero	tercio	III
4	cuatro	cuarto	cuarto	IV
5	cinco	quinto	quinto	V
6	seis	sexto	sexto	VI
7	siete	séptimo	séptimo	VII
8	ocho	octavo	octavo	VIII
9	nueve	noveno	noveno	IX
10	diez	décimo	décimo	X
11	once	undécimo	onceavo o undécimo	XI
12	doce	duodécimo	doceavo o duodécimo	XII
13	trece	decimotercero	treceavo	XIII
14	catorce	decimocuarto	catorceavo	XIV
15	quince	decimoquinto	quinceavo	XV
16	dieciséis	decimosexto	dieciseisavo	XVI
17	diecisiete	decimoséptimo	diecisieteavo	XVII
18	dieciocho	decimoctavo	dieciochoavo	XVIII
19	diecinueve	decimonoveno	diecinueveavo	XIX
20	veinte	vigésimo	veinteavo o vigésimo	XX
21	veintiuno o veintiún	vigésimo primero	veintiunavo	XXI
22	veintidós	vigésimo segundo	veintidosavo	XXII
23	veintitrés	vigésimo tercero	veintitresavo	XXIII
24	veinticuatro	vigésimo cuarto	veinticuatroavo	XXIV
25	veinticinco	vigésimo quinto	veinticincoavo	XXV
26	veintiséis	vigésimo sexto	veintiseisavo	XXVI
27	veintisiete	vigésimo séptimo	veintisieteavo	XXVII
28	veintiocho	vigésimo octavo	veintiochoavo	XXVIII
29	veintinueve	vigésimo noveno	veintinueveavo	XXIX

NÚMEROS ARÁBIGOS	NÚMEROS CARDINALES	NÚMEROS ORDINALES	NÚMEROS PARTITIVOS O FRACCIONARIOS	NÚMEROS ROMANOS
30	treinta	trigésimo	treintavo o trigésimo	XXX
31	treinta y uno	trigésimo primero	treintaiunavo	XXXI
40	cuarenta	cuadragésimo	cuarentavo o cuadragésimo	XL
50	cincuenta	quincuagésimo	cincuentavo o quincuagésimo	L
60	sesenta	sexagésimo	sesentavo o sexagésimo	LX
70	setenta	septuagésimo	setentavo o septuagésimo	LXX
80	ochenta	octogésimo	ochentavo u octogésimo	LXXX
90	noventa	nonagésimo	noventavo o nonagésimo	XC
100	cien	centésimo	centésimo o centavo	C
101	ciento uno	centésimo primero	cientounavo	CI
200	doscientos	ducentésimo	doscientosavo	CC
300	trescientos	tricentésimo	trescientosavo	CCC
400	cuatrocientos	cuadringentésimo	cuatrocientosavo	CD
500	quinientos	quingentésimo	quinientosavo	D
600	seiscientos	sexcentésimo	seiscientosavo	DC
700	setecientos	septingentésimo	setecientosavo	DCC
800	ochocientos	octingentésimo	ochocientosavo	DCCC
900	novecientos	noningentésimo	novecientosavo	CM
1.000	mil	milésimo	milésimo	M
2.000	dos mil	dosmilésimo	dosmilésimo	MM
10.000	diez mil	diezmilésimo	diezmilésimo	$\bar{X}$
100.000	cien mil	cienmilésimo	cienmilésimo	$\bar{C}$
1.000.000	un millón	millonésimo	millonésimo	$\bar{M}$

CANTAR

INDICATIVO

Presente	Pretérito perfecto compuesto
canto	he cantado
cantas	has cantado
canta	ha cantado
cantamos	hemos cantado
cantáis	habéis cantado
cantan	han cantado

Pretérito imperfecto	Pretérito pluscuamperfecto
cantaba	había cantado
cantabas	habías cantado
cantaba	había cantado
cantábamos	habíamos cantado
cantabais	habíais cantado
cantaban	habían cantado

Pretérito perfecto simple	Pretérito anterior
canté	hube cantado
cantaste	hubiste cantado
cantó	hubo cantado
cantamos	hubimos cantado
cantasteis	hubisteis cantado
cantaron	hubieron cantado

Futuro simple	Futuro compuesto
cantaré	habré cantado
cantarás	habrás cantado
cantará	habrá cantado
cantaremos	habremos cantado
cantaréis	habréis cantado
cantarán	habrán cantado

Condicional simple	Condicional compuesto
cantaría	habría cantado
cantarías	habrías cantado
cantaría	habría cantado
cantaríamos	habríamos cantado
cantaríais	habríais cantado
cantarían	habrían cantado

SUBJUNTIVO

Presente	Pretérito perfecto compuesto
cante	haya cantado
cantes	hayas cantado
cante	haya cantado
cantemos	hayamos cantado
cantéis	hayáis cantado
canten	hayan cantado

Pretérito imperfecto	Pretérito pluscuamperfecto
cantara o cantase	hubiera o hubiese cantado
cantaras o cantases	hubieras o hubieses cantado
cantara o cantase	hubiera o hubiese cantado
cantáramos o cantásemos	hubiéramos o hubiésemos cantado
cantarais o cantaseis	hubierais o hubieseis cantado
cantaran o cantasen	hubieran o hubiesen cantado

Futuro simple	Futuro compuesto
cantare	hubiere cantado
cantares	hubieres cantado
cantare	hubiere cantado
cantáremos	hubiéremos cantado
cantareis	hubiereis cantado
cantaren	hubieren cantado

IMPERATIVO

canta
cante

cantad
canten

FORMAS NO PERSONALES

	Infinitivo	Gerundio	Participio
Simple:	cantar	cantando	cantado
Compuesto:	haber cantado	habiendo cantado	

TEMER

INDICATIVO

Presente	Pretérito perfecto compuesto
temo	he temido
temes	has temido
teme	ha temido
tememos	hemos temido
teméis	habéis temido
temen	han temido

Pretérito imperfecto	Pretérito pluscuamperfecto
temía	había temido
temías	habías temido
temía	había temido
temíamos	habíamos temido
temíais	habíais temido
temían	habían temido

Pretérito perfecto simple	Pretérito anterior
temí	hube temido
temiste	hubiste temido
temió	hubo temido
temimos	hubimos temido
temisteis	hubisteis temido
temieron	hubieron temido

Futuro simple	Futuro compuesto
temeré	habré temido
temerás	habrás temido
temerá	habrá temido
temeremos	habremos temido
temeréis	habréis temido
temerán	habrán temido

Condicional simple	Condicional compuesto
temería	habría temido
temerías	habrías temido
temería	habría temido
temeríamos	habríamos temido
temeríais	habríais temido
temerían	habrían temido

SUBJUNTIVO

Presente	Pretérito perfecto compuesto
tema	haya temido
temas	hayas temido
tema	haya temido
temamos	hayamos temido
temáis	hayáis temido
teman	hayan temido

Pretérito imperfecto	Pretérito pluscuamperfecto
temiera o temiese	hubiera o hubiese temido
temieras o temieses	hubieras o hubieses temido
temiera o temiese	hubiera o hubiese temido
temiéramos o temiésemos	hubiéramos o hubiésemos temido
temierais o temieseis	hubierais o hubieseis temido
temieran o temiesen	hubieran o hubiesen temido

Futuro simple	Futuro compuesto
temiere	hubiere temido
temieres	hubieres temido
temiere	hubiere temido
temiéremos	hubiéremos temido
temiereis	hubiereis temido
temieren	hubieren temido

IMPERATIVO

teme
tema

temed
teman

FORMAS NO PERSONALES

	Infinitivo	Gerundio	Participio
Simple:	temer	temiendo	temido
Compuesto:	haber temido	habiendo temido	

PARTIR

INDICATIVO

Presente	Pretérito perfecto compuesto
parto	he partido
partes	has partido
parte	ha partido
partimos	hemos partido
partís	habéis partido
parten	han partido

Pretérito imperfecto	Pretérito pluscuamperfecto
partía	había partido
partías	habías partido
partía	había partido
partíamos	habíamos partido
partíais	habíais partido
partían	habían partido

Pretérito perfecto simple	Pretérito anterior
partí	hube partido
partiste	hubiste partido
partió	hubo partido
partimos	hubimos partido
partisteis	hubisteis partido
partieron	hubieron partido

Futuro simple	Futuro compuesto
partiré	habré partido
partirás	habrás partido
partirá	habrá partido
partiremos	habremos partido
partiréis	habréis partido
partirán	habrán partido

Condicional simple	Condicional compuesto
partiría	habría partido
partirías	habrías partido
partiría	habría partido
partiríamos	habríamos partido
partiríais	habríais partido
partirían	habrían partido

SUBJUNTIVO

Presente	Pretérito perfecto compuesto
parta	haya partido
partas	hayas partido
parta	haya partido
partamos	hayamos partido
partáis	hayáis partido
partan	hayan partido

Pretérito imperfecto	Pretérito pluscuamperfecto
partiera o partiese	hubiera o hubiese partido
partieras o partieses	hubieras o hubieses partido
partiera o partiese	hubiera o hubiese partido
partiéramos o partiésemos	hubiéramos o hubiésemos partido
partierais o partieseis	hubierais o hubieseis partido
partieran o partiesen	hubieran o hubiesen partido

Futuro simple	Futuro compuesto
partiere	hubiere partido
partieres	hubieres partido
partiere	hubiere partido
partiéremos	hubiéremos partido
partiereis	hubiereis partido
partieren	hubieren partido

IMPERATIVO

parte
parta

partid
partan

FORMAS NO PERSONALES

	Infinitivo	Gerundio	Participio
Simple:	partir	partiendo	partido
Compuesto:	haber partido	habiendo partido	

HABER

INDICATIVO

Presente	Pretérito perfecto compuesto
he	he habido
has	has habido
ha	ha habido
hemos	hemos habido
habéis	habéis habido
han	han habido

Pretérito imperfecto	Pretérito pluscuamperfecto
había	había habido
habías	habías habido
había	había habido
habíamos	habíamos habido
habíais	habíais habido
habían	habían habido

Pretérito perfecto simple	Pretérito anterior
hube	hube habido
hubiste	hubiste habido
hubo	hubo habido
hubimos	hubimos habido
hubisteis	hubisteis habido
hubieron	hubieron habido

Futuro simple	Futuro compuesto
habré	habré habido
habrás	habrás habido
habrá	habrá habido
habremos	habremos habido
habréis	habréis habido
habrán	habrán habido

Condicional simple	Condicional compuesto
habría	habría habido
habrías	habrías habido
habría	habría habido
habríamos	habríamos habido
habríais	habríais habido
habrían	habrían habido

SUBJUNTIVO

Presente	Pretérito perfecto compuesto
haya	haya habido
hayas	hayas habido
haya	haya habido
hayamos	hayamos habido
hayáis	hayáis habido
hayan	hayan habido

Pretérito imperfecto	Pretérito pluscuamperfecto
hubiera o hubiese	hubiera o hubiese habido
hubieras o hubieses	hubieras o hubieses habido
hubiera o hubiese	hubiera o hubiese habido
hubiéramos o hubiésemos	hubiéramos o hubiésemos habido
hubierais o hubieseis	hubierais o hubieseis habido
hubieran o hubiesen	hubieran o hubiesen habido

Futuro simple	Futuro compuesto
hubiere	hubiere habido
hubieres	hubieres habido
hubiere	hubiere habido
hubiéremos	hubiéremos habido
hubiereis	hubiereis habido
hubieren	hubieren habido

IMPERATIVO

he
haya

habed
hayan

FORMAS NO PERSONALES

	Infinitivo	Gerundio	Participio
Simple:	haber	habiendo	habido
Compuesto:	haber habido	habiendo habido	

El verbo *haber* se usa para formar los tiempos compuestos de todos los verbos.

SER

INDICATIVO

Presente	Pretérito perfecto compuesto
soy	he sido
eres	has sido
es	ha sido
somos	hemos sido
sois	habéis sido
son	han sido

Pretérito imperfecto	Pretérito pluscuamperfecto
era	había sido
eras	habías sido
era	había sido
éramos	habíamos sido
erais	habíais sido
eran	habían sido

Pretérito perfecto simple	Pretérito anterior
fui	hube sido
fuiste	hubiste sido
fue	hubo sido
fuimos	hubimos sido
fuisteis	hubisteis sido
fueron	hubieron sido

Futuro simple	Futuro compuesto
seré	habré sido
serás	habrás sido
será	habrá sido
seremos	habremos sido
seréis	habréis sido
serán	habrán sido

Condicional simple	Condicional compuesto
sería	habría sido
serías	habrías sido
sería	habría sido
seríamos	habríamos sido
seríais	habríais sido
serían	habrían sido

SUBJUNTIVO

Presente	Pretérito perfecto compuesto
sea	haya sido
seas	hayas sido
sea	haya sido
seamos	hayamos sido
seáis	hayáis sido
sean	hayan sido

Pretérito imperfecto	Pretérito pluscuamperfecto
fuera o fuese	hubiera o hubiese sido
fueras o fueses	hubieras o hubieses sido
fuera o fuese	hubiera o hubiese sido
fuéramos o fuésemos	hubiéramos o hubiésemos sido
fuerais o fueseis	hubierais o hubieseis sido
fueran o fuesen	hubieran o hubiesen sido

Futuro simple	Futuro compuesto
fuere	hubiere sido
fueres	hubieres sido
fuere	hubiere sido
fuéremos	hubiéremos sido
fuereis	hubiereis sido
fueren	hubieren sido

IMPERATIVO

sé
sea

sed
sean

FORMAS NO PERSONALES

	Infinitivo	Gerundio	Participio
Simple:	ser	siendo	sido
Compuesto:	haber sido	habiendo sido	

El verbo *ser* se emplea para la formación de la voz pasiva.

ANDAR

INDICATIVO

Presente	Pretérito imperfecto	Pretérito perfecto simple	Futuro simple	Condicional simple
ando	andaba	anduve	andaré	andaría
andas	andabas	anduviste	andarás	andarías
anda	andaba	anduvo	andará	andaría
andamos	andábamos	anduvimos	andaremos	andaríamos
andáis	andabais	anduvisteis	andaréis	andaríais
andan	andaban	anduvieron	andarán	andarían

SUBJUNTIVO

Presente	Pretérito imperfecto	Futuro simple
ande	anduviera o anduviese	anduviere
andes	anduvieras o anduvieses	anduvieres
ande	anduviera o anduviese	anduviere
andemos	anduviéramos o anduviésemos	anduviéremos
andéis	anduvierais o anduvieseis	anduviereis
anden	anduvieran o anduviesen	anduvieren

IMPERATIVO

anda
ande
andad
anden

Infinitivo
andar

Gerundio
andando

Participio
andado

DAR

INDICATIVO

Presente	Pretérito imperfecto	Pretérito perfecto simple	Futuro simple	Condicional simple
doy	daba	di	daré	daría
das	dabas	diste	darás	darías
da	daba	dio	dará	daría
damos	dábamos	dimos	daremos	daríamos
dais	dabais	disteis	daréis	daríais
dan	daban	dieron	darán	darían

SUBJUNTIVO

Presente	Pretérito imperfecto	Futuro simple
dé	diera o diese	diere
des	dieras o dieses	dieres
dé	diera o diese	diere
demos	diéramos o diésemos	diéremos
deis	dierais o dieseis	diereis
den	dieran o diesen	dieren

IMPERATIVO

da
dé
dad
den

Infinitivo
dar

Gerundio
dando

Participio
dado

CABER

INDICATIVO

Presente	Pretérito imperfecto	Pretérito perfecto simple	Futuro simple	Condicional simple
quepo	cabía	cupe	cabré	cabría
cabes	cabías	cupiste	cabrás	cabrías
cabe	cabía	cupo	cabrá	cabría
cabemos	cabíamos	cupimos	cabremos	cabríamos
cabéis	cabíais	cupisteis	cabréis	cabríais
caben	cabían	cupieron	cabrán	cabrían

SUBJUNTIVO

Presente	Pretérito imperfecto	Futuro simple
quepa	cupiera o cupiese	cupiere
quepas	cupieras o cupieses	cupieres
quepa	cupiera o cupiese	cupiere
quepamos	cupiéramos o cupiésemos	cupiéremos
quepáis	cupierais o cupieseis	cupiereis
quepan	cupieran o cupiesen	cupieren

IMPERATIVO

cabe
quepa

cabed
quepan

Infinitivo
caber

Gerundio
cabiendo

Participio
cabido

PODER

INDICATIVO

Presente	Pretérito imperfecto	Pretérito perfecto simple	Futuro simple	Condicional simple
puedo	podía	pude	podré	podría
puedes	podías	pudiste	podrás	podrías
puede	podía	pudo	podrá	podría
podemos	podíamos	pudimos	podremos	podríamos
podéis	podíais	pudisteis	podréis	podríais
pueden	podían	pudieron	podrán	podrían

SUBJUNTIVO

Presente	Pretérito imperfecto	Futuro simple
pueda	pudiera o pudiese	pudiere
puedas	pudieras o pudieses	pudieres
pueda	pudiera o pudiese	pudiere
podamos	pudiéramos o pudiésemos	pudiéremos
podáis	pudierais o pudieseis	pudiereis
puedan	pudieran o pudiesen	pudieren

IMPERATIVO

puede
pueda

poded
puedan

Infinitivo
poder

Gerundio
pudiendo

Participio
podido

OÍR

INDICATIVO

Presente	Pretérito imperfecto	Pretérito perfecto simple	Futuro simple	Condicional simple
oigo	oía	oí	oiré	oiría
oyes	oías	oíste	oirás	oirías
oye	oía	oyó	oirá	oiría
oímos	oíamos	oímos	oiremos	oiríamos
oís	oíais	oísteis	oiréis	oiríais
oyen	oían	oyeron	oirán	oirían

SUBJUNTIVO

Presente	Pretérito imperfecto	Futuro simple
oiga	oyera u oyese	oyere
oigas	oyeras u oyeses	oyeres
oiga	oyera u oyese	oyere
oigamos	oyéramos u oyésemos	oyéremos
oigáis	oyerais u oyeseis	oyereis
oigan	oyeran u oyesen	oyeren

IMPERATIVO

oye
oiga

oíd
oigan

Infinitivo
oír

Gerundio
oyendo

Participio
oído

IR

INDICATIVO

Presente	Pretérito imperfecto	Pretérito perfecto simple	Futuro simple	Condicional simple
voy	iba	fui	iré	iría
vas	ibas	fuiste	irás	irías
va	iba	fue	irá	iría
vamos	íbamos	fuimos	iremos	iríamos
vais	ibais	fuisteis	iréis	iríais
van	iban	fueron	irán	irían

SUBJUNTIVO

Presente	Pretérito imperfecto	Futuro simple
vaya	fuera o fuese	fuere
vayas	fueras o fueses	fueres
vaya	fuera o fuese	fuere
vayamos	fuéramos o fuésemos	fuéremos
vayáis	fuerais o fueseis	fuereis
vayan	fueran o fuesen	fueren

IMPERATIVO

ve
vaya

id
vayan

Infinitivo
ir

Gerundio
yendo

Participio
ido

» REFERENCIAS BIBLIOGRÁFICAS

- ALCOLEA, ANA: *El secreto de la esfinge*. Madrid, Anaya, 2017.
  —: *El medallón perdido*. Madrid, Anaya, 2001.
- ANÓNIMO: *Poema de Mio Cid*. Madrid, Cátedra, 2008.
- ANÓNIMO: *El romancero viejo*. Edición de Mercedes Díaz Roig. Madrid, Cátedra, 2005.
- ARBOLEDA, DIEGO: *Prohibido leer a Lewis Carroll*. Madrid, Anaya, 2014.
- BARBERY, MURIEL: *La elegancia del erizo*. Barcelona, Seix Barral, 2012.
- BAROJA, PÍO: *Zalacaín el aventurero*. Madrid, Anaya, 2001.
- BAUM, FRANK L.: *El mago de Oz*. Madrid, Anaya, 2013.
- BELLOW, SAUL: *El hombre en suspenso*. Barcelona, DeBolsillo, 2014.
- BENEDETTI, MARIO: *Cuentos*. Madrid, Alianza, 2012.
  —: «San Petersburgo», en *Despistes y franquezas*. Madrid, Alfaguara, 1992.
- BERCEO, GONZALO DE: *Milagros de Nuestra Señora*. Madrid, Cátedra, 2006.
- BORNEMANN, ELSA: «Mil grullas», en *No somos irrompibles*. Madrid, Anaya, 2000.
- BOYNE, JOHN: *El niño del pijama de rayas*. Barcelona, Ediciones Salamandra, 2020.
- CARMONA, JOSÉ CARLOS: *Sabor a chocolate*. Barcelona, DeBolsillo, 2017
- CASONA, ALEJANDRO: «Guillermo Tell», en *Flor de leyendas*. Madrid, Anaya, 2002.
- CONAN DOYLE, ARTHUR: «Se necesita fantasma», en *Relatos de fantasmas*. Autor: STEVEN ZORN. Ilustrador: JOHN BRADLEY. ISBN 9788431647513. Barcelona, Editorial Vicens Vives, 2014.
- CONRAD, JOSEPH: «La historia», en *El alma del guerrero y otros cuentos de oídas*. Madrid, Alianza, 2008.
- CORTÁZAR, JULIO: *Último round*. Madrid, Siglo XXI, 2009.
- CORTÁZAR, JULIO: «Instrucciones para subir una escalera», en *Cuentos completos 2*. Barcelona, Alfaguara, 2010.
- CRANE, STEPHEN: «Un gran error», en *Historias de Nueva York*. Madrid, Editorial Olivo Azul, 2010.
- DALH, ROALD: *Charlie y la fábrica de chocolate*. Madrid, Alfaguara, 2014.
- DON JUAN MANUEL: *El conde Lucanor*. Madrid, Cátedra, 2006.
- FERNÁNDEZ-ACEYTUNO, MÓNICA: *El país de los pájaros que duermen en el aire*. Madrid, S. L. U. Espasa Libros, 2008.
- FRENK ALATORRE, MARGIT: *Lírica española de tipo popular: Edad Media y Renacimiento*. Madrid, Cátedra, 2004
- FUERTES, GLORIA: «Medio ambiente», «Letanía», en *Mujer de verso en pecho*. «Letanía / Carta a la Luna», en *Historia de Gloria (amor, humor y desamor)*. Madrid, Cátedra, 2006.
- HEBEL, JOHANN PETER: «Kannitverstan», en *Cofrecillo de joyas*. Barcelona, Alba Editorial, 1998.
- KELLY, JACQUELINE: *La evolución de Calpurnia Tate*. Barcelona, Roca Editorial de Libros, 2009.
- LAGE FERNÁNDEZ, JUAN JOSÉ: *Antología de cuentos y algunos poemas*. Barcelona, Octaedro, 2011.
- LANDERO, LUIS: *El balcón en invierno*. Barcelona, Tusquets, 2014.
- LEAN, G. Y HINRICHSEN, D.: *Atlas del medio ambiente*. Sevilla, Algaida, 1992.
- LINDO, ELVIRA: *Manolito Gafotas*. Barcelona, Alfaguara, 2008.
- MANRIQUE, JORGE: *Poesía*. Madrid, Cátedra, 2005
- MARTÍN, ANDREU Y RIBERA, JAUME: *Todos los detectives se llaman Flanagan*. Madrid, Anaya, 2006.
- MENDOZA, EDUARDO: *Una comedia ligera*. Madrid, Cátedra, 2019.
- MILLÁS, JUAN JOSÉ: *Papel mojado*. Madrid, Anaya, 2001.

- Morris, Desmond: *El mundo de los animales*. Madrid, Siruela, 2010.
- Muñoz Puelles, Vicente: *La fábrica de betún*. Madrid, Anaya, 2012.
- Nesquens, Daniel: *Diecisiete cuentos y dos pingüinos.* Madrid, Anaya, 2014.
- Rojas, Fernando de: *La Celestina*. Madrid, Cátedra, 2005.
- Ruiz, Juan, Arcipreste de Hita: *Libro de buen amor*. Madrid, Cátedra, 2006.
- Sánchez, Paloma: *El brujo del viento*. © del texto: Paloma Sánchez Ibarzábal, 2005; © Ediciones SM, 2005, 2017.
- Schubiger, Jürg: *Cuando el mundo era joven todavía*. Madrid, Anaya, 2015.
- Shakespeare, William: *Romeo y Julieta*. Colección «Clásicos a medida». Madrid, Anaya, 2006.
- Sierra y Fabra, Jordi: *Donde el viento da la vuelta*. Barcelona, Edebé, 2014.
  —: *El asesinato del profesor de matemáticas*. Madrid, Anaya, 2015.
- Silva, Lorenzo: *La marca del meridiano*. Barcelona, Planeta, 2019.
- VV. AA.: *70 preguntas curiosas sobre el mundo que nos rodea y sus asombrosas respuestas*. Madrid, Siruela, 2015
- VV.AA.: *300 historias de palabras*. Madrid, S.L.U. Espasa Libros, 2015.

Este proyecto editorial de la materia de Lengua castellana y literatura responde al Proyecto de Decreto de ordenación de las enseñanzas de la educación básica del año 2022.

Equipo editorial:

Responsable del proyecto editorial: Montse Ballaró
Edición: María Jesús Trasobares
Corrección: Sílvia Jofresa, Claudia Sabater
Documentalista: Cristina Boj

Coordinación artística y diseño: Laura R. Dengra
Coordinación técnica: Gemma Vadillo, Laura R. Dengra
Maquetación: Montse Lombarte

Coordinación técnica digital: Montse Cascales
Edición digital: Glòria Jodar Pubill

Ilustraciones: Laia Carrera Crespo
Fotografías: Album/Granger, NYC, Cordon Press/Alamany, Depositphotos, Getty Images, Imágenes de Shutterstock.com, 123 RF, Archivo Barcanova

Rosa Sensat, 9-11, 4.ª planta. 08005 Barcelona
Teléfono 932 172 054
barcanova@barcanova.cat
www.barcanova.cat

Primera edición: marzo de 2021
Segunda impresión: mayo de 2022
ISBN: 978-84-489-5314-0
DL B 4461-2021
Printed in Spain

PAPEL DE FIBRA CERTIFICADA